LECTURES ON CHINA'S ECONOMY

泛泛而论

艾丰经济学演讲手稿

艾丰 著

生活·讀書·新知 三联书店

图书在版编目（CIP）数据

泛泛而论：艾丰经济学演讲手稿／艾丰著．—北京：生
活·读书·新知三联书店，2008.11
ISBN 978 - 7 - 108 - 02995 - 9

Ⅰ.泛…　Ⅱ.艾…　Ⅲ.经济学－文集　Ⅳ.F0 - 53

中国版本图书馆 CIP 数据核字（2008）第 088185 号

责任编辑　薛松奎
封面设计　蔡立国
出版发行　**生活·讀書·新知** 三联书店
　　　　　（北京市东城区美术馆东街 22 号）
邮　　编　100010
经　　销　新华书店
印　　刷　北京京海印刷厂
版　　次　2008 年 11 月北京第 1 版
　　　　　2008 年 11 月北京第 1 次印刷
开　　本　787 毫米 × 1092 毫米　1 / 16　印张 17.25
字　　数　282 千字
印　　数　0,001 - 7,000 册
定　　价　38.00 元

品牌思维

素养思维

目 录

前　言

这是我近年来的讲演手稿集。

中国正在成为学习型社会。近些年，各种培训班、研讨会、论坛很多。因此，常常被邀请，在这些活动上讲话、讲课、讲演，有时还要做对话。虽然在现场我一般不会照本宣科，但事先总要写成一个稿子，心里好有点底，这也促进我研究思考一些问题。

我把本书定名为《泛泛而论》，有的朋友不赞成，"净是些泛泛而论，谁看呢?"

现在仍然选用了这个名字，所以要说两句。

取名《泛泛而论》，首先是因为讲演的内容比较广泛。虽然主要是关于经济和企业的，但也涉及社会、文化、政治、新闻、策划以及哲学和心理学等等方面。

取名《泛泛而论》也是一种谦虚的表示。涉及问题这么多，每个问题都不可能做详尽系统的阐述，从学术上看，大多是点到为止或浅尝辄止。

但我要说，就这些讲话所提出的观点来讲，绝非空洞无物的泛泛而论，起码不都是泛泛而论。例如:

关于中国企业家阶层的分析;

关于中国"财富文化"的解析;

关于观念更新的论述;

关于市场观念误区的点拨;

关于全面认识资本和人力资本的论述;

关于资本运营的概括;

关于经营者的定性和定位的看法；

关于国际竞争对策的设计；

关于企业文化和企业形象的研究；

关于利用外脑大趋势的揭示；

关于企业新闻策划的提示；

关于名牌战略的多角度的系统论述；

关于海尔等企业经验的剖析；

关于城市建设特点的归纳；

关于县域经济的全面论述；

关于卓越领导和以道御术的见解；

关于中国人思维方式的剖析；

关于心理调节的体会……

都是根据自己多年的研究和思考，提出了一些并非人云亦云的新观点、新见解，也许还有"醒人之论"或"惊人之论"。

这些讲话有几个特点：

一、主题集中。一般一篇讲话主要是围绕一个问题，这样观点容易表达得比较鲜明、突出。

二、篇幅不长。一般是讲一两个小时，最多讲半天。变成文字就更短小了，与长篇专著相比更容易阅读。

三、通俗易懂。由于是讲话，需要把复杂的问题简单化，讲出来才容易让人家接受和理解。

四、角度新鲜。因为在这些场合讲话，不仅要把自己的观点讲出来，还要能够吸引人，所以总要选择容易引起关注的角度来开掘。

我的这些讲话，通过实践的检验，证明还是受欢迎的。正是由于这个原因，我也很珍惜我的这些讲话稿，觉得它们还是有出版价值的。所以，经过适当整理之后，集成了这本书。

对于事务繁忙的在职学习的人，想要用比较短的时间了解多方面的问题，"泛泛而论"的东西，可能对他们更方便更容易把握。对于想深入研究问题的人，"泛泛而论"的东西也可以为他们提供进一步发掘的线索。这也许是泛泛而论的价值。

用一句歌星常用的话结束前言吧："希望大家喜欢！"

经济思维

商场不等于战场

——你对市场的认识全面吗？

我们常听见这样一些说法：
—— "商场就是战场。"
—— "肥水不流外人田。"
—— "市场竞争，你死我活。"
—— "市场竞争，优胜劣汰。"
现在我要问：这些说法对吗？

"商场就是战场" ——对吗？

"商场就是战场"这句话，我看至多对百分之三十，错百分之七十。为什么呢？

先看看战场。战场有两大特点：一、对抗的双方直接伤害。敌人端着冲锋枪向我扫射，我架起机关枪向他扫射。不打敌人，往天上放枪的是叛徒。二、一方胜利必须以另一方失败为前提。甲方宣布胜利，必须是乙方失败。否则就是谎报军情。

再看看商场，它与战场有着根本的不同。首先，竞争对手之间不能直接伤害，更不能直接消灭。谁如果这样做，就是不正当竞争，就是违反规则，就要受到制裁。同时，一个企业的成功并不以自己对手的失败为前提。对手成功了，你也可以成功；对手失败了，也不见得就是你的成功。

"商场就是战场"这句话主要是讲市场竞争的严酷性，但不能把它理解为对整个市场竞争的概括。中国企业的失误就是天天打仗，搞过分了。

于是有人说，我感到市场竞争没那么轻巧。对，的确竞争激烈。但竞争的核心是什么？

市场竞争的核心是争夺消费者。

谁能够争取到更多热心的乃至忠诚的消费者，谁就能够立于不败之地。许多成功的企业，都把这一点作为自己的首要理念。海尔的"真诚到永远"，对谁真诚到永远? 对消费者。康佳的"佳品纷呈，康乐人生"，谁的康乐人生? 消费者。TCL则干脆直述"为消费者创造价值"。一个企业如果不努力争夺消费者，天天研究怎么对付对手，即使能够打几个"胜仗"，最终自己也立不住。

　　那么，再问: 怎样争夺消费者? 最基本的应该是:

满足消费者的需求

　　——真心实意地、无微不至地、卓有成效地、坚持不懈地满足消费者的需求。

　　这就要求企业:

　　——善于发现消费者的潜在需求;

　　——善于把潜在需求转化为市场需求;

　　——善于有特色地满足消费者的需求;

　　——善于引导和创造消费者的需求;

　　——营销是服务，而不是欺骗。

　　在满足消费者需求的基础上，才能形成企业自己的产品和服务特色，才可能形成自己的"不可替代性"，企业发展才有可靠的基础。为什么中国企业打价格战这样厉害? 就是这条没有做好，大家的产品"同质化"，没有自己的特色，要想把自己的东西卖出去，怎么办? 与别人的差别在哪里? 就只有价格这一条，于是价格大战就难以避免了。

　　我们作为消费者走到市场上，就可以发现"又多又少"的现象。许多产品，一看很多，琳琅满目，眼花缭乱。但让你眼睛一亮，觉得非买不可的商品又难以碰到，就是因为有特色的产品少。我想买一双鞋，几年买不到。我的要求是休闲一点，同时穿上西服又能够配套。同时具备这两个特点的鞋实在是难以找到。看看我们平常用的电视机的遥控器，最常用的频道转换的按钮往往做得很小，找也找不到。旅馆的枕头没有做得好的，枕一个太低，枕两个又太高。解决这些问题并不需要什么高科技，而是需要我们强化这种观念——满足消费者的需求。

　　中国企业的发展，目前就到了这个坎，看谁能够先越过这道坎。

　　总之，发展是硬道理，因为需求是硬道理。需求是社会发展的前提，也是企业发展的前提。

"肥水不流外人田" ——对吗?

"肥水不流外人田"这种观念,从一开始搞市场经济就批评它了。但是到现在,仍然顽固地占据着许多人的头脑。一到具体合作的时候,总是想尽量"揩"人家的油,仿佛别人有了利益自己就吃亏了。这是小农思想在作怪。

市场经济和小农经济的区别是什么?最重要的区别是:小农经济只能靠自己所有的资源发财。一家一户的农民,只能靠自己拥有的土地、耕牛、农具,所以他最怕"肥水流落外人田"。市场经济最大的优越性就在于它既能够靠自己所有的资源发财,更能够靠别人所有的资源发财。资金缺乏可以贷款,技术不行,可以合作,资本不足可以合资……为什么世界各国最终都选择了市场经济体制?就是因为通过市场可以更好地配置资源,可以冲破个人拥有资源的局限,实现优势互补,可以产生巨大的新的生产力。

市场经济,在表面的形式上看,是你赚我的钱,我赚你的钱。但如果只是这样,最终大家都不会赚钱。就那么点钱,你从我的兜里掏过去,我又从你的兜里掏回来,掏来掏去,不会增加半分文。在市场经济中大家赚的钱,说到底,是靠资源整合中出现新的生产力而产生的新财富。

企业家有千本事,万本事,最大的本事就是整合社会资源的本事。所以——所谓企业家就是善于利用市场手段整合资源的能手。

市场手段的要义是两条:平等、互利。企业和企业之间是平等的。再大的企业也不是小企业的上级,也不能命令人家。那么要合作怎么办?就是互利。别人的资源凭什么让你整合,让你利用?具体方式千千万万,但基础只有一个,那就是必须互利。你田里的肥水流进人家田里,人家田里的肥水才会流进你田里,他的肥水钾质多,你的肥水磷质多,大家的庄稼都丰产了。找到共同利益区,并善于把不同所有者的资源整合起来以形成新的生产力,这就是企业家的本事。

小天鹅的人讲了这样的事例:美国公司给他们下洗衣机订单。因为在美国市场卖得很好,所以订货越来越多。按照中国的习惯,我订货多了价格应该下调,但美国公司主动提出给小天鹅加价,理由是因为它多赚了钱,合作者也应该多赚钱。这就是成熟的市场观念。

"市场竞争，你死我活"——对吗？

"市场竞争，你死我活"——这话对吗？

如果这句话是表述市场竞争的严酷性，是表述企业总体发展状况，应该说是有一定的道理的。我们甚至可以说，市场竞争，一些企业胜利了，一些企业消灭了，这就是市场发展史，这就是几百年的市场经济发展史。

但这个对历史长河的总描述，并不能直接用于我们的经营战略和策略上。从现实的战略和策略的选择上看，恐怕应该是这样：有可能的"独赢"自然不能放弃，但更多的现实可能性是争取"双赢"和"多赢"。

这也许是现代市场经济最重要的理念了。善于把竞争与合作结合起来，是现代市场经济最重要的经营艺术。

第一，重视特色竞争。

要懂得"同一竞争"和"特色竞争"的关系。

竞争对手之间在产品、销售、对象、地域几个方面都相同，谓之"同一竞争"。这种竞争是争取"替代他人"。

竞争对手之间在产品、销售、对象、地域几个方面都和对手不同，形成一定的"错位"关系，谓之特色竞争。"特色竞争"争取的是"他人不可替代"。

特色竞争，虽然也是竞争，但它本身在客观上包含着"合作"的意思，因为你把一些领域让给了别人，大家分工，自然就有合作的意思了。

第二，要正确理解"核心竞争力"的含义。

目前最时髦的语言要算"核心竞争力"了。它的实质和最高的境界就是不可替代性。包括完全的不可替代性和局部的不可替代性。具有不可替代性是最重要的，并不一定要天天研究替代他人。企业的决策者天天要思考的问题，就是我要造就什么样的不可替代性。

第三，努力减少市场竞争的阻力和成本。

竞争力的概念，基础应该是成本。成本的基础又在于管理，管理混乱不可能有低成本。但企业的正确的经营发展战略，又是前提。正像人们说的，首先是做对的事情，其次才是把事情做对。

第四，注意"企业生态"问题。

"企业生态"这个词是我的发明。自然界有生态问题，企业也有生态问题。原来，国有企业的单一化，多种所有制发展不够，这就是企业的生态问题。大企业只记住了"吃"、"压"小企业，小企业也只记住了"蚕食"大企业，往往是两败俱伤。大企业不应该是"孤家寡人"，它周围要有一批中小企业和它结成各种形式的联盟。许多地方发展产业集群，产业集群的持续发展，也要靠形成一个好的企业生态。

"市场竞争，优胜劣汰"——对吗？

人们说"市场竞争，优胜劣汰"，但又常常埋怨"优不胜，劣不汰"。应该承认，"优不胜，劣不汰"的现象确实存在，甚至人们说的"反淘汰"的现象——"优汰劣胜"也确实存在。

我国乡镇企业的发展历程就说明了这个问题。20世纪80年代初，乡镇企业开始起步的时候，跟国有企业相比，可以说是水平低、实力弱，而且戴上了四顶帽子——"争原料，争能源，争市场，不正之风的来源"。但竞争的结果怎样呢？它迅速地发展起来了，没有用很长的时间，就占据了全国工业产值和出口的半壁江山。有人说，这是因为当时中国的市场发育还不健全，但健全了就不会出现这种情况吗？认识上的问题出在哪里呢？

有两种动物要参考。一种是老虎，它确实是一个强者，"兽中之王"。但现在如果人不保护它们，老虎就要灭种了！一种动物叫老鼠，老鼠是弱者，"老鼠过街，人人喊打"，从1958年开始，中国人还把它当成"四害"之一加以消灭。但如今老鼠仍然遍地，黄河源头有6亿只老鼠在咬草根，弄得黄河水源减少。

强者老虎快没了，弱者老鼠却是子孙兴旺，为什么会是这样呢？难道不值得我们深思吗？

这里引出了一个"强者"和"适者"的关系问题。

严复在翻译《天演论》的时候，把书的内容概括为八个字："物竞天择，适者生存。"这里有一个非常重要的概念——"适者"。

我认为，把达尔文的理论引进到市场经济中来，全面的表述应该是16个字："市场竞争，物竞天择。优胜劣汰，适者生存。"

这 16 个字应该这样理解：

市场竞争包括"物竞"、"天择"两种方式：

"物竞"指的是物种之间的竞争——企业和企业之间的竞争。

"天择"指的是大自然的选择——市场的选择。

市场竞争的结果是"物竞"和"天择"两者相加的结果。

"优胜劣汰"是物竞的法则。

企业之间的竞争，当然是优者胜利。老鼠肯定斗不过老虎。

"适者生存"是天择的法则。

谁能够适应大自然和环境的变化，谁就能够生存，不能适应者，不管你多么强大，都将被淘汰。老虎的濒临灭种，并不是武松把它们打死的，也不是有其他的动物把它们吃掉了，而是因为老虎的胃口太大了，在自然界，一只老虎要占据 500 平方公里的土地，才有足够的动物供它食用。但随着人类的开发，这样的土地越来越少了，于是它们就越来越吃不饱，于是缺少了正常发育和繁殖的条件——老虎是因为慢性饥饿而逐渐灭绝。老虎濒临灭种是因为它不是适者。与此相反，老鼠则是一个适者，什么恶劣的条件，它们都能够生存，所以就繁衍下来了。

"天择"高于"物竞"。

"物竞"产生"优胜劣汰"的结果，"天择"产生"适者生存"的结果，两者相加，就是市场竞争最后的结果。但两者不是平行的，"天择"高于"物竞"，在自然界，最后是"老天爷"说了算，在市场经济条件下，最后是市场说了算。

根据中国的情况——大企业太少了，我们强调把企业做大是完全正确的。但是在做大的过程中是有风险的。往往在规模增大的同时，适应能力减弱了，而经营者却往往沉醉于"大"，忽略了适应力的减弱。这就是哲学上常说的"一种倾向掩盖着另一种倾向"。大而缺乏适应力就意味着灭亡。做到半大就夭亡了，实在可惜！

一个企业要长期发展长期辉煌，就必须记住：

要做强者，更要做适者。

优者等于强者加适者。

小结

上面我们一共讨论了市场经济中的四个基本观念问题。

第一个观念：市场竞争的核心。

市场竞争的核心是以更好地满足社会需求来争夺消费者。

第二个观念：市场经济的实质。

善于利用市场手段在更大范围整合社会资源，造就新的生产力。

第三个观念：市场竞争的途径。

最高明的战略和策略是善于把竞争与合作有机地结合起来。

第四个观念：企业发展的目标。

既要做强者，又要做适者。优者是强者和适者的结合体。

资本说了算

——你对资本的认识全面吗？

你对资本的认识全面吗？

得到的回答往往是模糊的。

这个问题非常重要，我们有必要来讨论这个问题。

认识之一：资本和劳动
——发展等于资本加劳动

我们要看到资本和劳动存在着对立和统一的双重关系。

过去我们讲资本，主要是强调资本和劳动的对立性。马克思在研究资本主义生产关系的时候，看到了这一个根本之点，发现了剩余价值，提出了剥削的概念，并由此得出了一系列的结论：

第一句话："资本剥削劳动。"

第二句话："资本从它诞生那天起，从头到脚都是血淋淋的。"

第三句话："资本的私人占有和资本的社会化发生了对抗。"

第四句话："资本的丧钟敲响了，要打倒资本，消灭资本主义。"

如果用这些观点来看待今天的政策，那就有点说不通了。引进外资，就是让外国资本剥削中国劳动人民，这是罪恶。但我国现实政策恰恰相反，谁引进外资多，谁就要受到肯定，干部就要受到表扬和提拔。是改变政策，还是调整观念？大家的选择是更新和调整原来的观念。

于是，我们也注意到资本和劳动的统一性。也可以说四句话：

第一句话：资本是劳动力得以实现的基础条件。劳动力要出卖，必须有人出资开工厂、办企业。就业的规模和资本的规模成正比。

第二句话：劳动者的最高利益是劳动力的及时实现。

劳动力这种商品有两个特点，也可以说是弱点。第一，劳动力不实现就消失，它不能储存。今天不干活，今天的劳动力就消失了。今年不干活，明年不能干两年的活。第二，劳动力不实现，但劳动力的成本照样要付出，不干活也要吃饭、穿衣，也要抚养家小，教育子女。这两条加起来，我们就可以知道，劳动力拥有者的最大需求就是劳动力的及时实现。资金则不同，它不及时运营，可以存在银行里，还可以生利息。劳动和资本这两重要素相遇，由于它们各自的本性不同、特点不同，资本常常处于主动地位，而劳动常常处于被动地位。

我们讲劳动力的及时实现是劳动者的最高利益，其中含有一个意思：不受剥削不是劳动者的最高利益。解放战争时期，天津刚刚解放，许多工厂都关闭了，失业的人很多，当务之急是企业恢复营业。刘少奇同志当时在天津有一篇讲话，他说，工人对资本家说，剥削剥削我吧，剥削我才舒服一点，不剥削我，更不舒服。"文化大革命"期间曾经批判过刘少奇同志的所谓"剥削有功论"。其实，刘少奇同志只是用幽默的语言说出了这个道理。在理论上论证这个问题，可能比较复杂。但在生活中，这是一个常识，任何一个普通的工人乃至农民工都会懂得这个道理。你对他说，给这位老板干活，要受剥削；如果不受剥削，就在家里闲着，请问你怎样选择？几乎所有的工人都会选择"受剥削"，因为他首先要保护自己的最高利益。在解决这个问题之后，他们当然也会为争取自己更多的权益而斗争。政府也要保护工人的合法权益。但最高利益仍然是就业，政府的主要职责之一是提高就业率。

第三句话：资本也是生产力。

马克思认为生产力由三个要素组成：生产工具、劳动对象、劳动力。这三个要素，除了劳动力之外，其实都要靠资本才能形成。没有资本不可能置办生产工具和劳动对象（原料等）。在现代社会，生产工具对生产力的作用越来越大，资本对生产力所起的作用也就越来越大。有比较多的资本，引进先进设备，生产力就可以大大提高，这是公认的事实。

第四句话：发展等于资本加劳动。

大家都拥护小平说的"发展才是硬道理"。再往深层研究，就会发现，实现发展的公式就是"发展等于资本加劳动"。光有资本，光有劳动，两者不结合，不能进行现实的经济活动。没有经济活动，还谈什么经济发展。

从资本和劳动的结合看，中国缺少的不是劳动，而是资本。我们发愁的是还有相当大的一部分劳动找不到资本去结合。于是，改革开放以来，我们花很大的力气去吸引外资，以补足这个空缺。

但如果我们使用的资本都是外资，也会发生问题。所以在积极鼓励引进外资的同时，更要鼓励中国民族资本的发展，包括国有资本、集体资本，也包括私人资本的发展。这就是为什么要大力发展私人企业的原因。

认识之二：资本和市场经济
——资本是核心要素和基础要素

上面我们讲了，资本不仅是生产关系的问题，也是生产力的问题。不仅如此，资本还是整个市场经济的核心要素和基础要素。

理由是：

一、资本在市场经济的各类活动中居于支配地位。也就是"资本说了算"。谁拥有资本，掌握了资本，谁就说了算；谁的资本多，谁的发言权就多。

二、资本是获取经济效益的基础要素。没有资本不能进行经营，根本谈不上什么经济效益。资本的数量和质量状况决定着效益的状况。

三、资本的增值是市场经济活动的最主要的追求。企业的经营千头万绪，但归结到一点，最终是为了资本增值。

由于这三条，我们说资本是核心要素。深入思考，我们就可以发现，它实质上并不是一种具体的物件，而是一种生产关系。

于是，我们的认识就可以扩展开来。不仅是钱，就是其他的东西，如果能够在经济活动中起到这样的作用，它也可以成为资本。例如科学技术，它开始的时候，主要是作为生产力要素存在的，但随着它的重要性以及在经济活动中地位和作用的变化，它越来越具备了资本的一些品格，于是，科学技术不仅作为"第一生产力"继续存在，而且在一定情况下可以成为资本。现在我们说的技术可以入股，就是这个道理。

认识之三：资本不等于资金
——资本的具体形态是多种多样的

很多人认为，资本就是钱，就是货币。其实这是不全面的。比如说，一个企业，人们在说它的资本是多少的时候，仅仅是指它拥有的钱吗？显然不是。厂房、设备、土地，甚至包括它的专利等等，当然也包括它拥有的资金，都是它的资本。企业的资产就是它的资本。在这里，企业"资产"是会计学语言，企业"资本"是经济学语言。所以，现实的资本，运行中的资本，都是多形态的，绝不仅仅限于货币一种形态。货币只是可以作为一般等价物，对资本进行量化表示。

钱——货币，也不是任何情况下都是资本，只有当它投入经营的时候，它才是资本。你的钱包里装着几百元钱，那是资本吗？显然不是。它只是钱，是供消费用的现金。只有把钱投入到企业经营中去，或者投资，或者买股票，那它才变成了资本。

知道了上面的道理，再来看资源和资本的关系。

资源在一定条件下可以转化为资本。

比如说，土地、矿藏是资源，但如果能够和其他的生产要素（特别是资金要素）相结合的话，它就可以转化为资本。所谓"抱着金饭碗要饭吃"，就是因为资源（金饭碗）还没有转化为资本。这个道理对我们今天的西部大开发很有用。对我们的企业也有用处。你的企业是所有的要素都不行呢，还是只缺少资金。在资源转化为资本上有没有文章可做？上海在 20 世纪 90 年代的启动，主要是靠土地批租筹集的资金，大约"批"来了几百亿美金，其实这就是把资源转化为资本。

认识资本的多形态很重要。除了钱可以成为资本之外，土地、资源、知识、技术、管理，乃至关系，都可以成为资本。这就告诉我们：从资本的运营要求上，我们就要研究哪些形态的资本有机地组合起来，更能产生效益。其中要特别注意知识资本的重要作用。从拥有资本者来看，就要研究自己拥有的这种形态的资本如何与其他形态的资本有机组合，才能形成真正可以运营的资本，要善于把资源转化为资本。

认识之四：资本和企业
——企业是资本的躯体

企业是资本的躯体，资本是企业的灵魂。

资本要进行具体运营，必须以企业为载体，必须办企业。对于企业有许多定义，这是最本质的定义。

企业中的经济角色都是以资本为根据来确定的。企业内部有"三者"：所有者、经营者、劳动者。所谓"三者"都是以他们和资本的关系来定位的。拥有资本的叫所有者，运作资本的叫经营者，依托资本出卖劳动力的叫劳动者。整个企业制度，都是为了协调这三者的关系使之成为有机整体而建立的。

现代企业制度也应该按照这个原则来表述：

所谓现代企业制度，就是所有者、经营者、劳动者以产权关系（实质是资本关系）为基本纽带，在企业内部各就各位，各行其道，各尽其职，各得其所。

这也就是企业改革的目标。

国有企业旧体制的弊端在哪里？用这个定义一看就清楚了，就是在企业内部没有所有者的合格代表。我们曾经想让企业的职工做所有者的代表，但实践证明是不行的。因为"全民资产"并不等于"职工资产"。我们还曾经想让厂长做所有者的代表，厂长负责制曾经让经营者代表国家、企业和职工的利益。但他们是经营者，常常犯短期行为的毛病。所以，国有企业体制改革的基本任务可以一言以蔽之：在企业内部造就所有者的合格代表。

一个私人企业的老板曾经向我提出过一个问题：我的企业的职工都认为是给我打工的，怎么办？我回答他两条：一，你的企业的职工这样认识有什么不对？是符合实际的。因为资产是你的，赚了利润是你的，赔了钱也是你的，当然他们是给你打工的。二，他们如实地认为是给你打工的，有什么不好？国有企业的职工认为厂长是他们的仆人，不服从厂长的领导，使经营者无法有效地行使经营者的权力，难道更好吗？

这里有一个很重要的误区，就是老想以"所有者"的帽子来调动劳动者的积极性，其实他们是不吃这一套的。劳动者认的是按劳分配，而不是所有者的权益；所有者认的是利润，而不是工资奖金。这就是必须各就各位，各行其道，才能各得其所。

认识到资本和企业的关系，我们就知道企业经营的实质是运营资本。不同企业有不同的业务，有不同的经营，但他们都是在运营资本。现在，"运营资本"这个词经常被使用，但主要是说资产经营的内容。其实，运营资本的具体范畴应该是包括五个方面：一是产品经营，一是资产经营，一是房地产经营，一是金融经营，一是无形资产经营。企业学会这五种形态的资本运营，才会立于不败之地。

认识之五：重视无形资本
——经营者是人力资本

在现代市场经济条件下，要认识和重视无形资本。

今天，无形资产、无形资本、知识资本这些词已经很流行了。但不能说大家对它们的认识已经很到位了。

无形资本包括的范围应该说是很广的。在WTO的相关协议中，"知识产权"包括七个方面：一、版权及相关权。二、商标（含商号）。三、地理标志，包括原产地标志。四、工业品外观设计。五、专利。六、集成电路布图设计。七、未公开的信息，包括商业秘密。——注意，这是经国际法认定的"知识产权"，其实广义的无形资产远远超出这个范围。例如知名度、信誉、商誉、某些关系等等，都可以成为无形资产。

无形资本、知识资本在整个经济活动中所起的作用越来越重要。我们可以用硬件和软件的关系来加以说明。钢琴是硬件，乐谱是软件。只有钢琴没有乐谱，谈不上什么演奏。

所谓知识经济，它的最重要的特征就是：知识成为资本，而且是主导资本，在某些情况下它甚至可以成为主体资本——有了知识就可以赚钱了。

要认识无形资本、知识资本的特点。

第一个特点是非物质性。这点无须说明。

第二个特点是质量决定性。对无形资产来说，对知识产权来说，最重要的是质量，而不是数量。无用的知识越多越糟糕。

第三个特点是易流失性。知识是在不断更新的，今天有用的知识，明天未必有用。

第四个特点是价值的不确定性。知识产品的价值与物质产品，在价值规律上是不同的。

第五个特点是对自然人的依赖性。知识资本的创造、储存、发展和运用，几乎每一个环节都离不开人的作用。人的状况，人的积极性在这里是一个具有决定性意义的因素和条件。重视知识资本而不重视人才，那是南辕北辙。

无形资本、知识资本有各种各样，对企业来说，最重要的应该是综合性的管理性的知识资本。因为有了这方面的好资本，技术性的专业性的知识资本才能发挥作用。

在当前最重要的问题是对企业经营者的认识。

企业经营者是以劳动形式实现的知识资本投入者。他们是人力资本。

这个问题我们要在专门的题目中继续探讨。

认识之六：资本和管理
——运营资本是企业管理创新的根据

管理创新对中国多数企业来说，还不是从无到有的模式创新，更主要的还是使自己的企业管理更符合市场经济规律的自我改革式或自我改造式的创新。

这种创新应该围绕着适应资本运营的要求来进行。需要考虑：

一、对资本的看法是否全面？

二、对资本和企业关系的看法是否全面？

三、对资本和劳动关系的看法是否全面？

四、对所有者、经营者、劳动者三者关系的看法是否全面？是否实现了"各就各位，各行其道，各尽其职，各得其所"？

五、对无形资本的看法是否全面和到位？

六、对经营者管理知识和操作的定位是否准确？

七、对知识具有资本和劳动的双重性认识是否到位？

八、对人才管理是否按照这种双重性来加以考虑和设计？

如此等等。

钱到地头活

——搞好资本运营

"资本运营"这个概念现在用得很多。但是在理论和实践中，大家对它的理解和使用并不是很一致。我是在中国最早提出和使用这个概念的人之一，这里只想宏观地讲一讲我对这个概念的理解和认识。

一、"资本运营"概念的提出

"资本运营"这个概念最早是我在报刊上提出来的。时间是 1995 年年初。那时首都新闻界到泰州召开"春兰之谜研讨会"。我给陶建幸提出问题：你春兰 1990 年的产值是 1 个亿，1994 年的产值是 50 个亿，请问怎样做到的？我们也知道你的空调卖得好，但如果只靠卖空调就发展这么快，我们怀疑你是暴利。

他给我们做了回答，回答得很好，解除了我们的疑团。用什么概念来概括春兰的经验呢？当时我突然灵机一动，脑海里出现了"资本运营"这四个字。并且当场说了自己的意见。

回到北京，我向当时的中央政策研究室的领导汇报了我的想法，后来我在《人民日报》上以"资本运营"为主线写了春兰的报道，又专门以资本运营为主题写了一篇企业管理如何改革和提升的内参文章。当时的国家经贸委主任王忠禹同志看了内参以后批示，这篇文章写得很好，建议在《人民日报》理论版上发表。文章发表以后，引起了广泛的注意，哈尔滨飞机制造厂的党委书记专门坐飞机来向我请教其中的一些问题，许多人打电话，询问我有没有专著，因为看了那篇文章还觉得不过瘾。

同时研究资本运营的还有赵炳森，这是一位青年学者。政府官员中，较早的是武汉市副市长张在重。

为什么会出现这个概念？这是由于中国改革开放的进展，企业的经营管理需要不断提升。我国的企业，以国有企业为代表，企业管理的理念大体走过了三个阶段。第一个阶段是产品生产型，企业其实只是一个大车间，由国家实行统购包销。第二个阶段是生产经营型，改革开放初期，提出了企业不仅要搞生产，还应该搞经营，但只限于产品范围内。第三个阶段是资本运营型，企业所做的事情，不仅是产品，应该包括更广阔的范围，而核心是运营资本。这就抓住了企业经营管理的实质。

二、资本运营的内涵

资本运营包括宏观和微观两个方面的内涵。

1. 微观的内涵是"经营企业就是运营资本"。

企业通过五种方式运营资本，或进行资本运营。

第一种方式：产品经营。

第二种方式：资产经营。

第三种方式：房地产经营。

第四种方式：金融经营。

第五种方式：无形资产经营。

它的特点是以企业为主体进行资本运营。

现在我们说的资本运营，实际上只是第二种方式即资产经营。这样说也未尝不可，但从理论上我们应该明确，广义上的资本运营是应该包括五种方式的。而且，只有理解五种方式，并把这五种方式结合起来应用，才真正实行了资本运营。因为它们之间是分不开的。资产经营在很多情况下，是和金融经营分不开的，和无形资产的经营也是分不开的。能把五种方式融合起来的，才是资本运营的高手。

当然，不同的企业有自己的资本运营的主要方式。有的是搞产品经营，有的是搞资产经营，有的是搞房地产经营，也有的专门搞无形资产经营。但他们都应该以资本运营的思想搞这些不同方式的经营。

2. 宏观的内涵是"政府管理国有企业也要进入运营资本层面"。

中央和地方政府在进行国有企业改革的时候，同样需要资本运营的理论。我们提出"资本运营是国有企业改革的一把金钥匙"。为什么？

它明确了国有企业改革的目标。

旧的国有企业体制的弊端是，国家进行投资之后，并没有形成"合格的资本"。资本最重要的性质就是要有清楚的所有者——即我们平常说的产权清晰。但国有企业最大的问题就是产权不清晰。国有企业内部没有所有者的合格代表，而政府作为所有者的代表也是不合格的。但在原有的思维范围内很难解决这一问题。

有了资本运营这一概念，事情就清楚了。"国有企业"和"国有资本"不是一个概念。国有资本可以存在于国有企业之中，也可以存在于各种不同类型的企业之中。股份制中的国有股就是国有资本，但股份制企业已经不是原来的国有企业了。国有独资企业的减少，并不等于国有资本的减少。国有资本可以在混合所有制企业的形式中得到新的发展。把"国有企业"的改革上升到"国有资本"的运作，这才有国有企业改革的广阔的出路。

它明确了国有企业改革的途径。

用资本运营看国有企业和国有资产，我们发现了三点：

第一点，从资本运营的角度，我们可以发现国有企业的潜力。从单个企业说，有许多国有企业陷于困境，但总体看来，我们就可以发现，国有资产或国有资本是一个巨大的数额。

第二点，从资本运营的角度看，国有企业的问题一目了然。资本是在流动中增值的，国有资本最大的问题是不流动，"钱到地头死"，国有企业不管经营如何，只生不死，资产不流动。

第三点，从资本运营的角度，国有企业的改革途径要容易得多。途径就是资本的流动。资本的流动，并不是物质的流动，主要是产权的流动和重组。

正是按照这个思路，国有企业改革不断深化。最近一届政府成立了国有资产管理监督委员会，其实就是代表国家运营国有资本的机构。

三、具体解释资本运营的五种方式

第一种方式：产品经营。

在1996年《经济日报》发表资本运营的报道的时候，中央一位领导同志曾经问，大家都搞资本运营，是不是就不搞实业了？其实这是一个误解。

绝大多数企业是搞产品的，甚至主要工作就是搞产品。那么这样的企业有没有资本运营的问题呢？我们回答说，有。我们可以就产品经营的层面进行产品经营，我们也可以提升到资本运营的层面来搞产品经营。只有提升到资本运营层面，企业才能正确制定自己的产品经营战略。因为资本运营给了我们一个产品经营的最基本的标准——那就是赢利。以春兰为例，陶建幸接手的时候，春兰生产43种产品，但没有拳头产品，产品经营没有赢利。陶把42种产品砍掉，只剩下一种，即家用空调。他正确地判断到家用空调的时代已经到来，所以一下子就发起来了。当空调做大之后，他又变了，又开始扩张自己的产品品种，又搞了摩托车，以后又搞了汽车等等。它的产品战略走了一个"多—少—多"的过程。为什么由多到少？为了资本增值。为什么又由少到多？也是为了资本增值。因为原来的产品已经不能容纳我这么多的资本运转了。

很长时间流行着"不技改等死，技改找死"的说法。实质也是这个问题。就产品经营搞产品经营，为了搞好产品，当然我就要引进最先进的技术设备。但引进了先进的技术设备，产品卖不好，投入已经很大，当然是找死了。如果是资本运营的思想，情况就不同了。我在引进技术和设备的过程中首先考虑的是赢利，能不能赢利？不能，我就不引进，能赢利就引进。做产品，当然要考虑"卖点"，但从资本运营的角度想，做企业首先要考虑到赢利点。许多先进技术不能转化为经济效益，就是没有找到赢利点。

有一个事例很能说明这个问题。一个科研机构发明了激光癌症手术刀，制造的成本很高，如果制造出来自己卖，买的单位会很少，这样就会赔钱。后来他们想了个办法，制造出来不卖，而是与医院合作，从手术中分得利润，这样就可以赚钱了。卖，不是赢利点，与医院合作，才是赢利点。找不到这个赢利点，再好的技术也不能推广。

建立了资本运营的思想，就会明确，搞好产品经营的核心，就是找到赢利点。

第二种方式：资产经营。

所谓资产经营，就是把企业的资产当作经营的对象。也就是做产权的文章。平常说的兼并、收购、股份制建立或改造、企业上市、组建集团等等都属于这个范畴。

春兰的空调卖得快之后，要建立第二空调厂，建厂需要1亿资金，但春兰自己只有1000万。他们没有用贷款，而是用招股的办法。谁出3000万，三年之后全部还清股金，还在企业留下10%的股份。用这样的条件，招到了三个投资者，于是凑够了1亿资金。由于空调产品在市场上很俏销，三年之后，三家的股金都还清了。这时我们从资产经营的角度看，三年前春兰投入的1000万，现在成了7000万，因为春兰控股了1亿资产企业的70%股份。

新会集装箱厂的兼并收购是中集集团的得意之作。这家20世纪90年代初建立的工厂属于决策失误，建起来以后始终没有得到订单，欠了银行不少贷款，企业成了当地的一个大包袱。最后终于想出了各方都能够接受的办法：将有用资产剥离出来，按现代企业制度重组一个新公司，中集花104万美元购买新建立公司80%的股权，同时为原公司担保500万美元银行贷款以融通当地老股东的部分到期债务。此后，中集把自己80%的股份拿出40%股份给日本住友、新日铁、朝阳贸易、香港的一家地板供应商，这四家各投150万美元，各拥有10%的股份。（注意：用这种办法把新企业的资产一下子从104万美元抬高到1500万美元。中集拥有40%的股份，104万就变成了600万美元。）收购和改制之后，这个厂很快扭亏为盈，年产已经达到3万标准箱，大家都获益，而中集凭借自己的出色管理和知识产权当然是个"大赢家"，收购只投入100多万美元，出让股份就获得了600万美元，还掌握了企业40%的股份。

在90年代初，中国曾经讨论过"中策现象"，印度尼西亚的郭鹤年的中策公司专门在中国收购国有企业的股份，控股以后自己并不经营，而是出卖股份。其实这就是专门进行资产经营的企业。

第三种方式：房地产经营。

房地产也是资产，但由于它有许多特殊性，所以单独把它划出来。地产是不可再生的资源，在我国，地产的产权是有期限限制的，地产的增值规律与其他资产又有不同，房产是和地产密不可分的。

有专门的房地产开发商，也有许多企业不是房地产商，但它的发展是靠了房地产的经营。在当地经济还不发达，由政府批了不少土地，等经济发展了，地价大大提高了，企业又以土地入股的方式，吸收了很多资金。春兰的迅速发展其实也得益于这一点。

第四种方式：金融经营。

融资、投资、直接融资、间接融资，股票、债券、期货交易，都属于这个范畴。资本其实可以分为两类：实业资本和金融资本。主要进行金融经营的资本就是金融资本。银行是进行金融经营的专业机构。一些投资公司，其实也是主要进行金融经营的企业。如现在议论纷纷的新疆德隆集团，就是这样的公司。还有中国最早创立的民营企业东方集团，现在也是这样的公司。在一次会议上，与会者向张宏伟提问，问他主要经营什么。张回答不上来。我在旁边说，这个问题他的确难以回答，因为东方集团是经营资本的，用列宁的话说，它是金融寡头，哪里赚钱，干什么赚钱，它就往哪里投钱。

企业搞大了，实际上都要不同程度、不同方式地涉入金融经营。春兰在当地交通银行有60%的股份，海尔最近也涉入了金融，这些都是证明。外国有许多大的集团，都是银企集团。

第五种方式：无形资产经营。

企业是有形资产和无形资产的有机统一。在现代社会，无形资产对企业越来越重要。在一定意义上说，无形资产决定着有形资产运行的方向和命运。

无形资产包括：企业管理、企业文化、企业商誉、企业专利、营销网络、关系网络，特别是企业的品牌（商标、商号等）。

四、认识和把握全面运营资本的意义

1. 从企业的角度看，企业要做大、做强、做长寿，必须学会全面地运营资本。

理论逻辑的线条是很清楚的：产品经营的基础是靠资产经营，资产经营一是靠金融经营的支持，一是靠无形资产经营的支持。例如房地产经营，直接看来是建房子的，实际上金融对它的作用很大。因为房地产的投入很大，完全靠房地产商自己的资金投入，是难以进行的，必须有银行的资金支持。房地产的销售，由于有了住房贷款按揭，实际上在很大程度上也是靠银行的支持。金融的运作能力，对房地产商来说，十分重要。

为什么中国的"流星企业"很多，而"恒星企业"很少？就是因为许多企业只搞产品经营，而且是单一产品的经营。这种产品俏销的时候，它很火，这种产品过时了，企业也就衰亡了。单一的产品经营，而且经营单一的产品，是许多企业衰亡和做不大的原因。

史玉柱的巨人集团的失败，与其说是资产经营的失败，不如说是金融经营的失败。金融链条断了，资产经营也进行不下去了。

目前房地产的经营遇到的问题也是类似。金融方面的考虑欠周到，可能导致全盘皆输。

没有品牌支持的规模是最危险的规模。没有品牌的技术，往往是没有效益的技术。

总之，企业要靠多脚立住，而不能靠独脚立住。

2. 从市场的角度看，市场是资本运营的场所，只有懂得了资本运营的多种形态，我们才能看清复杂无比的各种市场现象，并善于透过现象看本质，才能头脑清醒，抓住机遇，起码不会糊里糊涂地犯错误。

3. 从企业家的角度看，只有懂得并能够把握五种资本运营的形态，才是一个全面的成熟的高明的企业家。不见得每个方面的技术操作层面都很内行，但大的框架一定要清晰。

"两恨"文化

——中国企业家的历史使命[①]

以"企业领袖"命名的会议，在中国还是第一次。

它的内涵和标志具有极其深远的意义。

借此机会，我把自己一些不成熟的想法归纳为"四个一"，和大家交流。即：

"一个历史性的宏观思考"；

"一个核心性的拨乱反正"；

"一个破天荒的理论突破"；

"一个新阶层的神圣使命"。

一个历史性的宏观思考

最近，我天马行空地思考了中国几千年的历史，想到了这样一个尖锐的问题：勤劳、勇敢、智慧的中国人民，在神州大地上干了五千年，一直到1949年，干出了什么业绩？毛泽东同志做了概括，叫做"一穷二白"。这是非常难以思议的。中国人勤劳不懒惰，勇敢不懦弱，智慧不愚笨，而且人数众多，为什么会是这样——只落得个"一穷二白"的结果？！

答案是复杂的。我认为主要是文化方面的问题。在肯定中国文化光辉灿烂、博大精深的同时，也要承认中国传统文化存在着重大的甚至是致命的缺陷。我想借这个机会，简单地谈一谈人才文化和财富文化方面的缺陷。

人才文化的缺陷可以用这样一句话来概括：对干事的人，求全责备；对不干事的人，委曲求全。你要干事吗？你就必须是完人，只有优点，没有缺点。用现在的说法，叫做"既又干部"，"既有主见，又不主观；既埋头苦

---

① 本文为作者 2002 年 12 月在首届中国企业领袖年会闭幕式上的讲话。

干，又有创造性"……其实"既又"是不可能的，因为一个人的缺点就是一个人优点的延长，有主见的人，往往会主观，因为主见的表现形式就是主观。这样一个完人的标准就成了打击干事人的鞭子。因为干事的人总是处在矛盾的旋涡中，人们总爱用完人的鞭子抽打你。所以许多人都谨记"出头橼子先烂"的格言。对于人才的利益是不尊重的。因为人才应该是"无私奉献"，因此可以不重视知识产权的保护。中国人是聪明的，历代有许多发明创造，有许多秘方绝招，但没有知识产权的保护，或者教给徒弟饿死师傅，或者传子不传女，于是它们难以形成经济规模，有许多很快就失传了。

中国传统财富文化的主流是有问题的。它信奉这样一句话："不患寡而患不均"——不怕财富少，就怕大家不一般多。这个理念实际上是违背财富规律的。它把财富问题的次序颠倒了。财富首先是有无和多少的问题。如果没有财富，或者财富很少，所谓"一般多"，只是大家"共同贫穷"而已。

从社会生活的实际出发来看，财富和不均几乎是同义语。财富靠不均发展，财富发展了，分配一定不均。到目前为止的人类社会，财富都是靠不均发展的。原始社会为什么进展到奴隶社会？仅仅从道德看，可能是一大退步。但私有财产的产生，财富不均了，促进了生产力的发展。封建社会、资本主义社会，都是靠财富不均发展的。即使马克思设想的社会主义社会，也要实行"按劳分配"的原则，其实"按劳分配"的原则也是靠不均去调动人们创造财富的积极性。财富创造出来了，它的分配一定又是不均的。从阶级和阶层的角度看，因为拥有的生产要素不同，必然会拥有不同数量的财富。从个人的角度看，人与人之间，在先天素质、后天努力、社会机遇等方面有极大的差别，财富怎么会是拥有一样多呢？即使我们人为地让他们一样多，很快又会不一样多了，会经营的人，发财了，不会经营的人破产了，又是不一样多。

财富的发展必然导致不均，而我们又最怕不均，出现了不均怎么办呢？于是我们就来它一次革命，用暴力手段使财富"均"起来。革命总要造成巨大的破坏，甚至造成生产力的下降，怎么办？在革命之后，我们再鼓励财富发展。于是我们看到了一个这样的链条：财富发展（不均）—革命（均）—财富发展（不均）—革命（均）……—财富积累—毁掉—积累—毁掉。创造的财富和辉煌不能保持和继续发展，所以才有了 1949 年的"一穷二白"。

这两个文化的缺陷已经深深地融入中国老百姓的血液中，形成了所谓的"两恨文化"——恨能人，恨富人。这两恨，不用教育，不用上课，不用办什么学习班，大家都会。能人倒台了，大家津津乐道。富人家着火了，大家拍手称快："老天爷长眼，烧得好啊，都是不义之财！"

因为恨富人，富人就怕"露富"。地主老财有了钱怕别人看见，就把钱换成银圆，装在坛子里，埋在地底下——这就等于把农业生产很不容易积累起来的货币资本，不去投资工商业，而是让它变成"黄土"。多少年来，全中国的地主老财们把多少货币资本化为黄土！中国资本主义就是这样被扼杀在摇篮之中了。现在的富人仍然感受到"两恨文化"的威胁，但他们聪明了，不换银圆，不装坛子，不埋地底下，而是换成美元存到外国银行了。我们有理由批评他们觉悟低，但真正解决问题的办法是消除"两恨文化"。

用现在的眼光看：富人——有形资产的代表者，能人——无形资产的代表者，有形资产和无形资产是经济发展的两个翅膀，而普遍存在的"恨富人、恨能人"的"两恨文化"，就如同一把剪刀，总是不失时机地把它们的羽毛剪掉在刚刚滋生的时刻。中国经济的落后和停滞就是难以避免的了。

新中国建立以后，以计划经济为特征的原来的社会主义模式，不知不觉地继承了这份消极的遗产，在"共同富裕"的正确的口号下面，融进了"铁饭碗"、"大锅饭"等平均主义的历史惯性，"穷有理"、"富变修"又成了人们的本能性的思维。这种新形势下的"不患寡而患不均"的财富观，再次阻碍着中国经济的发展。

一个核心性的拨乱反正

邓小平之所以成为伟人，就是因为他敏锐地发现了中国历史和现实中的这个问题，并且抓住时机，以财富观为核心进行了实质性的拨乱反正。

小平同志为启动中国的改革开放说了许多话，但最关键的是两句话，这两句话都是围绕着财富观说的。

第一句话，"贫穷不是社会主义，发展慢了也不是社会主义！"于是，穷不再光荣，富不一定变修。无产阶级为什么要革命？实质是革"无产"的命。革命之后仍然"无产"，便失去了革命的意义。最希望消灭无产阶级的就是无产阶级自己。

第二句话，"要允许一部分人一部分地区先富起来。"这就指出了如何富裕的基本途径和方式。没有这一条，还是齐步走，要富必须大家一样富，改革开放同样发动不起来。这直接指向了"不患寡而患不均"的传统思维。

财富增值规律是这样的：—发展是硬道理—发展等于资本加劳动—中国最缺的是资本—财富只有积累到一定的程度才能成为资本—财富的适当集聚有利于迅速形成一定规模的资本。

邓小平是中国共产党的领袖，也是中国伟人和世界伟人。因为他是中国历史上正确阐述财富观的第一位国家领导人。

一项破天荒的理论突破

20多年的改革开放证明了邓小平理论的正确和英明。他的两句话都获得了相应的结果：中国富起来了，一部分人和一部分地区也先富起来了。对于第一个结果——中国富起来，大家都没有什么不同的意见，但对于第二个结果——一部分人先富起来了，就出现了认识上的分歧。于是，老的问题以新的形式又出现在人们的面前。如何看待这些"新富人"？是不是出现了"两极分化"？他们是不是"新生的资产阶级"？他们是不是已经控制了政权？该不该打倒？新老传统文化的巨大惯性再一次考验着中国共产党和中国人民。

江泽民同志提出"三个代表"重要思想，从理论上回答了这个问题。"三个代表"以"生产力"标准代替了"财产"标准。在2001年的"七一"讲话中提出私人企业家可以入党。在2002年11月召开的党的十六大的报告中更是鲜明地这样写道："在社会变革中出现的民营科技企业的创业人员和技术人员、受聘于外资企业的管理技术人员、个体户、私营企业主、中介组织的从业人员、自由职业人员等社会阶层，都是中国特色社会主义的建设者。""不能简单地把有没有财产、有多少财产当作判断人们政治上先进和落后的标准，而主要应该看他们的思想政治状况和现实表现，看他们的财产是怎样得来的以及对财产怎样支配和使用，看他们以自己的劳动对中国特色社会主义事业所作的贡献……"

可以这样说，不仅在中国共产党的历史上，而且在中华民族的历史上，第一次提出了这样对待财富和这样对待富人的理念。这是中国文化建设上的一个具有破天荒意义的重大理论突破。那种"恨富人，恨能人"的文化，有希望不再延续；那种不断折腾、不断受穷的老路，有希望不再重复。这样，中国才真正有了以世纪为单位的长期持续发展的可能。

一个新阶层的神圣使命

为什么在今天的企业领袖年会上说了这些？因为这些问题与企业家直接相关。

企业家是能人，他们不仅自己能，而且还能够使众多的能人发挥才能。企业家还是富人，起码我们应该在理论上承认，创造更多财富的人，自己也应该拥有更多财富。企业家既是"能人"，又是"富人"，那么"两恨文化"就必然与企业家正面相撞。不解决"两恨文化"问题，企业家难以顺利成长。正确地对待富人和能人，在当前最集中、最重要的表现就是正确对待企业家。

怎么解决"两恨文化"的问题？要从理论上解决，要从法制上解决，要从政策上解决，要从宣传上解决。但我认为，很重要的方面，是要靠企业家自身来解决。应该说，企业家最有消除"两恨文化"的积极性，同时最有消除"两恨文化"的说服力。如果我们的企业家既有财富，又有道德，既有管理能力，又有强烈的社会责任感，恨这样的能人和富人，就失去了前提，他们必然会越来越得到人们的尊重。

我们曾经讨论过"中国有没有企业家"的问题，现在我们又在讨论"中国有没有企业领袖"的问题。我的回答是倾向于宽容和乐观的。中国经济连续数年以世界最快速度发展，众多的优秀企业创造了奇迹般成长的业绩，出现了一些全国乃至世界著名的品牌，说一句"没有"是不好解释的。如果一个企业家的影响力超出自己的企业，如果他创造了具有普遍意义的经验，如果他受到了企业界乃至社会各界的尊重，那么他就应该被认为是企业领袖。

现在不是"有没有"的问题，而是如何全面地认识中国企业家的共性和个性，并从理论上、制度上、社会上给企业家以恰当的定义和定位。当然也包括企业家自身如何认识和对待这些问题。

我认为，中国企业家有如下五个个性特色：

创业性。当今被人们认可的企业家大多是创业者。

转轨性。他们都是在经济和社会的转型期成长起来的。

实践性。他们大多是在本土通过在实践中不断摸索起家的，没有现成的理论作指导。

综合性。他们不仅具有企业管理和经营的才能，而且具有政治和社会多方面的活动才能和经验。

脆弱性。企业的不成熟、自身的不成熟和阶层的不成熟是脆弱的内因，市场经济和社会环境的不成熟是外因。

为了使企业家阶层健康成长，需要做以下四个方面的工作：

首先，要给经营者、企业家以清晰的独立的理论定义。企业里面有三者：所有者、经营者、劳动者。经营者是企业的实际管理者。他们可以有各种职务头衔，或称为经理、总经理，或称为 CEO 等等。现代市场经济发展的大趋势就是经营者的职业化。"企业家"这个概念，就个人来说，是指经营者中的佼佼者；就宏观来说，企业家阶层实际上是指经营者阶层。

第二，重视完善占有制。占有制是产权制度和现代企业制度的重要组成部分。经营者是占有制的人格化。现代企业的发展趋势有一条看得很清楚，那就是所有者的作用越来越弱化，越来越间接，而占有者所起的作用越来越直接，越来越强化。占有者的重要决定了占有制的重要。完善占有制的核心问题是重视人力资本。建立对经营者的完善的激励、约束和保护的机制。不能放没线的风筝，也不能给一张八仙桌让他们跳芭蕾舞。

第三，在全社会范围内形成尊重和爱护企业家的良好环境。建立和发展科学的"财富观"，正确认识财富和才能，正确对待富人和能人。理论家需要撰写新的《财富论》和《才能论》。企业家是稀缺资源。有了更多的企业家，同样的财富就有了更大的能量。如果说，财富在一般人手里，是可以烹调的肉鸡的话，那么到了企业家的手里就成了可以繁殖的母鸡。

第四，企业家阶层自身的提高。企业家自身需要正确地认识自己的地位和使命，严格要求自己，不断地进步，不断地提高。富了更要谦虚，富了更要守法，富了更要讲道德，富了更要重视社会责任。

中国企业家阶层正在从一个"自在阶层"变成一个"自为的阶层"。成为"自为阶层"至少需要三个条件：一、要形成本阶层的意识和理论；二、要提高本阶层的组织程度；三、要出现一批企业家阶层的代表人物。

在 20 世纪 80 年代中期我就说过，中国企业家阶层形成之日，就是中国改革成功之时。历史已经证明并将继续证明这种判断的正确性。

谢谢各位！

不止是狼来了

——入世对策 15 条

"入世"之后要做三件事：

第一件：规则——了解规则，接轨规则，运用规则，修订规则。

第二件：对策——宏观对策，中观对策，微观对策。

第三件：素质——政府素质，企业素质，人的素质。

对策很重要。好像参加篮球比赛，首先规则要一样。但是输是赢要看对策是否恰当，要根据对手的特点和我们的特点，决定采取什么样的攻防战略战术，是"人盯人"，还是"区域防守"。基础是素质，对策选对了，还要靠队员跑得快，跳得高，投得准，彼此联络好。

现在主要探讨对策问题。大约可以提出 15 条对策。

第 1 条，"龙形经济"对策

我们中国经济的现状就是一条龙。龙头高耸入云，龙尾还在海面之下。飞船已经上天，还有几千万人没吃饱饭。飞船上天的国家有几个，但它们没有几千万人没吃饱饭。众多人没吃饱饭的国家有，但它们的飞船没有上天。两者集于一身，当今世界只有中国。

这就决定了我们中国必须同时完成不同层面的任务。"知识经济"层面的任务我们要追赶；"工业经济"层面的主体工作我们要完成；"农业经济"层面的任务还要补课。中国是个很特殊的学生，大学、中学、小学的课程一起上。我们必须善于把不同层面的任务结合起来。

在不同的层面都有我们的机会。搞高新技术，有机会；搞农业，也同样有机会。有个传统工业很发达的城市，要抛弃工业经济这一块去单纯追逐高新技术产业，未必可行。高新技术没有追上，自己的基础优势却放弃了，而且许多高新技术是以传统产业为市场的。注意在多层面选择机会，这就是结论。

龙形经济的另一个含义就是要注意突破一点，带动全面。龙的起飞关键是龙头，龙头高昂整个龙才能飞将起来。龙头地区、龙头城市、龙头产业和龙头企业是最重要的。

第2条，"乒乓球"对策

我国的足球"冲出亚洲，走向世界"，何其艰难。第一次参加世界杯，连最低的要求"进一个球"都没有做到。但乒乓球从20世纪60年代开始，保持了持续的辉煌。为什么都是体育活动，会有这样大的差别？其中基础的原因是，中国人的体质和中国的国土条件，都适合乒乓球的发展，而不利于足球的发展。足球需要冲撞，要求身体素质很高。西方人是吃牛肉长大的，中国人是吃粮食、蔬菜长大的，"野蛮"不过人家。而乒乓球不需要身体接触，需要灵巧，这是中国人的强项。足球场的面积很大，中国人多地少，不"容忍"用那么多的地去做足球场，而乒乓球台子很小，到处可以放，所以到处都可以打乒乓球，后备力量源源不断。

参加世界贸易组织，就好像参加了一个永不闭幕的世界经济奥运会。我们也要寻找适合中国人条件的强项。弱项搞不好，还情有可原，强项的奖牌丢了，实在遗憾。要寻找"经济乒乓球"，如服装纺织、皮革、现代中药和以中医中药为依托的保健品等。

第3条，"低加高"对策

劳动力成本低是我们的优势，这条不能放弃。但光凭这一条，竞争力会越来越弱。所以要搞"低加高"——低成本加高技术。美国市场上销售一种节能灯泡，小的政府补助三美元，大的补助八美元。这种灯泡就是中国浙江横店集团生产的。为什么会是这样？因为这种灯泡是横店引进了美国的高技术生产的。对美国市场说，它是低成本，有竞争力，对国内市场说，它是高技术，也有竞争力，"内外逢源"。

还要重视"低端优势"。技术，低端没有什么优势，但产品未必如此。比如照相机，一般居民用的"傻瓜机"之类的技术含量并不高，但可能拥有更大的市场。我国的农用车异军突起，就是靠低端优势。北京福田汽车股份公司说它不怕"入世"，原因是它生产的"福田小卡"是低端产品，现在的价格只有两万多元，没有给外国产品留下什么价格的空间，而且外国的大汽车厂一般也不再生产这样的低端产品。

第 4 条，"本土优势"对策

本土优势好像足球比赛的"主场优势"。在自己的家门口进行国际竞争，有民情优势、接近优势、关系优势、地域优势、文化优势等等。一定时期还可以利用保护期优势。这种优势在房地产业表现得比较明显。

在本土优势中，最大的优势就是本土市场的优势。加入世界贸易组织，当然我们应该更加重视国际市场。但这丝毫也不意味着可以忽略本土市场。从世界范围看，中国市场已经是世界市场的一部分，而且被公认为是潜力最大的一部分。所以，中国企业如果忽略了中国市场，也是没有全面的世界市场的观念的。中国本土市场大，是中国企业参与国际竞争的良好条件。做一个比喻，我国市场是一个非常大的湖泊，可以养很大的鱼，这样的大鱼到海里，就更容易适应了。

第 5 条，"大跨度组合"对策

中国的企业要实施"大跨度组合"的对策。一个设在深圳的企业，在宁夏买了两万亩荒地种药材，加工成原料药之后，出口美国。这是"深圳窗口—西部基地—美国市场"的大跨度组合。

内蒙古的一些企业也在实施这样的战略。例如伊利集团，它在上海、天津、北京、大庆等地建立了生产基地，在全国开拓市场。

大跨度组合就是在更大的范围优化组合资源。我国的西部大开发，也应该重视这样的思路。

第 6 条，"产业集群"对策

中国企业规模一般比较小，这是一个劣势。但是如果我们把众多的小企业组合起来，形成一个产业集群，就可以在很大程度上克服这个弱点。温州的皮鞋产业集群，晋江的运动鞋、旅游鞋产业集群，都是成功案例。

要搞好产业集群，就要注意建立良好的企业生态。地方政府的领导者要注意发挥龙头企业的整合作用，实现搞好一个龙头企业，带动一条产业链，搞活一片经济的目的。这也是重视地方载体品牌的打造。

第7条，"以速度抗击规模"对策

以速度抗击规模是较小规模的企业应对较大规模企业的办法。因为在规模上自己是劣势，那么就要抓住"船小好掉头"的速度优势，和对方展开竞争。

中国企业与世界企业相比，即使是大企业，也是规模较小的，而且规模一时又难以迅速大起来，关键是要采取适合中小企业的战略，其重要的一条就是以速度抗击规模。海尔在开展国际化经营的时候，就非常重视这一条策略，并赢得了外国企业的赞赏。你大，但我动作快。动作快，中小就成了优势。中国企业管理应该重点研究"动作快"的问题。

第8条，"以狼制狼"对策

"狼来了"——但不是一只狼，而是一群狼。如果硬要把中国企业说成"羊"的话，其实，这里面就会有多重关系。既有狼和羊的关系，也有狼和狼的关系。外国企业进入中国时，往往先与"挑战者"（国内本行业第二名或第三名）合作，而对付第一名。这种策略，可以供我们参考。

德国前任驻华大使对我说，德国公司进到中国来，既不是帮助中国进行社会主义建设的，也不是主要和中国竞争的。因为它们的主要竞争对手不是中国，而是美国、日本等发达国家。和这些对手竞争的办法，就是把它们的高科技在中国放大规模。

在中国市场上，发达国家之间同样要展开竞争——狼和狼的竞争，这也是我们的对策必须考虑加以利用的问题。

在发展我国轿车工业上，开始日本不愿意和中国合作，但德国人进来了。现在，法国人吸取了1989年后行动迟缓的教训，雪铁龙公司正在谋求和东风汽车公司进一步合作。人人都担心入世之后的我国轿车工业，其实这个竞争并不单纯是中国汽车工业和发达国家汽车工业的竞争。利用发达国家之间在中国市场上展开的这场错综复杂的竞争，"以狼制狼"未尝不是一条对策。

第9条，"优势对接"对策

在市场竞争中，利用自己的优势，封锁别人、挤压别人，是一种常见的方法。但用自己的优势换取别人的优势，实现双方优势对接，也是重要的乃至高明的策略。

海尔张瑞敏在加入世界贸易组织当天，和中央电视台主持人白岩松有这样一段对话：白问："入世之后，面临着跨国公司更直接的竞争，海尔有什么优势？"张答："资本没优势，技术没优势，管理也没有优势。"白问："什么优势都没有吗？"张答："我只有一个优势，在中国市场上我的销售服务网络比他们好。"白问："怎样利用你的优势和他们竞争呢？"张答："我要让他们利用我的渠道卖他们的东西，以此换取在外国我利用他们的渠道卖我的东西。"十天之后，海尔和日本三洋就签订了这样的协议。这就是优势对接。

浙江万向集团的董事长鲁冠球说了这样一句话："如果你有跨国公司可以利用的资源，你就可以利用跨国公司的资源。"实质也是优势对接。

第10条，"原地提升"对策

根据世界大市场重新调整中国的产业格局，是今后中国经济面临的尖锐问题和严峻挑战。这种调整，可以采取"另起炉灶"的方式，也可以采取"原地提升"的方式。各有各的好处。所谓原地提升，就是更好地利用现有的基础和资源，减少不必要的代价和震动。都另起炉灶不一定是最上策。

德州邮政局的事例很有启示作用。邮政和电信分开经营之后，邮政遇到了比较大的困难。怎么办？他们想了一条很"现实"又很有效的出路——努力把邮政的"信息流"改造成"信息流加物流"的综合网络。他们的邮政网络，既送信，又送商品。每个用户门前的邮政箱，既是送信箱，又是送货箱，还是广告箱。这样发展下去，它还会具有怎样的功能还很难说清楚，很可能成为一个新的东西。

第 11 条，"照虎画猫"对策

如何学习外国企业的经验。一个办法，不是"照猫画虎"，因为外国大企业不是猫；也不是"照虎画虎"，因为中国企业还不是虎。最实事求是的办法应该是"照虎画猫"。学习他们的经验，但是要从中国企业的实际出发。中国快餐业上来就要和"麦当劳"、"肯德基"一决雌雄，结果往往很快败下阵来。倒是有一些调子不那么高的中国快餐连锁店在悄悄地发展。湖南有一家搞连锁商店的企业，它把自己的发展目标主要定在地级城市。老板认为，在大城市我可能竞争不过"沃尔玛"、"家乐福"，但在中小城市还有比较大的空间，趁它们还没有来得及进入到这些地方的时候，我先来个先下手为强。

照虎画猫的策略，除了大小的差别之外，还有国情的差别……

第 12 条，"品牌经营"对策

中国已经成为制造大国，但在相当长时间内，还难以摆脱"品牌小国"的地位。因此就应该更加重视品牌经营的问题。

一个是品牌自身的整合：我国中小企业多。以啤酒为例，日本三家啤酒企业占国内市场的80%，我国三家最大的啤酒企业占国内市场的比例远远低于这个水平。利用品牌整合国内资源，可以迅速扩大规模。青岛啤酒的事例，五粮液的事例，都可以说明这个问题。利用品牌实现跨业经营，红塔集团、大红鹰都是这样的例子。

"美加净"原来是出口品牌，后来品牌归了生产厂家，于是上海有三家"美加净"：日用化妆品一家，牙膏一家，香皂一家。由于品牌分属于三家，谁也不愿意花大力气做这个品牌的宣传。如果品牌整合起来了，这个问题就解决了，品牌和企业都一定会有更大的发展。

一个是挖掘中国品牌资源。要看到中国拥有相当雄厚的品牌资源。例如"中华老字号"就是一笔重要的资源，全聚德烤鸭、同仁堂中草药、胡庆余堂中草药、稻香村糕点、一得阁墨汁、盛锡福帽子、瑞蚨祥绸缎、上海城隍庙小吃、张小泉剪刀、狗不理包子、王致和臭豆腐、六必居酱菜等等。建国初期统计，我国约有 1 万家老字号，到了 1978 年只剩下约 2000 家了。这 2000 家，只有 10% 是经营得比较好的，70%一般化，20%已经相当困难。这说明还有一批品牌有待整合，存在着不小的潜力。

一个是利用品牌整合世界资源。入世之后，大家最担心中国的汽车工业。其实更好地利用中国品牌整合世界的资源也是一条可行的竞争之路。目前在这方面做得比较好的是"中华"、"奇瑞"、"吉利"几个品牌。他们的路子可以称为"中国的品牌，世界的智慧"。利用自主品牌的平台，把世界上最好的设计和生产技术整合起来。我们可以从这种方式中看到中国汽车工业的希望。

第 13 条，"文化力"对策

文化资源深厚是中国的一大优势。

重视文化力有三个方面的意思：

一个是把文化作为一种软资源。所谓软资源包括信息、知识、技术、文化。把软资源和硬资源结合起来造就财富，才是现代社会发展经济的根本道路。中国文化资源丰富是一个大优势，我们应该特别加以重视。

一个是要重视发展文化产业，利用中国的文化优势——特别是传统文化的优势——发展相关的产业。在这方面，中国和有些发达国家比较，是具有核心竞争力的。

一个是发展"市场文化"。市场文化是一个新概念，它不是过去意义上的自然科学，也不是过去意义上的社会科学，它就是基于市场经济产生的又为市场经济服务的文化形态。美国《财富》杂志搞的"世界 500 强"排名、美国搞的"迪斯尼乐园"等等，都是这类文化的样式。我们中国在这方面还没有开窍，必须迎头赶上。

第 14 条，"走出去"对策

走出去，到发达国家去，到发展中国家去。可以是产品出口，也可以是在外国建厂，也可以是资本输出和技术输出。世界经济、世界市场本来就是交织的。

"走出去"存在着两个问题。

一个是风险问题。原则上说，走出去一定有风险，但不能因为有风险就不走出去。关键是对风险的把握。在风险的把握中，还有一个对国内市场和国际市场关系的处理问题。既不能只关注国内市场放弃国际市场，也不能因为关注国际市场而丢掉了国内市场。

一个是方式问题。我认为应该提倡多样化。海尔的方式、TCL 方式、联想方式、上海振华港机的方式都应该允许在实践中总结经验或者教训，不要过早肯定和否定。

第 15 条，"用外脑"对策

外脑可以是中国人、中国机构，也可以是外国人、外国机构。中国企业目前在知识和人才的策略上应该更加灵活。

一家之言与大家公认

——留意"市场文化"

我提出的"市场文化"是个新概念——起码在中国是新课题。

什么是市场文化?

市场文化有什么作用和意义?

应该怎样建设市场文化?

谈一点个人看法。

我们面对着这样一些现象

我们面对着这样一些现象:

1. 各种排名和评价。大家比较熟悉的有:"世界大企业前 500 家排名"(通称"世界 500 强")、"世界 100 个富豪排名"、"世界最有价值品牌评价和排名"、"世界各国经济竞争力排名"、"中国最有价值品牌排名",等等。

2. 某些权威组织认定的各种称谓。例如联合国认定和颁发的"自然遗产"(主要是对世界各地风景区的认定)、"最适合人类居住的城市"(简称"人居奖")。

3. 一些杂志推出的"封面人物"或一些媒体推出的"年度风云人物",等等。

4. 各种博览会和文化节。例如"世界园艺博览会"、"巴黎时装节"、"尤里卡博览会"以及世界各地的名目众多的"汽车博览会"。中国有广州"中国对外贸易交易会"(广交会)、"北京国际服装节"、"北京国际音乐节"、"北京国际汽车展"、"青岛啤酒节"、"大连国际服装节"、"潍坊国际风筝节",等等。

5. 各种电影节和电影奖。例如大家熟悉的"奥斯卡奖"、"戛纳电影节"等。中国也有相应的"金鸡奖"、"百花奖"等电影评奖活动。

6. 各种论坛和会议。例如瑞士的"达沃斯经济论坛"，美国的"财富论坛"等等。在中国，有"博鳌亚洲论坛"等等。

7. 各种品牌文化。例如美国的"可口可乐"、"麦当劳"、"肯德基"等代表的美国生活方式和消费方式。同是汽车，德国的"奔驰"品牌，日本的"丰田"品牌，英国的"劳斯莱斯"品牌，它们的文化内涵也不相同。

8. 各种大型的旅游或游艺项目。最著名的应该算是美国的"迪斯尼乐园"，原版出自美国，同时拷贝到世界一些地方。

9. 各种商业性极强的文化作品。美国的"米老鼠"和"唐老鸭"动画作品，日本的"阿童木"和"变形金刚"动画，等等。也包括美国的某些"大片"。

10. 各种形态的广告。

11. 各种传统文化和收藏品的市场性操作。一种是传统文化古迹的直接市场化操作，主要形式是旅游。一种是文物收藏和文物拍卖。还有一种是传统文化的现代升华和延伸，利用传统文化做素材制造新的产品。例如"钱币文化"、"邮票文化"、"石头文化"等各种收藏品和市场运作都是这一类。

12. 各种经济活动的经济指数。最常用的是股票指数，例如美国的"道琼斯指数"、香港的"恒生指数"……

怎样认识这些现象的特征

这些现象虽然具体形态很不相同，但它们具有一些共同的属性和特征。

一、所有这些现象都有经济内涵和经济背景，也都直接和间接地成为整个市场经济的组成部分。它们的存在和发展，对市场经济的发展起了活跃、推动、丰富和升华的作用。这些文化活动，使得市场经济有声有色，不再是简单的买卖活动或买卖关系。这些文化活动一般来说都是有益于经济发展的，它们起到了强大的中介作用，使交易成本降低，效益增加。这些活动延伸了经济范围，过去认为不属于经济范围的事情，也逐渐纳入了经济范围。同时它们提升了经济活动的内涵，除了单纯的经济内容之外，增加了文化色彩和文化内容。

二、所有这些现象都以覆盖全社会的文化形式出现。有的本身就创造了一种文化样式，丰富了整个社会文化的内容。同时，它们通过经济和文化的融合，创造了一种新型的经济，特别是那些文化产业是靠这样的文化形式建立和发展的。

三、所有这些现象都是以民间色彩出现的，没有法律强制色彩，也没有行政推行的色彩。最早创造它们的都是一些社会的民间的机构或企业自身，只是"一家之言"，人们对其可以采取"信不信由你"的态度。它们的权威性，并不来自行政力量，也不来自法律强制，而是来自在市场经济运行中的某种实用性。一旦成了气候，它们是没有国度限制的，甚至可能成为世界共同的东西。

这类现象，是基于市场经济发展的多种需求产生的，反过来又对市场经济的发展起重要的作用。经济向文化的渗透，文化向经济的渗透，双向的渗透产生了经济和文化的融合。于是，在产生"文化市场"的同时，也产生了"市场文化"。

我们可以给市场文化下一个这样的定义：

市场文化就是适应市场经济发展的需要，通过经济和文化的结合或融合产生的，以民间"一家之言"途径创造出来并得到社会公认的，既能推动经济发展又能丰富文化生活的文化形态。

市场文化产生的动因

市场文化产生的基本动因当然是市场经济的发展。

一是市场经济的发展，越来越多地依靠新注入的"文化力"。

二是许多文化自身越来越多地依赖经济获得新的发展。

三是随着经济的发展，出现了新型的经济主体，出现了新的经济趋势，这些都要求在文化上有所反映和体现。

四是知识经济（也可以称为"文化经济"）的出现和发展，经济自身的结构和性质发生了变化。

例如"广告文化"，很明显就是市场经济当中，为了满足企业宣传自己的产品和自己企业而产生和发展的。不能认为广告就是简单的"叫卖"。广告包含着很强的文化内涵。好的广告往往也是一件很好的艺术或文学作品。公益广告就更不要说了。

例如"品牌文化"就是适应企业无形资产的发展，适应无形资产对企业越来越重要的大趋势发展起来的。它推出了市场经济中这个最重要的社会资源，又丰富了这个资源，并通过品牌效应，转化成大量的社会财富。

例如"世界500强"的排名，实际上它是适应跨国公司的出现和发展而产生的，它成为世界大公司的"光荣榜"，也成为世界大企业的"宣言书"。当然，也为许多国家的经济发展、企业发展提供了方向。

例如"达沃斯经济论坛"之所以越来越"火暴"，其深层的原因在于它适应了世界经济全球化的大趋势。在当今的世界，总有些重要的经济问题需要自由探讨，包括国家领导人总愿意就世界经济的发展问题发表自己的见解，而且在宣传自己见解的同时还可以提高自己的学术形象……

如何对待市场文化

首先，我们要承认它是具有相对独立性的文化形态。它不是传统意义上的文化形态，而是现代市场经济充分发展之后而发展起来的文化形态。

其次，我们要认识到它的独立性来自于它的非独立性，确切地说，来自它的结合性和融合性。可以说，它综合利用了人类各种文化的成果，但又不是简单地相加。科学技术、社会科学、传统文化、现代理念，它统统加以综合利用。

第三，我们要认识到市场文化的发展和市场经济的发展是同步的。其原因是因为它们是互相依赖、互相促进的。市场经济的发展促进了市场文化的发展，市场文化的发展又促进了市场经济的发展。凡是市场经济发达的国家，市场文化一般也比较发达；反之，市场经济落后的国家，市场文化也是落后的。

第四，市场文化既是市场经济的组成部分，也可以看成国家文化事业发展的一部分。必须全社会都来关注、关心和支持，才能发展起来。

第五，我们不能用原来文化样式的标准来衡量市场文化。

它不是自然科学，也不是社会科学。不能简单地纳入政治学、经济学、历史学、语言学、心理学等传统的社会科学的学科，甚至也不能简单地纳入社会学、传播学这样的与它比较接近的学科。它当然也不能简单地纳入文学艺术的范畴，更不能纳入哲学的范畴。简言之，用科学的"真"、道德的"善"、文学艺术的"美"来直接要求市场文化，似乎都很难得到满意的回应。如果我们用过去的这些文化的标准去要求市场文化，那么必然导致对它的否定。比如说"世界500强"，难道它就那么经得起严格的科学意义上的推敲吗？就是大家都作为权威使用的"道琼斯指数"，最初也是《华尔街日报》的一家之言，现在也有从经济上说更全面的股票指数，但是因为它的时间最长，历史最悠久，也就成了不可替代的东西了。

第六，市场文化的出现导致了社会文化结构的变化。

不管你意识到了没有，这种变化已经很深地进入到我们整个社会里面了。科学形态的文化，美学形态的文化，道德形态的文化，除此之外，还有更贴近市场的文化。这种结构性的变化，仿佛是悄悄发生的，往往不是另立门户的平行的新的文化品种的出现——这种情况也有，更多地表现为纵向的层面的分割。比如说摄影，有新闻摄影，它主要讲的是真实和新闻价值。同时有艺术摄影，它讲的是个性和美学价值。在这两者之间出现了一种商业摄影，它拍摄的可能是真的人，但它不是新闻摄影，没有新闻价值。它可能有艺术性，但它不是艺术作品。艺术摄影讲求的是唯一性和独特性，它不能大量地复制。但商业摄影则不同，它摄制出某一个作品，其实都是为了批量生产的。目前世界上奉行的模特摄影，实际上都是为了广告做前期准备的，都是为了出卖，都是为了商业的目的。

会议也是如此，有的会议是政治性的，有的会议是学术性的，有的会议就是市场性、商业性的。

第七，随着市场经济的发展，文化产业越来越发达是个大的趋势。

据考察，"文化产业"一词最早是从日本引进来的。日本在20世纪80年代初，就有《文化时代与文化产业》为题的文章发表。接着又出现了《新文化产业论》，这部著作说的文化产业包括三类行业：

1. 生产和销售以相对独立形态的文化产品的行业，如书刊、雕像、影视、音像制品。

2. 以劳务形式出现的文化服务行业，如戏剧、舞蹈、娱乐、策划、文化经纪人等。

3. 可以向其他行业提供附加值的行业，如服装设计、装饰、装潢、文化旅游业。

其实，今天我们所说的"文化产业"已经大大超出了这些范围。

例如，体育正在成为一个产业。体育的专业化成为发端，体育由锻炼身体的活动变成了具有很强的观赏价值的活动。于是它可以卖票，于是还有各种体育俱乐部的出现，于是有以企业命名的各种球队出现。

例如，歌唱正在成为一个产业。围绕着歌唱形成了市场文化。有专门的公司来包装唱歌的人，于是有了各种歌星，有了追逐歌星的"追星族"，于是便有了票房价值。

例如，传统的文化，如名胜古迹，由于旅游事业的发展而成为一种市场文化和市场经济的要素。但是，这种要素要发挥更大的作用，实际上也离不开市场文化的烘托和提升。我参观了陕西省西安市的金泉钱币公司，它原来是收集古钱币的，并把各种钱币做成各种礼品和旅游品来出卖。但是，他们认为，如果只是出卖钱币资源，这个产业是不能长久发展的。于是他们在研究如何围绕钱币发展起来一种钱币文化，并由此形成各种钱币文化的作品和产品。由钱币开发出来的"钱币书法"就是一种。钱币的故事完全可以拍摄成电影或电视片，这更是钱币文化的发挥。这些产品或作品，有学术，有艺术，但它们更多的是产品，是商品。

我们的结论

我们应该承认市场文化的存在，并正确认识它。

我们应该积极发展中国自己的市场文化。

我们在研究和借鉴发达国家发展市场经济经验时，应该同时重视研究和借鉴它们建设和发展市场文化的经验。

如果说，经济是我们的弱项的话，那么文化应该是我们的强项。如何发挥我们这个强项，是我们必须重视的问题。

"21世纪是中国文化走向世界的世纪"。这里所说的文化，我理解不仅是我们的传统文化，也不只是现有的先进理论，也应该包括经过我们努力新发展起来的市场文化——古今结合、中外结合而形成的有中国特色的社会主义市场文化。从一定意义上说，最能够走向世界的可能是这种市场文化。不能说后起的国家就不能自己创造有特色的市场文化。日本就是一个例子。历史上它学习了中国文化，在当代追赶发达国家的同时，创造了自己的市场文化，特别是具有特色的企业文化，于是成了敢对美国说"不"的国家。

为了更好地创造和发展中国市场文化，必须注意发展直接造就市场文化的主体。

其中应该特别一提的是新闻媒体。在创造和发展市场文化的过程中，新闻媒体可以发挥巨大的不可替代的作用。市场经济是"中介经济"，市场活动是"中介活动"，市场文化的核心是借助了文化的"中介力"。市场文化的内涵和发展的动力，也都依赖中介活动。新闻媒体本身是社会最重要的中介机构。所以，它必然成为市场文化的重要创造者、传播者和提升者。20世纪90年代初期新闻界发动的"中国质量万里行"其实就是一个引起社会广泛关注并取得了很好社会效益和经济效益的市场文化活动。

让我们大家以开拓创新、团结奋斗的精神，在新的世纪，更加努力地为中国市场文化的发展做出新的更大的贡献！

城乡结合部

——县域经济跨越式发展

第一个问题：县域经济为什么受到重视？

一、从传统来看，县级行政建制，从秦朝以来一直是中国最重要的有完整机构建制的基层政权单位和行政区划，过去有所谓"七品芝麻官"之说。毛主席也很重视县，地一级的设置是虚的。

中国目前（据 2000 年统计）全国县级行政区划 2861 个（香港、澳门、台湾除外），其中，市辖区 787 个，县级市 400 个，县 1503 个，自治县 116 个，旗 49 个，自治旗 3 个，特区 2 个，林区 1 个。

二、从经济内涵看，县域经济是一个内容丰富的完整的经济"麻雀"。有城镇，有乡村；有农业，有工业，有服务业；有公有经济，有民营经济，有政府财政（也可以叫政府经济）。是独立的综合经济单元。

三、从经济地位看，县域经济在我国国民经济中具有很大的重要性。县域经济（市辖区和福建金门县除外）的国土面积占 94%，人口 9.2 亿，占全国人口 71.6%，GDP 5.7 万亿，占全国 54.5%。所以，县域经济虽然占国家财政收入的比重不高，但是却决定着我国绝大多数人口的就业和收入状况。

四、从协调发展要求看，我国经济最重要的和最困难的问题是"三农"问题。解决"三农"问题的根本出路是实行工业化、农业产业化、城镇化。推进这"三化"，特别是后两化，最有操作空间和能力的层面是县域经济。"三农"问题的突出，是导致县域经济倍受重视的直接原因。现在中央提出来五个统筹，重视县域经济是一个重要举措。

五、从可操作性看，一个县的范围，不是很大，也不是很小，具有比较强的可操作性，重视县一级经济，把它作为重要的生长点，可以调动更多人——特别是基层干部和农民群众的积极性。

第二个问题：我国县域经济的发展状况

全国县域经济平均规模：人口平均45.5万人，GDP平均28.2亿元，地方财政收入1亿元。全国县域经济GDP增长率为11.3%，东部增长10.5%，中部增长10.9%，西部增长12%。发展不平衡是县域经济最大的特点。最好的县比西部一个省的GDP还要高，最穷的县吃饭都困难。

从全国2026个县中评出百强县。第三届百强县中，东部占78%，中部占15.5%，西部占6%。全国百强县：数量占全国4.9%，人口占9.7%，创造的GDP占全国县域经济的24.7%。全国百强县：平均人口89.5万人，GDP141.2亿元，地方财政5.5亿元，人均GDP1.74万元，是全国县级平均数的2倍、5倍、5.5倍、2.9倍。

评价百强县的标准：

基本评价指标：

总量指标：人口、GDP、地方财政预算内收入、地方财政预算内支出。

平均指标：人均GDP、农民纯收入、城镇居民可支配收入。

速度指标：GDP增长率。

深度评价指标：

现存力：总量、平均、基础设施。

自然优势力：自然资源、区位优势。

政府能动力：领导班子、发展规划、财政能动。

产业竞争力：主导产业突出、产业结构合理、产业高级化。

企业竞争力：规模、品牌、效益。

人力竞争力：科技力量、素质低端、素质高端、人才资源。

经济活力：就业活力、非国有经济、经济增长、金融活力。

外界互动力：外经、信息化。

我认为，县域经济由于各方面的条件相差很大，没有直接的可比性，只有相对的参照性。提出百强县，是为了鼓舞先进，总结经验，推动全局。

第三个问题：县域经济发展的几种类型

县域经济的发展道路是多种多样的，没有一个固定的模式。最重要的原理就是从实际出发。总结已经有的情况，大体有几种类型：

一、依托大城市辐射和扩张。

主要依托大城市的经济扩张，利用了当地的地缘优势，发挥土地空间和劳动力成本以及机制灵活的优势发展起来了，有的与城市连成一体，就成为了区。

无锡市的无锡县—锡山市—锡山区。

常州市的武进县—武进区。

北京市的顺义县—顺义区。

它的重要条件是必须有一个经济发达的大城市在自己旁边。

二、依托对外开放招商引资。

依托地理优势，优化投资环境，大力招商引资，迅速扩大经济规模。

昆山市就属于这一类。

长沙县也属于这一类。

三、依托产业集群的发展。

晋江市是一个例子。在当地逐步发展起来几个大的产业，如鞋业、食品业、纺织服装业等。其中旅游运动鞋的产量占全国一半。

四、依托商业流通业发展。

山东寿光是这种类型。它成为全国最大的蔬菜集散地。

浙江义乌市也是这样，它已经成为国际性的小商品集散地。

五、依托地理资源发展。

山东的荣成市，主要靠渔业发展，黄海、渤海的渔业资源是它的经济发展依托。GDP196亿，渔业总收入188亿，财政收入10.69亿。

当然还有更多的类型。

第四个问题：县域经济发展一般原理
——"三化一体化"

一、农业的根本出路在于产业化。

1995 年《人民日报》发表《论农业产业化》的社论，1997 年党的十五大把农业产业化经营写进了中央文件。

农业产业化解决的基本问题是：把千家万户的农民和千变万化的市场相联结。

农业产业化把原来农村改革的成果实现了集成。

农业产业化的关键是龙头企业和农业的规模经营的基地化。

二、农村的根本出路在城镇化。

1998 年党的十五届三中全会提出加快城镇化。

1997 年出现的多种农产品过剩的现象是因为"城市短缺"。

多年来提出增加农民收入，为什么效果不明显？关键在于城市化进程的缓慢。让农民富起来的唯一根本途径是减少农民。

龙头企业必须依托城市才能持续健康发展。

城镇经济发展了才能为农村劳动力的转移提供条件。

三、城镇发展的基础在工业化。

只有工业化才能解决城市经济发展问题。工业化发展才能促进第三产业的发展。二三产业的发展才能解决城市人口的就业问题。

四、城市建设是经济和社会发展的载体和标志。

城市建设和城市经济是交互作用的。城镇经济是城市建设的基础和动力，城市建设是城镇经济的载体和提升。

五、三化一体化，一化带三化。

工业化是龙头，产业化是基础，城镇化是进程。这三化应该一体化。以工业化带动城镇化和产业化，以产业化支持农村工业化，以城镇化容纳工业化和产业化。

要以市场化带动这三化，以特色化带动市场化。

三化的推进方式：重点突破，配套发展，循环往复，逐步提升。

第五个问题：提升县域经济的具体思路

一化带三化，是一个不断提升的过程。这个提升的过程，可以由五条线索来描绘，这也是地方政府抓好县域经济的工作线索。

第一条线索，从经济实体和工作对象来看，大体应该走过"企业—产业—产业集群"这样的三部曲。

开始是发展企业，用各种办法发展企业，发展各种类型、各种所有制的企业。在企业发展到一定程度的时候，就要组织产业，形成自己的支柱产业。在产业发展到一定程度的时候，就要建设产业集群。

所谓产业集群，从产业自身来说，就是要形成产业规模，同时要形成产业链，把上游、中游、下游的相关产业组成有机的整体。从企业层面来说，就是要形成良好的企业生态。

第二条线索，从产业载体和空间布局来看，大体应该走过"满天星—工业园区—城市工业组团"这样的三部曲。

工业发展的初级阶段，即村办企业、镇办企业的阶段，大都是呈现了"村村点火，处处冒烟"的满天星布局。虽然有利于启动，但带来了分散的粗放经营，带来了生态环境恶化、发展空间狭小、资源效益低下等致命的问题。

第二个阶段是建立工业园区，把工业项目装到园区里面去，走成片开发的道路。这是一个布局的调整。有的地方，在这个阶段提出了"耕地向规模经营集中，企业向工业园区集中，人口向城市和集镇集中，住宅向现代化社区集中"的方针。这样企业就可能有序地向县镇两级的工业园区集中，这也就把城镇化和工业化有机地结合起来了。

第三个阶段是建立城市工业组团。那就是按照城市战略定位和发展远景，重新审视和编制城市规划，明确基本产业布局，组合调整已有工业园区，引导工业园区连片发展，同时把工业园区的发展和整个城市的发展统一考虑。这就把工业园区的建设和整个城市建设结合起来了。

第三个线索，从企业制度形态的变迁来看，大体应该走过"股份合作企业—乡镇企业—现代股份制企业"这样的三部曲。

这是从农村生长起来的企业来看的，那些直接"移植"过来的企业不存在这个问题。但多种所有制的存在和共同发展仍然是需要考虑的问题，其中为民营企业的发展创造更平等的条件，仍然是需要注意解决的问题。

第四个线索，从品牌的打造角度看，应该走过"仿样生产—贴牌生产—自主品牌"这样的三部曲。

如今的市场竞争已经发展到品牌竞争阶段。许多地方都已经深刻认识到品牌的重要性。除了一般的品牌之外，县镇应该更重视载体品牌的打造。打造有自己特色的"之都"、"之乡"是一条捷径。

第五个线索，从企业微观管理的角度来看，大体应该走过"靠权威、靠聪明—靠制度、靠诚信—靠素质、靠文化"这样的三部曲。

第六个问题：政府职能转变的着力点

一、引导产业发展。企业是经营主体，政府是服务主体。政府从宏观和中观的角度去引导产业发展。政府不去代替企业搞经营，但在培育主体、营造载体、注入动力、指明方向、调整结构、打响品牌等方面，都有大量的工作可做。

二、创造良好的产业环境。

扶大扶强，以强带弱。营造载体，促进主体。调整结构，强化分工。信息交流，鼓励创新。

三、提供良好高效的公共服务。

改变过去的审批经济模式。

四、建立相关的支持系统。

建立集群的行动协调系统——例如行业组织。

建立集群的创新支持系统——加强与智力机构的合作。

建立集群的公共服务系统——信息服务、物流系统、金融服务、各类中介机构。

五、培育和集聚优秀人才。

二三十年决定二三百年

——城市建设的特点

中国已进入城镇化高潮时期。这是中国历史上从来没有过的最重要的变化时期。

中华民族遇到了几千年没有遇到的新课题——搞好城市建设。

为了搞好城市建设，首先需要全面认识城市建设的特点。

城市建设的第一个特点：长期性

城市建设不是短期工程，而是"百年大计"。城市一旦建成了，它的存在不是几年，也不是几十年，而是几百年。因此，城市建设必须有长远的眼光。不能只看到眼前的需求，也不能只是"屈从"目前的条件。当我们进行城市建设的时候，我们一定要这样提出问题：这样的建设50年之后，100年之后，会不会落后？会不会出问题？

北京在拓宽长安街的时候，当时担任主管城市建设的副市长万里同志坚决主张把街道宽度定为100米。"文化大革命"期间批判万里，说他搞"大洋古"，把长安街的宽度定得太宽了。阿弥陀佛，幸亏定了这么宽，如果定成50米，现在的长安街会是什么样子？要改又改不了，会多么尴尬！

北京天坛附近的龙须沟因为作家老舍写了电影《龙须沟》而闻名国内外。解放后对龙须沟进行改造，由于眼光近视，盖了大量的简易楼。因为楼房质量太差，再加上人口密度越来越大，这一带居民的居住条件简直是"惨不忍睹"。本来可以成为新旧社会对比的参观点，但再也不敢让人们去参观，问题一直拖了四五十年不能解决。

在城市建设中常常发生"太超前了"的批评和争议。江西南昌的八一大道，是"文革"期间江渭清主持搞的，因为"太宽"遭到了批评。但现在，南昌人都念他的好，幸亏当时搞了这么宽，不然现在就成大问题了。因为遭到批评，调任江苏修建长江大桥的时候，就搞得简陋了，到了现在成了一个难题。拆吧，舍不得，不拆吧，实在是不适应现在的交通要求了。

对于是否"超前"的问题，我们一定要做科学的分析。我是主张适度超前的。道理很简单，因为城市建设不是用一年两年，只有超前一些，才能在社会发展之后，仍然能够适应当时的需要。一个重要的城市设施建设起来了，如果大家都说好，不超前，我想它是不合适的，因为很快就会落后了。如果许多人说"超前"，甚至多数人说"超前"，可能是刚好。这里，多数人的感觉不一定是对的。因为多数人只有现在的眼光，他们本能地用现在的标准去衡量，于是说"超前"了。只有少数人，能够走南闯北，到过许多别的国家，看到发达国家的建设，他们是用现代化的眼光作为标准。真理不在多数人手里，而在少数人手里。这一点，对那些城市的标志性建筑，重要的建筑，尤其如此。欧洲的许多城市建设，今天看来仍然不落后，是非常值得我们深思和学习的。

向前看得远不远，也表现在如何向后看的问题。这就是如何对待古建筑和古城镇的问题。刚刚解放的时候，人们翻身得解放，脑子里最大的追求就是一个"新"字，对老的东西有一种天然的反感。人们的需求主要是解决温饱问题，城市建设也往往按照这个低标准去进行。没有想到，从长远来看，这些古建筑可能成为最宝贵的文物，可能成为最重要的旅游资源。大量的古建筑、古城镇被破坏，到现在扼腕叹息为时已晚！

中国现在正处在城市建设的高潮时期，目前二三十年的城市建设，将决定二三百年中国的面貌，我们一定要有这样的历史责任感来对待城市建设问题。

城市建设的第二个特点：不可逆性

我们把建设比喻成画画，毛泽东说过，"一穷二白"好画最新最美的画图。但是，城市建设这个画图是用钢筋水泥画的画图，一旦画上了，就不好再修改了。这就是城市建设的不可逆性，不可更改性。

我在1982年的一篇文章里说过这样一段话："城市建设的成就可以成为人类文明史上的里程碑，而城市建设的失误是人类社会最难改正的错误。"以北京为例，故宫是明代建设的，由于建设得好，到今天仍然代表着我国古代的文明，一直替中国人民露脸，也一直为中国人民赚钱。它成了中国传统文明的里程碑。在石景山建设的北京首都钢铁公司，是 1937 年日本人建设的，选在北京的上风上水的地点，污染整个北京的空气和水源，这是一个错误的建设。当年的日本侵略者不会考虑中国人民的福祉，犯下了这个错误。后来国民党政府没有纠正这个错误，新中国建立以后，共产党政府也没有能够纠正这个错误，而且在一个时期内为了经济发展，还在扩大首钢的规模。只是到了本世纪，才花费了极大代价，把它迁到唐山市的曹妃甸去。这个错误在六七十年内都不能得到改正。北京的古城墙在建设中被拆掉了，如果这也是个错误的话，那么，这个错误是永远也不能得到改正了。

再看看北京的住宅建设，因为一直在争论汽车能不能进入家庭，所以许多的社区都没有给汽车留出停车场，到现在停车成了大问题，而且这个问题很难解决好了，留下了永久的遗憾。

因为不可逆性，所以在搞城市建设的时候，一定要慎之又慎，绝对不能犯错误。避免犯错误的办法就是避免随意性，避免一个领导一个令。搞好城市规划，要把城市规划以立法的形式确定下来，不以政府的更迭而转移，历届政府都要按照这个规划实施下去。而以首长意志为转移，张书记来了栽树，李书记来了砍树，张书记主张窄马路，李书记主张宽马路，你建我拆，这样的事情到了彻底杜绝的时候了！

城市建设的第三个特点：综合性

城市是各种社会需求和各种要素的集合。城市是一个地区政治、经济、文化、社会交往、信息交流和人们居住的综合性载体和中心。因此，城市建设既要适宜各种社会活动的进行，又要适宜人们居住和生活；既要形成集约各种要素的优势，又要避免过分集中造成的种种弊端。城市建设是一个极端复杂的、又是一个有机统一的大系统，要努力实现以下的几个统一：

适宜生活和适宜工作的统一。城市是人们居住的地方，首先要考虑适宜居住。但居住在这里的人们又是工作的，而且有外来的人们到这里来工作，所以适宜工作又是对一个城市的重要要求。

一是政治功能和经济功能的统一。城市是一个地区的政治中心，是政府所在地，政治功能很重要。同时在以经济建设为中心的今天，城市的经济功能也很重要。没有经济的发展，政治功能也将受到局限。但经济功能过分了，又会影响政治功能。建国初期，北京在"变消费城市为生产城市"的口号下，一个时期过分强调发展传统工业，实际上影响了作为首都的政治功能的更好发挥和长远发展。

二是经济功能和文化功能的统一。城市集约经济，也集约文化。城市不能只是一个经济载体，也应该是一个文化载体。城市本身就是一本文化书籍——物质的立体的纵深的文化书籍。纸张的书籍放在书架上，摆在书桌上，如果不翻阅它就不起作用。但是城市这本书，每天都矗立在你的面前，看也得看，不看也得看。如果这本书很好，很有文化内涵，那么它天天给你好的文化教育；如果这本书不好，没有文化内涵，那么它就天天给你不好的文化教育。

由于旧中国是一个经济落后的国家，所以，新中国一开始搞城市建设的时候，一切都围绕着解决人们的温饱问题，城市建设都是以实用为第一准则，文化的问题考虑不够。许多人没有房子住，盖了房子能用能住就很好了，根本不再考虑它的文化内涵。

欧洲的城市建设把文化问题放在非常重要的位置。法国大城市建筑最后的审批权在文化主管部门。欧洲的城市建设都很有文化内涵，对古代的建筑十分重视保护。

要解决中国城市建设的文化内涵问题，首先要解决中国文化的偏颇问题。欧洲的文化是"人本文化"，即使是神也都具有人的特征。一个地方出的杰出人物，或是建设一个广场，或是建立一个纪念碑，或是建纪念馆，或是保留故居等等，总是以各种方式和现在的人们"生活"在一起，潜移默化地起着文化熏陶和教育的功能。中国的文化是"神本文化"。历史上有好的优秀的人物，我们就把他变成神，变成神以后就不能再和人在一起了，就建一座庙把他们供奉起来。姜子牙变成了神，诸葛亮变成了神，关云长变成了神，妈祖变成了神，于是他们都进了庙。变成了神，人们只有供奉了，就不能再学习他们了。中国几千年的历史中，有大量的政治家、科学家、文学家、经济家……为什么不把他们请到我们现代的人间来呢？

建筑本身也有文化问题。中国古代建筑文化如何和现代社会、现代文化相结合是一个没有解决的问题。原样照搬原来的建筑样式是不可能的，但是总可以把中国的建筑要素融于现代建筑之中。外国人到了中国，应该从建筑的风格上就能够感觉到，这才是我们建筑的成功。在城市建设中，我们研究把传统文化的继承和创新问题作为一个大问题来加以重视和解决。

城市建设还有一个城市特色问题。地域不分南北，城镇不分大小，建筑趋同，没有特色，已经成为中国城市建设一个突出的问题。许多城市把古建筑一律拆掉了。有的地方虽然保留了一些古建筑，但是对城市来讲也不过是一个点缀，整个城市的面貌并没有什么特色。

我们这一代和今后的几代人，正赶上中国空前大规模的城市建设时期，我们要这样问自己：我们给当今的中国造就成怎样的面貌？我们给子孙后代留下怎样的城市遗产和文化遗产？

社会功能和环境功能的统一。我国城市的环境问题越来越突出，水资源和水污染的问题、城市水泥森林和大量汽车造成的大气污染问题、城市垃圾的处理问题等等，都是城市建设过程中必须注意解决的问题。

城市建设的第四个特点：关键在政府

搞好城市建设的关键在哪里？政府。

城市是一个综合性的载体，谁来主持它的建设？政府。

广大居民应该参与城市建设，但他们不是领导者。他们的意志需要通过政府的领导才能实现。企业可以参与城市建设，但它们不能是主持者。我们建设的是市场经济，而不是"市场社会"。不是社会上的任何东西都要纳入市场轨道。政府不能是"市场政府"，许多事业并非"市场事业"，公共服务设施、慈善机构、教育事业、文化事业等等都不是完全按照市场经济规则运行的。而城市则要容纳这一切内容。所以，城市建设这件工作的牵头者只能是政府。

政府要能够胜任这个工作最重要的是两条，一个是规矩，一个是人才。我们国家应该制定《城市建设法》，所有的政府都要按照这个法来行事。例如要规定所有城市都应该制定城市建设规划，这些规划要以立法的形式固定下来，于是随意性就变成了违法，单纯为了"政绩"而随意搞城市建设的问题就可以得到比较好的解决。目前更关键的是人才。懂得城市建设的人才远远不够是一个方面，但更重要的是居于领导岗位的人不懂得城市建设。现在，选拔和选举市长，几乎没有城市建设方面知识和经验的要求，仿佛只要有领导经验和才能就可以当市长。于是许多不懂得城市建设的人当了市长，干了很多错事。党校应该专门开设城市建设培训课程。凡是当市长的一定要学过这些课程。

经营思维

他不是"普通劳动者"

——话说经营者

　　"经营者"是个常用词，但我发现它却被搞得面目不清，定位不准，内涵不全，更重要的是对经营者的作用认识不够，以致影响企业管理的进展和企业家的成长。

　　经营者问题是改革的关键问题，也是发展的关键问题。

　　所以，有必要来讨论这个问题。

不是一般的"领导班子"

　　文件和口头上，常常用"企业领导班子"这个说法，特别是"国有企业领导班子"这个提法用得更多。企业的经理、副经理，大企业的总裁、副总裁，以至一些企业的 CEO（首席执行官），有时还包括企业的董事会，一般被划为"企业领导班子"范围之内。但深一步想，值得推敲。

　　首先，用"领导班子"表述，外延不清。董事会是所有者代表组成的机构，它当然是居于领导地位，可以称为"领导班子"。日常经营企业的经理总裁们，也居于领导地位，也可以称为"领导班子"。用"企业领导班子"的说法，难以分清是指董事会还是指日常运营企业的经理和总裁们。

　　更重要的是"企业领导班子"提法容易造成企业经营者性质定位上的混淆。"企业领导班子"这个词，难以和其他领导班子相区别。党委是领导班子，政府是领导班子，事业单位也有领导班子，总之任何单位都有领导班子。但这些领导班子是很不相同的，从政治经济学上定位，党委、政府这样的领导班子应该归入上层建筑领域，许多事业单位的领导班子也应该归入上层建筑领域，而企业领导班子则应该归入经济基础领域——因为它是生产关系的组成部分。

　　把经济基础领域的机构和上层建筑的机构混在一起，就会发生许多问题，因为两者的规律是不同的。如果简单地用上层建筑领域的要求来要求企业领导班子，那么，错位是必然的。该要求的，没有要求；不该要求的，要求了。上层建筑的机构是不许赚钱的，经济实体是必须赚钱的。两个混在一起，往往是用不赚钱的机构要求赚钱的机构，这样赚钱的机构常常会违规。这也是中国企业家损伤率比较高的原因之一。

所以，我觉得还是使用"企业经营班子"比较好。有时则要直接点出是"董事会"，还是"经营班子"。

好企业的三个要素

好企业必须具备三个要素，或者说是三个要素的有机统一。

第一个要素是"好舞台"——恰当的资本组织结构。

企业是资本的载体，而资本是要通过一定的组织结构存在的。正像舞台需要一定的结构才能搭起来一样。所有制结构实际上是资本结构。

所有制结构要考虑各个资本的个性和它们之间的互补性。有的企业把上游企业和下游企业吸收作为自己的股东，就是出于这种考虑。这种资本进来，不仅扩大了股本金，更重要的是带来了企业需要的资源，如技术和市场等。

第二个要素是"好演员"——称职乃至出色的经营者。

经营者是企业资本的实际运营者。在市场竞争越来越激烈的今天，在企业经营管理越来越复杂的今天，出现了一个趋势，那就是企业一般并不都是由所有者自己来直接经营企业，而是由一些所谓的"职业经理人"来担负经营工作。现在我国民营企业大部分还没有完成这个分离，许多出资者也担任经营者的角色。但这并不是说不要经营者，而是一个自然人担负了两种经济角色。

大家越来越认识到，即使有好舞台，没有好演员，这台戏同样唱不好。

第三个要素是"好剧本"——恰当的经营发展战略。

任何好演员离开适合他表演的剧本，都不能显示其水平。马连良离不开《借东风》，谭富英离不开《失空斩》，白杨离不开《一江春水向东流》，谢芳也离不开《青春之歌》……所不同的是，企业的演员往往又是剧本的写作者或写作者之一。同时，企业的经营发展战略不能是一成不变的，经营发展战略要随企业的发展和市场的变化而不断变化。

企业要办好，三个要素缺一不可。

经营者是关键所在

法人治理机构的构建，主要是摆正所有者、经营者、劳动者的关系。但从企业的运营来看，三者中，经营者的作用是关键性的。

一、大量的事实说明，一个糟糕的企业，更换上一个好的经营者，会很快好起来，资本会很快增值；一个好企业，如果好的经营者离开了，又没有合格的继承人，也会很快地衰落下来，资本会很快流失或贬值。

二、所有制是重要的，但我国存在着"所有制迷信"——认为所有制一变就灵，一改就灵。其实，所有制的"宏观重要性"不等于所有制的"微观重要性"。什么所有制的企业都有倒闭的，最现代的所有制结构是上市公司了，其实也有不少上市公司被"摘牌"。它们的兴衰主要都是经营层面的原因。所有制结构最多是提供了更多的可能性，而经营才能够把可能性变成现实性。这就是俗话说的"县官不如现管"。

三、好企业的三个要素中，"好演员"是最具能动性的要素。好的经营者，不仅善于经营，还常常会发挥舞台改建者的角色——演员帮助设计舞台，不断调整所有制结构和资本结构。好的经营者还必须善于写剧本——制定经营发展战略。

四、回顾企业发展史，专门的经营者分离出来，是个历史性的进步。有了职业经理人，才有可能使企业管理发展到今天这样的水平。这样的分离，既可以有人专门研究企业管理，并把它专业化，又可以通过市场机制，把最善于经营的人才筛选出来，放到最恰当的岗位上。

五、从企业管理的发展趋势看，经营者对企业发展所起的作用不仅越来越直接，而且越来越强化，所有者所起的作用，不仅越来越间接，而且越来越弱化。这是企业产权越来越泛化的必然结果。对于上市公司来说，持有股票者都可以算做它的所有者，但他们对企业经营管理的意见只能通过董事来表达，自己并不能直接指手画脚。这还是持有相当数量股票的股东，如果是一般的股民连这样一点权利也没有了，没有一个股票持有者会直接找到总经理，告诉他应该怎样经营管理。他如果不顺心，只能把自己的股票转出去了事，这就是所谓的"用脚投票"。

经营者是占有制的人格化

经营者这样重要，那么怎样才能有更多更好的经营者呢？

这要做两个方面的工作：一个是经营者个人素质的培养，一个是有关经营者制度的完善。根据我国企业的情况，后一个方面尤其重要。所以，我们必须从制度层面研究经营者的问题。

企业实际上有两个层面的根本制度，一个是所有制，一个就是占有制。

多年来，在中国，由于种种原因，所有制倍受重视，而占有制往往被忽略，甚至很少提起。

其实，所有和占有的合一，是小生产的特征，这些生产单位，所有者又是占有者。而所有和占有的分离，则是现代企业，特别是大企业的特征，所有者并不就是占有者，占有者也并不就是所有者。

两者分离的直接原因是两条。一条，所有者不见得自己就有经营的本领，必须找善于经营的人来经营。一条，产权的泛化，使得企业的所有者多元化，任何所有者都是所有者之一。一个所有者不能代替所有的所有者去经营。而企业的经营又必须集中统一去操作。所以，所有者们必须选择一个主要经营者去实际运营大家共有的资本。

于是，发生了所有者和占有者的矛盾。从纯粹的所有者和纯粹的经营者之间的关系看，他们的矛盾是：

一、利益所在不同。所有者的利益在于资本增值和分得红利。经营者的利益在于他获得的企业给他的报酬。

二、利益周期不同。所有者更重视长期利益，经营者更重视任期利益，甚至是眼前的短期利益。因为经营者是有任期的，而所有者是没有任期的。经营者以短期行为损害所有者的长期利益，是屡见不鲜的事情。

三、工作环境不同。经营者直接面对劳动者，更直接感受劳动者利益的压力，为了更好地完成经营目标，他必须重视调动劳动者的积极性。所以，一般情况下，他比所有者更重视劳动者的利益。在所有者缺位的情况下，他甚至可能与劳动者结成"同盟"，不惜通过损害所有者的利益来获取劳动者和经营者的利益。国有企业的"虚盈实亏"就是典型的表现。

四、追求目标不同。所有者追求的是企业的身价，而经营者追求的是个人的身价。虽然个人身价离不开企业身价的变化，但落脚点是不一样的，个人的知识产权和企业的资本并不是同一的。

五、风险所在不同。所有者的风险是资产的流失或贬值，经营者的风险则是被降职或解雇。虽然经营者的业绩是避免这些风险的主要保障，但企业经营的变化往往是人力难以完全控制的。因此，经营者为了避免自己的风险就有可能制造虚假的业绩——用损害所有者的办法来逃避风险。

六、行为方法不同。所有者的杀手锏是监督、考察、奖惩、提升或降职、聘任或解雇。而经营者则是靠经营手段来对付、架空、蒙骗所有者，乃至取而代之。

这些矛盾是在任何一种所有制的企业都存在的，是任何企业都必须处理好的核心矛盾。只是不同的企业表现不同、程度不同、重点不同。

如何处理这些矛盾？必须从两个方面着手，一方面要培养大批优秀的经营者，提高他们的个人素质，包括职业道德。一方面建立相应的制度。从外部来看，就是社会的职业经理人的市场体系，个人信用体系。从企业内部看，就是建立和完善占有制。这也是一般说的"法人治理结构"的重要内容。

如同资本家是资本的人格化一样，经营者是占有制的人格化。

承认人力资本是完善占有制的核心

健全的占有制就是基于解决上述矛盾建立起来的。

它要解决的问题，集中起来就是这样一句话：经营者直接支配的并不是自己的资产，他为什么要对这些资产负责，为什么要追求资产增值。或者说，要解决的是所有者利益和经营者利益最大限度的一致性。

任何企业都要解决三个一致性：社会（国家）、企业、消费者利益一致性；所有者、经营者、劳动者利益一致性；企业短期、中期、长期利益一致性。而这三个一致性的实现，核心是要解决所有者和经营者利益的一致性。否则就会陷于空谈。因为这三个一致性都是在经营活动中实现的。

如何建立和完善占有制呢？关键在于如何认识和对待人力资本。

与所有者和劳动者相比，经营者是一个复合的乃至复杂的角色。所有者是投资的，俗话说是"出钱的"，劳动者是干活的，俗话说是"出力的"。那么，经营者是哪种呢？

从直观上看，他也是"出力的"，他是出"智力"的，是高级劳动力。因为表面上，他和工人一样，上班、干活——只是他干的是"管理活"。正是这种直观的现象使我们产生错觉，使我们给经营者定错了位置，把他们放到劳动者的位置上去。（注意：这里的"劳动者"是经济角色概念，不是政治意义上的"劳动者阶级"的概念。）在国有企业，过去更简单地把政治意义的"公仆"概念搬过来，工人是企业的主人，经理、厂长是公仆。这就造成了"公仆"指挥"主人"的种种困惑。看来把经营者定位为劳动者是不对的，不行的。

经营者不是劳动者，经营者也不是所有者。那么经营者是什么？经营者就是经营者。必须给他独立的定义、独立的人格。我们的任务是承认他的独立性，阐明他的特殊范畴是什么。

于是我们只能回到我在上一篇讲的知识资本和人力资本的问题。于是我们得出的结论就可以非常明确：

经营者是以劳动形式实现的知识资本投入者。

这就是说：

1. 经营者的管理知识是知识资本。他的操作是知识资本投入。

2. 他投入的不仅是一般的知识资本，而是在企业中起到灵魂作用、主导作用的知识资本。

3. 健全的占有制必须在承认和正确对待经营者的人力资本这个基础之上才能建立起来。

4. 引申地说，对企业的各级管理者，也要考虑到这种因素。

承认经营者是人力资本，在权、责、利三个方面都要有所体现。在经营者的权力方面，要有所扩展。外国近些年新出现了一个词——CEO，首席执行官。这并不是一个词汇的问题，所谓CEO实际是掌握了一部分所有者权力的经营者。在经营者的利益方面，他们的主体收益，应该是知识资本收益，应该从企业的利润分成中获得。工资是劳务收入，在企业是打入成本的，赔了钱也要发工资，但资本收益是在减去成本之后的剩余。两者性质是不同的。所以，不能把两者直接加以比较。所谓经营者的收入不能超过工人工资的多少倍，是没有理论根据的。由于经营者的收益是和企业的利润联系起来的，那么经营者对企业的责任自然就加大了。

党的十五届四中全会关于国有企业改革的决定中，写进了可以对经营者实行"干股"、"期权"等方面的制度，虽然没有使用占有制这个概念，但这些其实都是占有制的内容。

造就我国企业家的宏大队伍

什么是"企业家"？

为了搞清楚这个问题，我们必须把常用的概念做一个分类。

一类是企业职务概念。"经理"、"总经理"、"总裁"、"首席执行官"，这些都是职务概念。它表明的是你在企业里面担任什么样的职位。

一类是经济角色概念。"经营者"就是这样的概念。它表明的是你在企业里面担任什么样的经济角色。"职业经理人"也属于这样一类的概念。它表示经营者的一种存在状态。不是所有的经营者都是职业经理人，因为有的经营者是因为偶然原因走上这个岗位的，并且也不准备长期干下去的，有的并无终身操作的意愿，只是把它当作升官或者其他目的的跳板，有的只是特定企业的相关角色，那个企业不存在了，他也就随之不做经营者了。只有那些把企业经营管理当作专业和终身职业，并能够为不同的企业服务的经营者，才可以称为职业经理人。

一类是评价性的概念。"企业家"就是这样的概念。一般写文章的人称为"作者"，而专门写文章并且写得很好的人才称为"作家"。劳动者当然不是企业家。所有者也不就是企业家。有钱而无经营能力和经营业绩的，只能是"大股东"。有的身为大股东，甚至当了董事长并被称为企业家的，至少是因为他曾经有过辉煌的经营业绩。否则他只是个"有钱人"。所以，从严格的意义上讲，企业家是经营企业的专家、大家。只有经营者才可能成长为企业家——企业家是出色的经营者。我们不应该把任何一个企业的经营者都称为企业家。这个称号应该只给那些佼佼者。

当然，人们在使用"企业家"这个概念的时候，实际上有宏观和微观两种场合。宏观概念，它是指一个阶层，包括一切经营者，特别是那些职业经理人；微观概念，它指的是对一个人的认定和评价。

最基础的经济学概念应该是"经营者"。把经营者说清楚了，其他的概念才能够说清楚。职业经理人的发展，是经营者发展和提高的宏观趋势。职业经理人的发展，也是企业家更多涌现的条件。

最核心的人才竞争，应该是经营者的竞争。

只有出色的经营者——企业家不仅能够把各种有形资源和无形资源整合起来，而且能够把各种人才资源整合起来。

重视经营者，培养经营者！

重视职业经理人，发展职业经理人队伍！

重视企业家，更好地发挥企业家作用！

——这是中国经济腾飞之关键所在。

舞台、演员、剧本一个不能差

——从"中集"看企业成功的三要素

2002 年春天，中国的经济生活中出现了一个不大不小的事情，那就是"中集冲击波"。

总部设在蛇口的中国国际货运集装箱集团公司总裁麦伯良在中央电视台的《对话》节目里亮相，爆出了令国人兴奋的新闻：这个集团如今占有世界集装箱市场的 38% 份额，并且在本行业居于主导地位。在举国上下都在谈论如何应对加入 WTO 的时候，这无疑是一个值得深入研究的企业。同年 5 月，在经过调查了解之后，我写了一篇很长的研究报告，发表在 5 月 30 日的《经济日报》上。

中集的经验给了我不少启示，企业具备哪些条件才算是成功的企业？

从中集的经验看，必须具备三个要素：

好舞台——恰当的所有制结构和资本组织结构。

好演员——称职的出色的经营者。

好剧本——适应市场变化的企业经营发展战略。

好舞台：搭建舞台的三原则

如何才能搭建好的舞台——好的所有制结构和资本组织结构？

总原则是"匹配"。不是离开企业的实际，去抽象地争论什么好、什么坏，而是着眼于企业自身，看怎样的资本结构和自己相匹配。作为股份制公司，中集的"舞台"成功地体现了三个重要原则。

第一个是股权制衡原则。

国有企业股份制改造如果是"一股独大"，那么很可能仍然是"股份独大"的政府说了算，出现"换汤不换药"的情况。中集在改制之后，是三个股东，招商局占 45% 的股份，中国远洋航运集团公司占 45% 的股份，丹麦一家外商占 10% 的股份。于是，在招商局和中远这两个大股东之间就形成了制衡的关系，防止了任何股东做出损害企业有利自己的事情。

第二个是"共同语言"原则。

中集公司由于其产品特点，要求它的各个股东都熟悉国际经营。恰好，中集的三个股东都是熟悉国际市场运作的。招商局是多年在香港进行市场运营的，中远集团本身也是从事国际航运业务的，而丹麦的宝龙公司也是一个国际化经营的公司。正是这三家股东有共同语言，所以他们在决策中没有发生重大的不同意见，降低了决策成本，提高了决策的效益。

第三个是"资源整合"原则。

中集公司前期曾经亏损，转折点是中远集团的加入。为什么会是这样呢？除了上面说的那两条之外，非常重要的一条就是中远的加入有效地实现了资源整合。中远的入股，不仅是进来了钱，扩大了股本，更重要的是中远是集装箱的用户，它的加入就带来了对企业发展最重要的市场资源。由于中远使用中集的集装箱了，跟着世界其他的航运公司也就开始向中集订货了。

把这三个原则综合起来，我们就可以悟一悟组织资本之"道"了。

资本的联合不仅仅是钱的联合，更重要的是钱的拥有者的联合。不仅要从钱的角度考虑问题，更要从钱的拥有者的角度考虑问题，从钱的拥有者拥有的其他资源考虑问题。

外国公司与我国企业合作的时候，非常注意合作者的状况。一个不讲信用的人，他即使拥有再多的资本，也是不可靠的，合作起来也是难以成功的。除了诚信之外，还要考虑资本拥有者的三个方面：他投资的真实意向，他的理念，他拥有的其他资源。最理想的资本合作者应该是：投资意向互相重合，经营理念彼此合拍，大家拥有的其他资源形成互补。

好演员：重视以人力资本为核心的占有制

中集集团的发展，麦伯良发挥了不可替代的重要作用。

不错，麦伯良具有很好的个人素质。但如果仅仅如此，那么还不能回答：一、为什么有许多具有麦伯良同样素质的人（甚至有的比麦的素质还要高）不能发挥这样的作用？二、麦伯良怎样把个人素质变成撬动整个企业经营发展的杠杆?

这就要提出一个很重要的问题,经营者并不仅仅是个人,而是一种制度的人格化,也就是说,他应该是占有制的体现。

这种制度的核心是所有者和经营者利益的一致性。于是我们用得着"人力资本"这样一个概念。经营者是以劳动形式实现的资本投入者。经营者投入的管理知识和相关的操作这种资本起着灵魂的作用,对整个资本的命运起着举足轻重的关键作用。建立起好的占有制必须基于这个理论。用这个观点来看中集集团,我们也可以说他们的占有制也还没有达到十分完备,但是他们抓住了"人力资本"这个要害,就解决了问题。经营者实行的是年薪制,而年薪的确定主要是根据资产的增值和经营效益的情况来决定。这些指标是刚性的,实现的净利润如果少了一分钱,奖金将会全部落空。这些指标又是激励性和约束性相互结合的,既规定了利润的绝对量,又规定了资产负债率,防止用拼命扩大规模的短期行为去获得暂时的高额利润而损害企业的发展后劲。

我理解,所谓"法人治理结构"就是一个企业的所有制和占有制互相融合的结构。

好剧本:制定和实施恰当的经营发展战略

中集集团的成功还在于它经营发展战略的成功。

制定和实施战略,要考虑到很多因素,从中集的经验看,要点就是四条:

第一个要点:抓住机遇。

20世纪80年代末,麦伯良通观全球经济,发现一个重要趋势,由于市场优势和成本优势,集装箱的制造基地正在不可阻挡地向着中国转移。这是千载难逢的机遇,一定要抓住它,不仅要使中国成为集装箱的世界制造基地,而且这个制造基地应该由我们中国的企业来主导。

第二个要点:目标明确。

中集确立的战略目标,不是企业的生存,也不是一般的发展,而是做世界的"行业主导"。

第三个要点:打造和发挥核心竞争力。

中集把"低成本"作为自己的核心竞争力。他们确定的成本目标不是"赚钱就可以",而是"全世界最低"。

第四个要点：恰当的经营方式和经营创新。

低成本不仅来自劳动力成本低，而且也是综合经营管理的结果。他们发明了集团总部"反承包"的经营方式，实行统一销售、统一采购、统一成本，总部在确保每个分厂利润的条件下，把它们的经营权都拿到自己的手中。这样不仅可以实现规模经营，而且防止了不必要的内部竞争。

当然，剧本不是一成不变的，从 1986 年以来，中集大体经历了"确立"、"扩张"、"提升"三个阶段，现在又进入向"世界级企业"进军阶段。总剧本的构思虽然没有根本性的变化，但每一个阶段又都有不同的主旋律。

总思考：三个要素之间的辩证关系

舞台、演员、剧本，三要素之间是什么关系？

合理的资本组织结构是基础，好的占有制使企业有了一个得力的经营核心，恰当的经营发展战略是企业和市场衔接的依托。

这只是一个理论性的推导，更深层的我们要看到企业经营的要求在这中间发挥的巨大的决定性的作用。

企业经营的现实要求是这三个要素构成和发展的最基础的动因。为什么要实行股份制和改造资本结构？是为了整合资本和资源。那么为什么要整合资本和资源？其实就是企业经营的要求。离开了这个要求，一切整合都找不到根据和标准。为什么要强调占有制和人力资本呢？也是为了企业经营，因为只有这样才能建立合格的企业经营的核心操作者。为什么非要经营发展战略呢？也是为了企业经营的理性化，避免走弯路。

在企业这个看来很庞杂的大系统中，最初的发动点是经营，最终的归结点仍然是经营，一切为了经营，一切围绕经营，一切落实到经营，一切目的的实现离不开经营。如果违背了这一点，即使搞得很花哨，也是花架子，没有实效，还会有反效果。

条件＋能力＋经营＝竞争力

——解析企业核心竞争力

核心竞争力是企业管理最重要的话题。

主要谈如下几个问题：

一、提出核心竞争力的背景。

二、什么是核心竞争力。

三、全面认识核心竞争力。

四、我国目前应该实施的战略。

第一个问题：提出核心竞争力的背景

一、1990 年，美国学者普拉哈拉得（C.K.Prahalad）和英国学者加里·哈麦尔(Gary Hamel) 发表了《公司的核心竞争力》一文，该理论成为上世纪 90 年代西方最热门的企业战略理论，人们都把这个理论著作看成"核心竞争力理论"的最早发端。

二、这个理论是 20 世纪 50 年代以来发达国家大企业发展经验教训的总结。经研究发现，市场竞争中企业的成败关键在于企业有没有核心竞争力。企业发展过程中，往往要走上多元化经营的道路，有的企业在这条道路上走得比较顺利，有的企业则在走这条道路的时候陷于失败。为什么会出现这样的差别？经研究同样也归结到有没有核心竞争力上面。

从 20 世纪 60 年代到 80 年代，这个讨论一直持续不断，出现了"近相关多元化理论"，也出现了"远相关多元化理论"。同时也出现了两种多元化成功的企业。日本的企业中，例如佳能、索尼、三菱、雅马哈等等，都是近相关多元化的成功者。在这个研讨过程中已经形成了若干接近于核心竞争力的概念，如建立"核心竞争优势"、"战略外购"、"核心技能"、"中心技能或能力"、"归核化"、"回顾根本"等等。

由此可以看出，这些理论，是企业成长直接经验的总结，也是西方企业特别是美国企业对全球范围内的市场竞争做出的反应。

三、我国企业在加入 WTO 之后，面临更加激烈的国际竞争，研究"核心竞争力"问题，不仅有理论意义，更有紧迫的现实意义。

第二个问题：什么是核心竞争力

一、概念的确定。

相近的有四个概念："能力"、"核心能力"、"竞争能力"、"核心竞争能力"。

我认为，"能力"包括的内涵要比较广泛一点，它是基础。"核心能力"是企业能力的核心，是企业的最重要的素质。"竞争能力"是把企业能力放到市场竞争中去考察，而"核心竞争能力"则应该是我们最主要的关注点。

把这个问题搞得太泛化并没有好处，研究能力问题，也是为了研究竞争能力，竞争能力当然是市场竞争能力，离开市场竞争谈能力，就像离开比赛谈运动员的水平一样不可思议。

丧失了市场竞争能力，企业便不能生存，更谈不上发展。企业的市场竞争能力是综合性的，是由多种要素构成的。其中能够起核心作用的要素，应该就是核心竞争能力。

二、核心竞争能力的内容。

1. 一种说法是：

A. 在顾客方面，对顾客最关心的核心利益能够做出积极的响应和满足。

B. 在竞争优势方面，有一种差异性优势，有独特的吸引力，而且不容易被竞争对手所模仿。

C. 有延伸性、拓展性。能够不断推出新产品，能够持续发展生产力。

2. 一种说法是：

A. 必须有自己的专利并形成自己的特色产品。

B. 企业有独特的销售策略并锁定一定的市场份额。

C. 必须具有创新能力。

3. 一种说法是：

A. 核心市场。

B. 核心品牌。

C. 核心企业。

D. 核心队伍。

这许多说法，据我所知，并没有一个被认为是最权威的，其实它们都各有各的道理。其中的第三种说法已经是一个地方经济的核心竞争能力了。

三、核心竞争能力的本质特点。

1. 内在性。核心竞争能力是企业自身具有的，不是外在的因素构成的。某一种产品由于市场的因素形成畅销的局面，企业遇到了好的机遇，筹集到了资金等等，这些都不是企业的核心竞争能力，而只是好的机遇。核心竞争能力是自身的、内在的，不管外在的机遇好坏都要发挥作用的。特别是当外部条件比较严峻的时候，更显示出核心竞争能力的作用。

2. 主导性。企业的市场竞争能力是多种要素的有机组成，但核心竞争能力是主导其他要素的要素。这种主导不是一般的主导，它必须能够在形成企业强大的市场竞争能力中起关键作用。

3. 长期性。它必须是长期起作用的因素。短期起作用的因素，有时也是很重要的，但不能认为是企业的核心竞争能力。

4. 稳定性。它应该是在相当长的时期内是稳定的。

5. 独特性。具有他人不可替代性。

6. 独占性。别人难以模仿。

前面的四条主要是从企业自身的角度说的，后面这两条主要是从市场竞争的宏观角度说的。我认为后面这两条显得更加重要。

把这几条归纳起来，我觉得关于核心竞争力是否可以这样概括：

所谓企业核心竞争能力，就是企业自身所拥有的、对其市场竞争能力的长期稳定能够起主导和关键作用、并且是其他企业不能替代和难以模仿的要素。

第三个问题：全面认识核心竞争能力

对核心竞争能力要全面理解，不然将使我们陷于盲目悲观。

第一点认识，核心竞争力和企业在市场上的表现并不等同。构成企业在市场竞争中表现的要素来自三个方面：一是企业的基本条件；一是企业的素质能力；一是经营战略。

这三者是什么关系呢？我们可以用运动员来比喻。我国最著名的排球运动员是郎平，她的基本条件是个头高，超过1米9。她的素质能力是体魄健全、弹跳能力好、扣球力量大等。基本条件加素质能力，构成运动员的竞技能力。但光有竞技能力并不见得就能够取得好成绩，还要靠恰当的战略（包括队友的配合），这就取决于教练的指导和决策。也就是说，竞技能力还不是结果，只有这三者统一起来了，她才能在比赛中取胜。

其实对企业来说也是如此。基本条件好，不等于能力强，竞争能力强，也不等于市场表现好。造就企业核心竞争能力，与发挥企业核心竞争能力，它们之间有密切联系，但并不是一回事。我们的企业经营发展战略，应该把形成自己核心竞争能力问题放在重要的地位，同时注意用恰当的战略把自己的核心竞争能力发挥出来。

第二点认识，核心竞争能力是市场竞争能力。

核心竞争能力是企业自身拥有的，但它的表现却必须在市场竞争中。市场表现是检验竞争能力的实践标准。

打乒乓球，就有不同的运动员。有一种运动员，打球的姿势很好看，但没有实战效果，不能赢球。你能说他竞技能力强吗？不能。还有一种运动员，平时技术水平很高，但就是心理素质差，一到比赛的时候，水平总是发挥不出来。你说他的竞技能力强吗？恐怕也不行。

市场竞争能力来自企业在某一个生产要素上的能力，同时来自对一些要素的综合上，更来自在市场竞争中如何利用它的战略策略上。

所以，我们研究企业的核心竞争力，必须兼顾软硬两个方面。既要看它的硬件，又要看它的软件。软件应该包括体制、机制、战略、策略，也包括技术、设计等方面的自主知识产权和企业文化。总之，软硬结合，软硬搭配，才会有比较强的竞争力。

第三点认识，市场竞争能力是个性的能力，是企业自身的能力，不能用一把尺子衡量，这又给了众多的企业以广阔的天地。

第一，从市场竞争的角度看，可以你打你的，我打我的。例如，"科学技术是第一生产力"，高新技术往往成为核心竞争力。但没有掌握高新技术的企业就没有核心竞争能力了吗？恐怕也不尽然。

我国家电企业初创时在技术上根本没有什么竞争能力，但是靠本土市场优势形成了自己的核心竞争能力。例如海尔在争取技术进步的同时，更加强了自己的服务工作，开展了星级服务，收到了很好的成效，并在这一点上形成了自己的核心竞争能力。这说明技术是重要的，但市场更重要。

第二，在同一领域，市场竞争有多种方向和多种层面。例如，单就技术领域来说，它只能由低往高做，但就市场来说，就可能出现两个方向上的竞争能力。一个是由低往高做，一个则是由高往低做。联想集团，在电脑的技术上，难以与美国的大电脑公司竞争。但把人家的成果拿过来，结合中国的国情，在下游产品上下工夫，同样获得了发展。

第三，独特的资源优势也可以成为核心竞争力。中东国家的石油就是这样的例子。中国的劳动力优势也是这样的例子。我国的中医中药也有这样的特点。

第四，先进的企业管理可以成为核心竞争力。日本的优势是企业管理，以丰田为代表，在 20 世纪 70 年代超过美国，形成了巨大的竞争能力。

第五，优势的组合可以形成市场竞争能力。例如我国的横店集团出现的"低加高"的模式，以自己的低成本加上美国的高技术。

因此，核心竞争力并不是发达国家的专利。发展中国家的企业同样可以具备自己的核心竞争力。

从核心竞争能力这个题目讲，中国企业应该采取的是从实际出发的"多点支撑战略"。

核心技术、产品特色、优势条件、独特创意、服务模式、品牌文化，都可以成为核心竞争力的支撑点。

"一招鲜，吃遍天。"一个企业其实只要抓住了一个支撑点，并真正把这点做好，形成自己的核心竞争力，并不是高不可攀的事情。

决定企业成败之关键

——谈谈企业战略管理

企业的兴衰取决于企业经营发展战略。

毛泽东曾经说过，政策和策略是党的生命。我们可以说，战略和策略是企业的生命。

现在就有关企业战略说几个问题：

一、企业战略的重要性；

二、怎样认识战略问题；

三、战略的要点和内容；

四、战略抉择的几个关口；

五、十大战略原则。

第一个问题：企业战略管理的重要性

战略管理是企业管理中的最高级的内容。

一、任何管理实际上都分为两种管理，一种是例行管理，一种是机断管理。懂得例行管理和机断管理的联系和区别是企业管理者入门之处。凡是反复大量出现的日常事务，都必须靠例行管理。例行管理最常见的办法就是制定规章制度。偶然发生或很少发生的事情，要靠机断管理来解决，采取一事一议的办法。糟糕的管理者，常常把两者混淆起来，该例行的，他搞了机断，于是天天处理大量的反复出现的日常事务，成为"事务主义者"。也有相反的情况，该机断的，他订了制度，琐碎的规章制度使人不得要领，付出了过高的运行成本。

有些管理则要实行例行和机断两种管理的有机结合。例如建一座桥梁，就要考虑是防御多少年一遇的洪水。如果是防 500 年一遇的洪水，当然好，但造价太高。如果是防 5 年一遇的洪水，造价低，但很容易被冲毁。这就要选取机断和例行的最佳结合点。

二、按照这样的划分，企业管理可以分为"运行管理"和"战略管理"。

运行管理带有例行管理的意味，战略管理带有机断管理的意味。企业的主要经营者、决策者，所要做的主要事情就是抓好企业的战略管理。

战略管理内涵是企业经营的方向、路线和策略。它要解决生产什么、在哪里卖、卖给谁、如何卖、怎样和对手竞争以及怎样在适应市场变化中求得自己的迅速顺利的发展等问题。

企业经营战略，要求有很强的个性，与人家不同，能够随机应变。战略管理的选择，形成企业管理的特点，与企业家的素质和个性密切相关。中国有句古话："杀猪用锥子，一个师傅一个传授。"

三、战略管理是企业成败的关键因素。

企业的核心问题是经营。经营者是操作经营的核心。而战略则是他的行为准则。企业实力是市场竞争成败的条件，但并不是成败的关键。有的强势企业衰败了，有的弱势企业崛起了，完全用实力解释不了这种现象，关键因素是战略和策略的选择问题。

第二个问题：怎样认识战略

什么是战略？

所谓战略，是一个主体的全局性、长期性、指导性的思维谋略和行为原则。

一、战略的品格要素：

1. 主体性。不是泛泛的原则，它只是适用于某一个主体。

2. 行为性。战略不是一般理论，它是企业行为的规范。

3. 指导性。战略是统领的、指导性的，战术是操作性的。

4. 全局性。它的对象不是企业局部，而是企业整体，企业全局。

5. 综合性。必须充分考虑三个方面的因素：市场、对手、自己。

6. 长期性。凡属于战略范畴都应该管比较长的时间。

7. 原则性。它是指导原则，人们在这个原则下还可以发挥。

8. 谋略性。战略虽然不等于计谋，但一定要有智谋。

二、制定战略的根据：

1. 市场是企业战略的基础。

发现社会需求——现在和未来的需求。

需求的细分。

发现社会需求转化为市场需求之路。

成本价格分析。对市场需求做量化和动态的分析。

投入规模和力度。

事例：春兰砍掉42种产品，只留下空调一种。这个产品战略的确定来自对家用空调市场的预测。

2. 竞争对手的状况是确定企业战略的重要依据。

对手的基本情况，包括规模、水平、实力、竞争力等等。

对手的相关产品的定位和市场占有率。

对手采取的经营战略。

事例：长虹1996年降价的决策，平均降价8%，但大屏幕彩电降价18%。这就是在研究对手的基础上做出的决策，因为其他厂家的29英寸产品才刚刚起步，长虹企图用这种办法把它们"扼杀在摇篮中"。

3. 对本企业自身的认识。

自身实力和市场竞争能力。

自己优势和劣势的认识。

自己所处发展阶段的认识。

我要做某件事情，需要整合哪些资源。

事例：原属于山东潍坊的福田农用车厂，无偿地赠与北京汽车摩托车厂，是因为看中了北京怀柔的从日本引进的冲压厂，两者结合可以形成新的竞争优势。承认自己的劣势，利用别人的优势，以最现实的条件实现资源整合，结果获得了成功。不仅农用车做到了全国第一，而且升级到小型汽车，最后又与奔驰合作，开拓汽车新的领域。

三、制定战略要考虑和分析各种矛盾：

1. 自身和环境的关系。

2. 现实和趋势的关系。

3. 自身与对手的关系。

4. 优势和劣势的关系。

5. 目标和过程的关系。

6. 稳定与变化的关系。

7. 效益与成本的关系。

8. 必然和偶然的关系。

9. 一般和特殊的关系。

10. 事业和人才的关系。

第三个问题：战略的要点和内容

战略的基本内容。

1. 做什么？（"WHAT"）这就是所谓的"战略目标"。

"首先是做对的事情，其次才是把事情做对。"许多企业经营者有一个误区，认为企业管理就是让人们把事情做对。其实，不该做的事情做得越对越糟糕。

2. 怎么做？（"HOW"）这就是所谓的"战略途径"。

如果企业的扩张是目的，那么是通过滚动发展还是通过资产重组、资产兼并，就是战略途径的问题。

3. 靠谁做？（"WHO"）这就是所谓的"战略手段"。

手段应该包括对行为主体的要求和实施战略必须具备的条件。

战略是一个体系，它是由不同层次的战略组合而成的有机系统。

一般地说，战略应该分为：总战略和分战略。

分战略又应该划分为：阶段性战略（时间上划分）和方面性战略（不同侧面划分）。

就企业来讲，其战略应该有：

1. 企业经营发展总战略。

例如：海尔的总战略——"世界名牌运营商"。

例如：中集集团总战略——世界行业主导战略。

2. 按时间划分的分战略：

起步阶段战略，扩张阶段战略，提升阶段战略。

3. 按方面划分的 10 项分战略：

产品战略，质量战略，技术战略，经营战略，营销战略，宣传战略，管理战略，扩张战略，人才战略，品牌战略。

举例：

经营战略——

　　海尔的多元化经营战略。

　　格力的专业化经营战略。

　　麦当劳的特许经营战略。

　　耐克的虚拟经营战略。

　　承包经营——中集的"反承包"经营。

　　委托经营——郎酒集团。

营销战略——

　　代理商经销。

　　TCL自己的厂家直销系统。

　　仙妮蕾德的传销。

　　高价战略—低价战略—平价战略。

宣传战略——

　　以广告为主的战略（秦池、盖中盖）。

　　以新闻为主的战略（海尔）。

　　以公关为主的战略（健力宝）。

　　多种方式综合运用的战略。

管理战略——

　　权术管理和文化管理。

　　家族管理和开放管理。

　　法人治理结构的选择。

　　金字塔管理还是扁平管理。

　　传统管理和电子信息化管理。

扩张战略——

　　海尔"吃休克鱼"战略。

　　青岛啤酒"船舱式品牌战略"。

　　中集集团的"兼并改组结合"战略。

品牌战略——

　　单品牌战略。

多品牌战略。

总分品牌体系。

平行品牌体系。

第四个问题：战略抉择面临的关口

企业从诞生到经营到发展，会遇到众多的关口，从头至尾面临一系列的抉择。这些关口大致有：

一、兴建企业时的投资决策。

决策失误，没有投入生产就注定亏损。

事例：苹果铝厂的投资，贷款的比例过高，虽然经营还可以，但赚的钱不够还贷款和利息的。

二、产品的市场定位决策。

事例：华录只注意了建设中的机制，但没有预测到市场的变化。到它出了产品——录像机，这种产品已经过时了。

三、体制转换的决策。

两权分离的陷阱。

如何避免经营者吃所有者。

私人企业能不能跳出家族的圈子。

国有企业能不能跳出政府附属物的圈子。

事例：不求时髦求配套的思想。红桃K的所有制根据情况的变化而变化，是它的成功原因。

四、企业扩张的决策。

企业扩张是企业发展之道。完全靠自己滚动发展的大企业是很少的。但通过收购、兼并、外加工等办法扩张又是充满了风险的。所以决策要十分谨慎。

事例：早期飞鸽的扩张不谨慎，结果倒了牌子。近期海尔的"吃休克鱼"的扩张原则就是比较谨慎的原则。

五、品牌经营的决策。

品牌经营的内容很丰富。主要包括创牌子、扩牌子、用牌子几个方面。

事例："秦池"用3.2亿元人民币夺得电视广告的标王，造成了事与愿违的结果，是创牌子急于求成的教训。青岛啤酒利用"红烧头尾"的办法，实现了扩牌子的成功。"五粮液"利用"品牌联盟"的方式扩展了名牌效应。

六、资产重组的决策。

兼并、联合、控股。

七、筹集资金的决策。

是募股还是负债。

八、风险投资与风险经营的决策。

如何认识和进行市场投机。

九、管理思路的决策。

民主与独裁。家族与社会。分权和集权。留人和跳槽。

第五个问题：十个重要战略原则

一、机遇原则。（主观和客观条件的关系）

成功等于机遇加拼搏，机遇是前提。机遇和效率相比，机遇和水平相比，机遇和努力相比，都是机遇更重要。大量的事实证明了这一点。

例如：中集集团为什么成功？前提条件是世界集装箱市场向中国的转移。他们发现了这个机遇并抓住了它，于是成功了。

制订战略的第一个考虑应该是对机遇的考虑。

二、优势原则。（自己的长处和短处的关系）

发挥自己的优势，避免自己的劣势。

利用别人的长处，补足自己的短处。

例如：TCL追赶长虹——采取"以速度抗击规模"的战略。

三、充分条件原则。（意图和条件的关系）

能够做什么，不能够做什么，不能只看意愿，还要看条件；

不能只看一般条件，还要看"必要条件"；

不能只看"必要条件"，还要看"充分条件"。

例如：牟其中说的99度和1度的关系，那一度就是充分条件。

例如：柳传志说的"三不干"——有人有钱无利不干；有利有人无钱不干；有钱有利无人不干。总之钱、利、人三者缺一，就是条件不充分。

四、核心竞争力原则。（本企业和他企业的关系）

通过战略形成和造就自己的核心竞争力，同时选择的战略又必须能够充分发挥自己的核心竞争力。

例如：红塔山的核心竞争力是什么？好烟叶。上世纪 80 年代的崛起就在于它大力抓了"第一车间"——原料生产基地。

五、赢利点原则。（经营和效益的关系）

不仅要找到理论上的赢利点，还必须找到操作上的赢利点。

例如：红塔山的烟好，并不等于卖得好。储时健认为，赢利点在于利用经销商的积极性扩大市场占有率，于是他采取了向经销商让利的策略。

六、变化原则。（成功和失败的关系）

不同的市场环境需要不同的战略，企业不同阶段应该实施不同的战略。最容易犯的错误就是把成功的战略绝对化，以为一个战略成功了，就永远可以靠这个战略获得不断的成功。美国畅销书《谁动了我的奶酪》，说的就是这个问题。中国也有类似的一句格言，叫做"瞎子拾柴火，认准一块地"。

事例：1998 年在"百年长虹"的研讨会上，我对长虹应该采取的战略是这样总结的："由高而大，以大托高，实至名归，无限循环。"我认为长虹初期的战略是"由高而大"，下一步则应该做战略的转移，实施"以大托高"的战略，即利用自己的规模优势攀登新的高峰——其他小厂难以达到的水平。

例如：北京雪花冰箱厂最初占据了市场很大份额，但没有考虑到市场会变化。后来别家新型号的冰箱出来了，它的冰箱型号过时了，但产量却已经做到最大了，大量过时型号的冰箱卖不出去，于是只有垮台一条路了。

七、前瞻性原则。（眼前和未来的关系）

所谓前瞻，就是看得远一些。市场趋势、自己发展的前景，都要搞清楚。像下棋一样，至少要看三步。

事例：海尔在许多企业热衷于国内市场竞争的时候，就较早地提出了国际化战略，并把工作目标具体化为三个"三分之一"：三分之一国内生产国内销售，三分之一国内生产国外销售，三分之一国外生产国外销售。

八、创新性原则。（继承和创新的关系）

思维创新、体制创新、技术创新、管理创新，战略也要创新。别人的战略只可参考，不能照抄。创新战略往往会收到出奇制胜的效果。

事例：TCL 在进入彩电业的时候，采取了"以速度抗击规模"的战略，利用别人的制造能力打响自己的品牌，就是一个战略上的创新。

九、差异化原则。（同一和特色的关系）

所谓差异化，就是与竞争对手不是求同，而是求异。

1. 市场竞争有两类竞争，一类是同一竞争，一类是特色竞争。

特色竞争争取的是"他人不可替代"。虽然同一竞争难以完全避免，但企业的战略应该是立足于特色竞争——差异化战略。

2. 差异化有产品的差异化、销售的差异化、文化的差异化。

产品差异化的基础是市场细分和自己独特的创意。档次、对象、地区、特色是构成产品差异的主要要素。例如"SONY"产品以高档定位，区别于"松下"的中档定位。

销售的差异化包括两个层次的要求：一个层次，不同的产品卖出不同来；一个层次，相同的产品卖出不同来。后一个方面更难。

例如：不同性能的牙膏，在宣传上只突出一种功能或特色加以强调，这就是不同的产品卖出不同来。

例如："国美电器"的成功就是打响了一个差异化的口号——"我卖的电器是全市最低价"。这就是相同的东西卖出不同来。

文化的差异化主要是指企业文化的差异化和品牌的差异化。著名的名牌一般都有一个核心理念灌输其中。例如，"可口可乐"的文化是美国生活方式，"百事可乐"的文化是青年人的时尚，"耐克"的口号是"想做就做"，"万宝路"的形象是阳刚之气……

十、匹配原则。（主观内容和客观形式的关系）

对企业战略最基本的分类可分为专业化经营战略和多元化经营战略。企业如何选择应该以匹配为原则。从企业自身的实际出发，适合什么形式就采取什么形式。

靠软资源发财

——知识经济和管理创新

我讲两个问题：

第一个问题，对知识经济的基本理解。

第二个问题，鉴于知识经济的出现，我们在企业管理创新上，有哪些方面值得注意。

第一个问题：对知识经济的基本理解

20 世纪 90 年代，世界上出现了一个新词汇——知识经济。

什么是知识经济？首先要澄清两个模糊认识。

第一个模糊认识，认为知识经济就是把知识用于经济。这是不对的。因为人类从来就是把知识用于经济的。石器时代、铜器时代、铁器时代人类都是不断把知识用于经济的，但不能说那个时候就已经有了知识经济。

第二个模糊认识，认为科学技术是第一生产力，就是知识经济。这也是不准确的。因为自从 17 世纪产业革命以来，科学技术就一直是第一生产力。蒸汽机、内燃机、电动机、原子能的发明，都是极大地推动了生产力的发展。科学技术是生产力的第一要素，已经有三四百年的历史了，但不能说知识经济已经有这么长的历史。

我认为，知识经济是在后工业化时代出现的一种经济形态。它应该是和"农业经济"、"工业经济"相连接的经济形态。知识经济至少有这样几个特征：

第一个特征：知识成为资本，成为主导资本，在某些领域甚至可以成为主体资本。

在工业时代，资金是资本的主要形式，但到了知识经济时代，知识的作用大大提高了。它不仅成为资本，而且成为各种形式资本中最重要的主导性的资本。货币形态的资本要增值，在很大程度上取决于它与什么样的知识资本相结合。我们可以这样说，知识资本的状况在很大程度上决定了货币资本的命运。至于知识成为主体资本，也不是什么不可思议的事情。比尔·盖茨主要就是靠知识成为世界首富的。

第二个特征：信息成为资源，成为主导性资源，在某些领域甚至可以成为主体性资源。

在此之前，人类创造财富主要靠利用"硬资源"，即物质性资源——矿石、煤炭、石油、木材等。但知识经济时代充分利用软资源成为重要的特征。软资源就是信息性资源，包括信息、知识、技术、文化等。信息性资源为人类社会创造财富提供了无限的资源支持。

第三个特征：以电脑和因特网等组成的现代传输手段和传播形式，越来越成为经济运行的重要依托和灵魂。

电子网络的出现，不仅提高了信息的传播速度，而且改变了信息传播方式，形成了一种新的信息传播模式。网络经济越来越成为人们关注的焦点，越来越成为经济发展的新的依托。在这方面将会出现怎样的局面，现在人们还难以完全预测。

第四个特征：知识的生产和再生产，越来越成为经济的核心问题。

所谓知识的"生产"，就是科学研究和科技研发。研究和研发可以生产出知识，可以找出科学技术转化为生产力的途径，它实际上是资本增值最重要的关键点。

所谓知识的"再生产"，就是教育。教育可以把知识，包括新发明、新知识、新技术等，让更多的人掌握，培养出越来越多的掌握知识的人才。有人总觉得教育是投入，是最不合算的事情，其实恰恰相反，教育是最经济合算的。马克思曾经说过，科学的生产和再生产，其价值相差悬殊。最初的生产，是一种创造，要花费很高的代价，但某种知识一旦创造出来，再让别人掌握——也就是再生产，就变得简单得多，花费的代价是很少的。欧姆发明欧姆定律要几年，中学生掌握它只要几十分钟。如果没有抓住教育这个环节，就丢掉了低成本扩大知识资本的环节。

第五个特征：经济出现了一些新的现象和新的规律。

知识经济条件下，价值规律有很大改变。物质产品的价值取决于社会必要劳动，价格因供求关系围绕价值而上下波动。知识产品的价值，来自社会的认同，知识产品的价格，来自交易双方的认可。

人力资本概念的出现也是一个表现。

最后，我要说明一点，在谈知识经济的时候，要把"知识经济形态"和"知识经济时代"这两个概念加以区别。这是因为当今世界国家与国家之间经济差别很大。美国这样的发达国家，出现了知识经济形态，标志着世界已经进入了知识经济时代——正像当初的英国发生了产业革命，标志着世界已经进入了工业时代。但中国这样的发展中国家，还处在工业化的中期阶段，并没有出现知识经济形态。不过，因为当世界已经进入知识经济时代，我们也要有许多新的考虑。

第二个问题：知识经济和企业管理创新

发达国家出现了知识经济形态，全世界进入了知识经济时代，在这样的背景下，我们考虑企业管理的创新，就要有一些新的思维和新的重点。

企业管理创新的第一个要点：知识向产权的转化。必须特别重视知识产权的创造和保护。

我们不仅要重视知识，更要研究知识怎样才能成为资本。

知识成为资本至少有这样几个条件：

第一，这个知识是能够产生经济效益的。

第二，这个知识必须是领先的。（在国内，在世界。）

第三，这个知识必须是自己有产权的，即它的独占性是受到法律保护的。

这里最关键的是第三条。没有产权的知识，不可能成为资本。要拥有知识的产权，来自两个途径，一个是自己研发，一个是收买别人的知识成果——而且要连产权一起收买。过去我们提倡"用市场换技术"，应该说取得了一定的成效，比较快地缩短了我们和发达国家的技术差距。但这并不是获得自主知识产权的最好办法。因为我们换来的技术不仅往往不是最先进的，而且并没有获得知识产权——知识产权还是人家的。

最根本的出路是加大自己的研发投入和加强自己的研发能力。在关键性的技术上，也要舍得花钱通过收买获得自己的知识产权。

拥有更多自主知识产权，应该是我们企业管理所追求的最重要的目标之一。

企业管理创新的第二个要点：知识向效益的转化。要善于把知识转化为能够获得经济效益的知识产品，并找到能够赢利的经营模式。

拥有了知识产权，可以增强企业的竞争力，但并不等于一定赢利。我们还必须解决知识向效益转化的问题。

一定要明白，知识不等于知识产品，知识产品并不等于赢利。知识分几类：一类是不能直接运用的基础知识。一类是可以具体运用的实用知识。但仅有知识就够了，不需要转化为产品，像管理知识。一类是可以转化为产品的知识，但这种知识和知识产品必须解决经济效益问题。对企业家来说，虽然这几种知识都需要，但最重要的是第三类知识，他们的任务也就在这一点：把知识转化为经济效益。科学家往往不能完成这个任务，一般的企业家也往往不能完成这个任务，解决大量的科研成果闲置的问题，需要科技产业化类型的企业家。这是我国企业管理创新当中必须重视的一个大问题。

实现这种转化，主要是找到或造就两个条件：

一个是和消费者的需求相衔接。

一个是和恰当的经营模式相衔接。

认识知识产品的特点很重要：

1. 独创性。含有知识的产品并不就是知识产品。所谓知识产品，一定是独创的、独占的、与众不同的产品。

2. 知识产品的价值在于领先和独特。领先性很重要，所以知识产品必须注意时效性。一般说，它容易过时。

3. 知识产品的价格在于认可，它会有一段时间拥有垄断利润。

4. 知识产品效益的获得在于数量，在于知识产品的规模化。

企业管理创新的第三个要点：有形向无形的转化。要特别重视无形资产的创造和保护。

从理论上说，知识产权就是无形资产，但在具体管理工作上，又有区别。一般说知识产权，更多的是指技术方面的专利等，而无形资产则还要包括更广阔的范围。企业的商誉是无形资产，企业的品牌是无形资产，企业的文化是无形资产，企业的社会关系和销售网络，也是无形资产。其中，品牌是企业无形资产的总仓库。

企业管理创新的第四个要点：硬向软的转化。要特别注意软资源的利用。

既然在知识经济条件下，信息成为重要的资源，主导性的资源。我们的企业管理的创新，就要更多地注意对软资源的利用。我们一定要在向硬资源要财富的同时，更多地向软资源要财富。美国许多企业都是靠软资源支持的。微软就是靠软资源发财的。麦当劳、肯德基、迪斯尼则是"软硬兼施"。

企业管理创新的第五个要点：物向人的转化。要注重企业文化建设和学习性组织的建设。

建立学习型组织，学习工作化，工作学习化。还必须和科研机构结合，建立自己的科研机构。要注重获得信息和知识，要注重员工培训。企业培训是往自己的企业注入知识资本。企业要建立得力的情报部门，注意收集各类信息，特别是对自己企业有用的信息。要利用电子网络，建立现代化的信息系统。善于利用各种"外脑"。

企业管理创新的第六个要点：知识向资本转化。用人力资本的观念确立自己企业的法人治理结构和人才管理办法。

运用人力资本理论搞企业管理创新，首先就要对经营者——特别是主要经营者的性质认识清楚。承认它们是人力资本。

国有企业改革有两个层面可以深入进行。一方面是所有制层面。一方面则是占有制层面，也就是用人力资本理论来解决经营者的问题。特别是所有制变动很难的国有企业，这个办法更简便易行。

专业技术人员也可以作为人力资本来加以管理。工厂的设计人员是最难管理的。你按照他付出的劳动给予报酬，可能有的人辛辛苦苦设计出来的东西，市场上并没有销路，因而也就没有效益。如果我们把他们当作人力资本来对待，问题就比较容易解决了。浙江省宁波市的博洋家纺，让所有主要设计人员都成立一个小的设计公司，他们设计出来的产品款式先放到产品经销超市去展销，订货多就给予较高的价格来收买，没有订货，就等于白劳动。这种办法很好地解决了设计人员的管理问题。其原理其实就是把员工的知识当作资本，能够创造利润就有收益，不能创造利润就没有收益，收益多少看创利多少。

理念共同体

——概论企业文化

成功的企业，长寿的企业，有一个共同的特点，那就是注重企业文化建设。

企业文化作为一个独立的概念提出来，历史并不长，无论在理论上，还是在实践上，都还存在着认识不一致、理论比较模糊、操作不够成熟的地方。这就需要继续研究和探索。

第一个问题：企业文化的发展历史

企业文化概念的提出和对它进行深入的学术性研究，是在20世纪80年代。稍早的70年代日本经济迅速发展，在许多产业部门超过了美国。美国的学者们为此专门研究了日本的企业，发现日本企业超出美国企业的主要地方就在于它们的企业文化。于是这些学者就对企业文化问题进行了深入的研究，并将研究成果在美国企业中推广。这一现象引起了世界各国包括中国企业的注意，于是企业文化问题也被引进到中国来了。总体说，企业文化出现和研究的历史都不长，还属于新兴的企业管理方式和新兴的企业管理学科。

这里先介绍一下相关学者及其代表性著作。

加利福尼亚大学管理学教授、美籍日裔学者威廉·大内从1973年开始研究日本的企业，1981年4月出版了《Z理论——美国企业界怎样迎接日本的挑战》一书。所谓Z型理论，是因为大内认为，美国大多数企业是A型（AMERICA）的，日本企业多数为J型（JAPAN）的，应该建立一种区别于两者的Z型企业。要建立Z型组织，就要建立Z型文化。他清楚地认识到，一个经济组织不仅是经济的产物，同时也是社会文化的产物，企业的经济和文化是一个双向交互的过程。

美国哈佛大学企业管理研究院教授泰伦斯·迪尔和麦肯锡咨询公司顾问

爱伦·肯尼迪，他们用六个月时间对80家企业进行了调查，并于1981年7月出版了《企业文化——企业生存的习俗与礼仪》一书。此书成为企业文化的经典之作。他们认为，成功的企业都有强有力的企业文化，为全体员工共同遵守，这些文化往往是自然而然约定俗成的，而不是书面的行为规范；并且有各种各样的用来宣传和强化这些价值观念的习俗和礼仪。

他们认为，企业文化的理论体系，可以概括为五个要素：

企业环境，指企业性质、企业经营方向、外部环境、企业社会形象、与外界联系等。

价值观，对事件和行为的好坏、善恶、正误、是否可取的判断上的一致认识。

英雄人物，企业文化的核心人物和企业文化的人格化，他起到样板的作用，即常说的"典型的力量"。

文化礼仪，各种奖励表彰活动、聚会文娱活动、仪式等，它可以把企业中发生的事件或事实戏剧化和形象化，生动地体现和宣传企业的价值观。

文化网络，指非正式的信息传递渠道，主要是传播文化信息的渠道，包括企业中的"民间"传播渠道。

麦肯锡咨询公司的托马斯·彼得斯和小罗波特·沃特曼认为，出色的企业，必然有独特的文化品质，在《成功之路——美国最佳管理企业的经验》一书中提出了革新性文化的八种品质：

1. 贵在行动；

2. 紧靠顾客；

3. 鼓励革新，容忍失败；

4. 以人促产；

5. 深入现场，以价值观为动力；

6. 不离本行；

7. 精兵简政；

8. 辩证处理矛盾。

总括企业文化的发展历史，对美国企业文化、日本企业文化和我国企业文化目标，是否可以这样概括：

美国企业文化——利益共同体。

有利益大家就集合在一起，没利益就要分开。共同利益是有凝聚力的，但这种凝聚力存在着很大的局限。一旦在某一个时期，某一个局部发生了利益的不一致，就可能造成企业管理上的问题。企业发展不可能总是一帆风顺的，每个人的利益要求并不总是能够获得完满实现的，光靠利益的凝聚，就会发生问题。

日本企业文化——命运共同体。

日本的企业文化更强调命运共同体。把企业看成一个家族，既然是一家子，那么，有利益、没利益都要团结在一起。日本许多企业实行的是终身制，一个大企业内部，也像中国原来的国有企业那样，除了火葬场以外其他都有，成为一个小社会。这种文化，在日本崛起的时候发挥了重要作用，但随着市场环境的变化，也遇到了问题。职工的不能流动，产业结构的调整遇到了极大的困难。

我们的目标——理念共同体。

总结美国和日本企业文化方面的经验和教训，我们中国建立企业文化应该有所突破，我们应该在利益共同体和命运共同体的基础上，建立理念共同体。三个共同体的关系不是彼此替代，而是内容叠加。没有利益共同体不可能有命运共同体；命运共同体比利益共同体更牢固；没有命运共同体不可能有理念共同体，理念共同体不仅比命运共同体更牢固，而且更能适应市场竞争环境的变化。

第二个问题：什么是企业文化

我给出的企业文化的定义是：

企业文化是企业作为市场主体的文化。它是在现代市场环境中，企业在生产经营、制度建设、理念塑造等方面以文化形态进行的抽象、归纳和整合。它是通过自觉培育并在长期实践中形成和发展的，又对企业的生存和发展有巨大的反作用，成为企业最重要的核心竞争力。每个企业的企业文化又有自己的特色和个性。

为什么采取这样的阐述？

第一点，企业文化不是一般的文化，而是整体文化的一种样式。

从社会总文化中把企业文化圈定出来。

这三个圈是：社会文化—市场文化—企业文化。

企业文化是市场主体的文化，是整个市场文化的重要组成部分。

研究企业的文化，不是研究一般的文化，而必须是以企业为出发点和落脚点。研究企业文化的中心目的是为了搞好企业。

第二点，企业文化应该包括三个层面——实体层面、制度层面、理念层面。

这就是说，不能把企业文化简单化。不能只归结为理念上的东西，更不能只归结为企业形象上的工作。

第三点，企业文化的形态应该是一种文化抽象。

在企业文化的三个层面中，除了理念这个层面之外，物质和制度层面，都需要进行文化的抽象、提炼、升华，才能真正形成企业文化。

第四点，企业文化的建设必须围绕企业的经营和发展进行。

企业活动都是围绕着企业赢利和企业发展进行的。企业文化必须是围绕协调各种利益关系而建立起来的，必须是有利于企业基本宗旨的实现。企业文化当然要与一般的社会文化和社会公德相协调，不能违反一般的社会公德，但它必须有自己的相对独立的规范。如果可以混同，也就没有建立企业文化的必要了。

第五点，企业文化必须是概括性和可操作性的统一。

企业文化当然也必须形成若干规范才能称为文化，但这些规范不仅具有一般文化的理念形态，还必须具有比较强的可操作性，必须成为这个企业的成员共同遵守的行为规范。只是说得动听，而没有行为规范意义的文化不是我们说的企业文化。

第六点，企业文化是有个性的文化。

企业是有生命的，生命是有个性的。企业文化必须是有个性的文化。所以，不仅与一般文化相比，企业文化有自己的特殊规律，而且每个企业的文化应该有自己的特点，不应该是千篇一律的。共性寓于个性之中。

第七点，企业文化不是自发形成的，它需要自觉地培育，并且需要经过长期的实践，才能真正地形成和发展。

企业文化是高级的企业管理。所以它又是一项高级的工作。

第八点，企业文化最重要的内容是诚信和社会责任感。

企业文化形形色色，但成功的企业文化有一个共同特征，那就是把诚信和社会责任感放在最重要的地位。

2001 年春天，在江泽民同志提出"以德治国"的时候，我参加了十几位私营企业家关于"财富和良心"主题的一个座谈会。会上我听了各位企业家的精彩发言之后，对"财富和良心"的关系做了三句话的概括：一、只凭良心不能发财。企业家还必须精通"经营之道"。二、有良心形成的信誉作为无形资产，有利于发财，特别有利于持续发大财。三、没有良心有时也可以发财，但发财的风险成本太高，特别对于持续发财来说，风险成本更高。对我的概括，大家还表示赞成。如果说社会公德，那么讲良心就够了，但企业文化就要把良心和财富的关系协调起来。从中可以看出企业文化和一般文化或其他文化的区别。

第三个问题：企业文化的内涵和外延

不能把企业文化的内涵和外延理解得过分狭窄和单一。

——不能把企业文化仅仅理解为"企业文化活动"；

——不能把企业文化仅仅理解为"企业文化理念"；

——不能把企业文化仅仅理解为"企业形象系统"。

这些，都是企业文化的一部分，但都不是企业文化的全部。

有人把企业文化的内涵和外延概括为"行为文化，制度文化，精神文化"三部分，也有人概括为企业文化的"物质层，制度层，精神层"三个层面。我认为都是很有道理的。

我认为，按照文化形态概括的内容，企业文化应该是企业的"实体文化"、"制度文化"、"理念文化"三种形态文化的总和。

第一种：企业的实体文化。

这是指企业在实体层面形成的文化。任何企业都是一个实体存在，也都有一定的实体文化表现。搞产品生产的企业，肯定要有工艺流程，而工艺流程的外在形象和管理都有文化表现。肮脏的、杂乱的表现和清洁的、有序的表现是不同的文化体现。丰田公司创造的"零库存"管理模式，就是一种企业文化。

第二种：企业的制度文化。

企业有各种制度。企业的基本章程、企业的法人治理结构、企业的经营管理规章制度、企业的经营发展战略等都是制度性的东西，其实它们都包含着企业文化，或者说是企业文化的一种形态。

企业的制度文化，是整个企业文化中最重要的一部分，忽略了制度文化的建设，甚至把制度文化建设排除在企业文化建设之外，是许多企业搞企业文化时最容易出现的一个误区。

第三种：企业的理念文化。

所谓理念是指意识形态的东西。它是整个企业文化中最凝练的部分，也是最"虚"的部分。说它凝练，因为它必须是经过反复凝练而成的最精粹的东西。说它最"虚"，是因为它并不直接告诉你做什么和不做什么，只是一些"大原则"。它不是"其然"，而是"所以然"，它是原则性的导向，而不是具体的要求。

如果我们把企业文化比做一个人的整体的话，那么，实体文化就是他的外在躯体，制度文化就是他的内在神经，而理念文化就是他的思想精神。一个健全的人必须是这三者的有机统一。

如果以理念为纲，企业文化也可以分为这样四个部分：

第一部分，企业基本理念。这是贯穿整个企业的、全体员工都要信奉和遵守的文化理念。例如，奉献社会理念、团队精神理念、敬业进取理念、开拓创新理念、遵守契约理念和忠诚守信理念，都属于这类理念。

第二部分，经营性文化理念。主要是在企业的经营活动中使用和遵从的理念。例如，诚信守法、有效竞争、多赢整合、应变创新、名牌升华和居安思危，都属于这类理念。

企业是市场主体，经营性文化是企业文化的首要内容。经营性文化是由三个基本要素之间的关系决定的。这三个要素是：市场（消费者）、企业自身、竞争对手。上述六项基本原则，第一条是基础。第二条是市场竞争要义。第三条是资本问题（因为企业是资本的躯体）。第四、第五、第六条是动态情况下的基本经营思想。

第三部分，管理性文化理念。主要是在企业内部管理中使用和遵从的理念。例如，绩酬对称、低耗高效、统一灵活、科学现代、共享共担、以人为本、官兵一致和学习组织，都属于这类文化理念。

企业在市场上的表现，在很大程度上取决于企业内部管理。管理性文化是企业管理的灵魂。运营的效率，发展的活力，企业的凝聚力，员工的创造力，是企业管理追求的目标。事靠人做，人靠管理，管理靠文化。前四项是管理的硬要求，后四项是管理的文化基础。

第四部分，体制性文化理念。主要是在企业体制建设上使用和遵从的理念。例如，三者就位、共赢平台、承认差别、内在融合、效率优先和制度至上，都属于这类文化理念。

体制是企业的基本组织形式。企业是以资本为核心、以产权关系为基本纽带建立起来的经济实体。任何组织都要解决个体和整体的矛盾关系，达到个体和整体的统一。而企业的个体又分为三种角色：所有者、经营者、劳动者。所以它必须在正确处理这三者之间关系的基础上，同时正确处理不同个体之间的关系。这就是前四项原则要解决的问题。而后两项则是构筑体制的前提根据和维护体制正常运转的保障。

第四个问题：企业文化要处理的十个矛盾

抓住企业遇到的种种矛盾，抓住企业在建设企业文化中遇到的种种矛盾，企业文化才会建设得比较扎实。

可以开列出来十大矛盾：

第一个矛盾，企业和社会的矛盾。

企业和社会的矛盾，表现在企业和社会、国家的关系上，也表现在企业和消费者的关系上。企业要赚钱，怎么赚钱？赚钱后干什么？你这个企业赚钱对社会和对消费者形成怎样的后果？

第二个矛盾，企业三者之间的矛盾。

无论什么企业，一般都只有三种角色：所有者、经营者、劳动者。这三者的矛盾构成了一个企业最基本的内部矛盾。怎样认识和处理所有者和经营者之间、经营者和劳动者之间的矛盾？怎样把三者的利益统一起来？只讲集体主义，只讲"归属感"，并不能完全解决问题。

第三个矛盾，企业和企业的矛盾。

这是企业之间的横向关系。核心是竞争关系和合作关系。如何竞争，怎样合作，如何把竞争与合作结合起来？目前中国的许多企业正是在这一点上还没有树立起良好、健全的企业文化。

第四个矛盾，管理者和被管理者的矛盾。

这是从企业管理学角度提出的问题。"人本管理"的核心是什么呢？"扁平管理"的内涵和理由又是什么呢？"文化管理"和"权术管理"是什么关系呢？

第五个矛盾，个人和团队的矛盾。

这是企业内部最普遍的矛盾。企业中的个人都是团队中的个人。团队又有大、中、小团队之分。企业是最大的团队，一个部门、一级组织，是中团队，具体的小单位、班组，又是小团队。所谓个人和团队的关系，实质上是个人和集体的关系。提倡爱企业、爱岗位、爱集体，兼顾团队和个人利益，企业和团队要关心个人的成长，都为了正确解决这个矛盾。

上面的阐述，涉及到了多种主体：社会主体，企业自身主体，竞争对手主体，所有者、经营者、劳动者三类主体，管理者主体，被管理者主体，团队主体，个人主体，等等。

以上的五个矛盾都是各种主体之间的矛盾，也就是企业文化要解决的问题，是企业文化内容的根据。

第六个矛盾，人和事的矛盾。

企业的日常运营主要是着眼于事——把事情干好。企业文化建设则主要是着眼于人，用先进的文化武装自己的员工。有了高素质的员工，就有了办好各种事情的基本保证。

第七个矛盾，传统文化和现代文化的矛盾。

第八个矛盾，本土文化和外来文化的矛盾。

第九个矛盾，共性和个性的矛盾。

第十个矛盾，实和虚的矛盾。

这是物质文明和精神文明的关系。企业文化的建设就是要实现企业文化和企业业绩的良性循环——要善于从实际当中提炼出理论的东西，同时又善于用这些理论的文化的东西去促进实际工作。

以上这五个矛盾是建设企业文化过程中需要解决的问题。根据这些建立起企业文化建设的方式、方法。

这些矛盾不是并列的、平行的，它们之间是互相交叉的。我们把它们提出来，不是为了研究"烦琐哲学"，而是为了提供建设企业文化当中的一些思考的切入点。也是为了帮助不同的企业检讨自己企业文化建设中的着力点。

第五个问题：企业文化的建设要点

针对目前中国企业普遍存在的问题——要解决的问题和被忽略的问题，我认为应该抓住五个要点：

第一个要点，企业文化要着眼于正确处理企业内部的三者关系。

首先要认识到，企业中虽然有许多人，几十、几百，甚至是成千上万，但就其身份来讲就只是三个"人"：所有者、经营者、劳动者。他们之间的关系是企业内部的主要关系，所以企业文化必须首先着眼于处理好他们之间的关系。

由于长期计划经济的影响，我国企业比较多地存在着混岗文化。让劳动者当主人，让经营者当仆人，政府又从外部当主人。人们的观念相当模糊不清。清华大学教授魏杰到美国参观一家跨国公司，他问看门的："你一年挣多少钱？"对方回答："5万美金。"魏又问："你们的CEO一年挣多少钱？"对方回答："500万美金。"魏杰说："把500万美金给你怎么样？"那个看门的吓得连连摆手说："不行，不行，我干不了人家的活！"如果在我们的国有大企业进行这样的对话，我想，没有一个看门的会像美国的这位看门的这样回答。最客气的回答大概是"开什么玩笑！"可能许多人会骂起来，"什么社会？我们让他们剥削惨了！"为什么会有这样的不同呢？因为美国企业是在所有者、经营者、劳动者三者"各就各位、各行其道、各尽其职、各得其所"基础上形成的企业文化，我们是在混岗基础上形成的企业文化。我们很多人认为，都是一个脑袋，为什么有这样的差别？！

第二个要点，要抓住企业、社会、消费者（群众）三者一致性。

企业是一个经济实体，是一个谋求利润的单位，是现代社会财富的源泉。就全社会的角度看，它必须是一个有益于社会的单位，它的经济效益也必须在有利于社会的前提下获得。从企业自身看，它存在和发展的最重要的条件，就是广大消费者对它的信任。因此，无论从社会的宏观角度看，还是从企业微观的角度看，企业所追求的必须是企业、社会、消费者三者利益的一致，必须是经济效益、社会效益、环境效益三者的一致。许多名牌企业在企业文化建设中都注意到了这一点，例如海尔的口号"真诚到永远"、长虹的"以产业报国为己任"、TCL的"为消费者创造价值"等都属于这一类的理念。

第三个要点，坚持实和虚的一致性，注意虚实之间的良性循环。

企业文化是虚的，但必须是从企业的实际中生发出来又为企业发展服务的，因此，企业文化建设是两个侧面的统一。一方面要善于从企业的实际中造就和升华出企业文化理念；一方面也要善于把企业文化理念作为企业发展的重要动力。

第四个要点，企业文化建设过程，实际上它是一个企业的基本素质形成的过程。

正像一个人的素质不可能在一天形成一样，企业的文化素质也不可能一蹴而就。它不是靠别人的经验可以解决问题的，也不是靠自己企业的一个规划就能够解决问题的，而是靠自觉的坚持不懈的努力。

第五个要点，企业文化建设过程实际上也是企业作为学习型组织的建设过程。

企业文化建设所采取的组织形式，应该是学习型组织形式。把企业文化建设和企业学习型组织建设结合起来，企业文化才能建设好。

第六个问题：企业文化和企业家

企业文化应该是"一把手工程"。就是说，企业文化必须是企业的主要领导者、主要经营者亲自抓。

许多企业都设立了专门负责企业文化的工作部门，但是，如果主要领导者、经营者不亲自抓，那就必然会流于形式。即使有一些成果，也是浅层次的，难以形成气候。

企业经营者应该明白，自己对一个企业的领导，主要是两种领导。一种可以称为"权术领导"或"权术管理"（注意：这并没有贬义）。利用物质奖励或处罚，利用升级或降级乃至撤职、开除，都属于这一类。它主要作用于人的行为。另一种则可以称为"文化领导"或"文化管理"，它主要作用于人的思想，征服人心。一个企业为什么会发生突然的变故，有的主要副手为什么会突然出走，往往就是文化管理不够的原因。而那些文化管理比较好的企业，不仅在顺利时可以发展，就是遇到风险和逆境的时候，也照样能够继续前进，其深刻的根源就在于此。

企业家自身的素质在企业文化建设中居于很重要的地位。大企业家往往是文化人乃至哲人。

　　企业家不仅要提高自己的素质，还要花大力气研究和实施自身素质的外化——群体化工作。

　　当然，企业文化的建设需要单独的工作部门来落实，有时也需要请社会上的专家或专门机构来帮助自己策划。

成也萧何，败也萧何

——学会企业新闻策划

今天我主要谈这样几个问题：

一、企业新闻策划的重要性。

二、什么是企业的新闻策划。

三、企业在新闻策划上的误区。

四、企业新闻策划的基本原则。

五、新闻思维和新闻表达。

六、企业新闻策划的若干角度。

七、企业新闻策划的若干实务。

第一个问题：企业新闻策划的重要性

成也萧何，败也萧何。

新闻和企业之间有着"成也萧何，败也萧何"的关系。有时，企业的成功完全靠了新闻的力量；有时，企业的失败，也是由于新闻的原因。

长虹1996年搞了一次大降价，在彩电市场上掀起了一场价格大战，由此招来议论纷纷，甚至有不少非议。这时长虹与《经济日报》合作，进行了一次新闻策划——在四川绵阳召开了一次以长虹降价为主要内容的研讨会。通过研讨，专家们把长虹降价的意义归结为这样一句话——"降价之后是重组"。这就鲜明地提出了这次降价的宏观意义：通过价格竞争，市场资源更多地向大企业集中，淘汰一些落后企业，提高全行业的品牌集中度，是符合国家产业政策的，因而降价是一次有利国民经济的举措。这就把长虹降价当中真正深刻的新闻价值发掘出来了，扭转了对长虹不利的舆论，提高了长虹的地位。

同样是长虹，1998年出现的挫折，也与新闻密切相关。那一年下半年，中央一个大媒体发布了一条新闻，说长虹垄断了中国的彩管，将要再次实施降价战略。用倪润峰的话说，这条并不很长的消息，使消费者产生了等待降价、持币待购的情况，影响了长虹彩电的销售形势，以致当年生产的980万台彩电，最后积压了300万台，造成了长虹经营史上第一次严重的挫折。

山东济南的三株口服液，通过在广大农村铺天盖地的广告和销售网络，把这种保健品的销售额扩展了五六十亿之多。但它的倒台，却主要是因为一条新闻的作用。湖南岳阳一个老头吃了三株之后死了。他的儿子把三株告上法庭，说他爸爸喝了三株中毒身亡。当地法院一受理这个案件，新闻界就当作一个重要新闻加以报道。案件审理了一年，最后法院做出判决：老头之死与三株口服液无关。但这个对三株有利的判决实际上对三株已经毫无意义，因为新闻界对这个案件一报道，三株的销售量就直线往下掉，到第三个月就已经基本转不动了。媒体传达的新闻的含义是"三株可能吃死一个老头"因而被告，对消费者来说，"可能吃死一个老头"与"吃死一个老头"没有多大区别——他们反正是不买了。消费者不买就是对企业最高的判决。

南京冠生园用陈馅做月饼的消息，在媒体上一曝光，尽管它是多年的老字号，也难以支持下去了。

为什么新闻对企业的经营和发展能够起这样大的作用呢？

原因很简单，在市场经济条件下，新闻并不仅仅是新闻，它实际上是一种能够起特殊作用的市场信息。这种市场信息，具备如下特点：

1. 能够引起消费者的普遍关注，传播得很快、很广。

2. 能够获得消费者的普遍信任，有重要的导向作用，甚至成为判断标准。

3. 它是以社会舆论面貌出现的，企业作为市场主体很难与之抗衡。

4. 其效果是连锁性的。从传播的角度看，一个信息可能在不同的媒体上多次传播，然后又有可能延伸到人们的口头上的多次传播。从后果的角度看，可能直接影响到消费者，也可能影响到供应商和经销商，也可能影响到政府主管部门。

所以，这种信息是作用到消费者，又作用到竞争对手以至政府等方方面面的立体的信息。与一般的市场信息相比，它的作用大了许多。

从这种意义上讲，企业，特别是大企业，特别是与社会广泛联系的企业，特别是产品比较敏感的企业，必须重视新闻。

所谓重视新闻，首先就是要重视和善于企业新闻策划。

第二个问题：什么是企业新闻策划

什么是企业新闻策划？

所谓企业新闻策划，就是企业通过和利用新闻渠道，参与和组织与企业自身相关的新闻传播的一种策划活动。其核心是在遵循社会责任的前提下趋利避害，一方面利用新闻的力量推展自己的经营，一方面规避某些新闻传播可能给自己带来的风险。

企业新闻策划的主体是企业，它最终是企业自己策划自己的活动。当然，许多情况下，企业新闻策划活动有媒体人员或咨询、公关机构的人员参与，甚至从操作的层面看，媒体、咨询、公关人员有时甚至是主要角色，但实际上，他们是为企业服务的，他们的一切活动都是围绕企业和企业的意愿进行的，从谁说了算和以谁的利益为准的角度看，真正的主体是企业。

为什么首先要明确主体呢？因为主体的状况决定了新闻策划的状况。主体对新闻策划和认识的水平，在很大程度上决定了新闻策划的水平和效果。也就是说，新闻策划的成败，主要在企业自身——虽然参与的媒体和咨询人员也会起很大的作用。

企业新闻策划的核心是新闻，就是说新闻策划的活动必须是新闻活动。用的是新闻手段，传播的是新闻内容。新闻策划的成败取决于新闻内容的状况，企业有好新闻，发掘了好的新闻题材，选择了好的新闻角度，并把它恰当地总结出来，新闻策划就有了成功的基础。如果自身没有好的新闻，没有发掘出好的新闻题材，没有选择好的新闻角度，再周密的策划，也难以取得成功。所以，新闻策划的基本功夫和主要功夫在于新闻的功夫。

企业新闻策划，从活动方式上大体可以分为这样三类：

一、静态报道策划。策划的主要是报道性的活动，而没有现实的事件性活动进行。比如邀请新闻记者对企业自身的业绩、经验、亮点，或者企业关心的问题，进行采访报道。这种报道又可以分为大规模的集中报道和平时的日常报道。这种新闻活动，企业不站到前台，而是由记者直接出面进行公开宣传。再比如企业新闻发布，由企业自己直接出面，发布自己的新闻或新闻事件。

二、动态事件策划。策划的主要是现实的活动，特别是事件性的活动。比如组织企业的产品下乡活动，组织企业的大型促销活动，组织企业的社会公益活动，等等。策划的主要内容是一个操作性很强的现实活动，这样的策划我们可以称为动态策划。

三、动静结合策划。有静的内容，也有动的内容，两者互相结合。比如，召开大型研讨会，这是事件性的动态方式，但研讨的问题则是企业的经验，这又是静态性的内容。动静结合起来了。

从策划涉及的内容分，大体也有三类：

一、主体式策划。以企业自身的新闻为主要内容。这种新闻策划的目的和内容都是以企业自身为主，传播的主要是企业自身的新闻。大部分新闻策划都是这种类型。

二、客体式策划。企业以参与者的身份参加社会的某项活动，传播的内容不是企业自身的新闻，而是社会的某个新闻事件。比如大红鹰组织的申奥万里行，从北京到莫斯科，一路展开系列宣传活动。但宣传报道的内容并不是大红鹰企业自身的内容，而是中国人申请举办奥运会的愿望。在这种策划中，企业只是以某项大的社会活动的参与者身份出现。

三、主客式策划。这种策划中企业是以主体和客体双重身份出现的。许多企业策划的公关活动就属于这一类。比如企业和社会团体共同举办大型公益活动，或者在某项社会活动中添加了企业的部分内容，等等。

还需要说明新闻策划和公关策划的关系。

新闻策划和公关策划都是对策划的一种特定抽象归纳。两者无论从内涵还是从外延看，都是局部重合的关系。有一部分新闻策划也可以称为公关策划，有一部分公关策划，也可以称为新闻策划。但也有一部分，两者并不重合。例如，专门为新闻报道进行的策划，很难说是公关策划。例如，有些以打通关系为目的的公关策划，很难说是新闻策划。这种公关活动是不供宣传的，而新闻策划最后都是要作用于宣传的。

新闻策划和公关策划，两者在业务上是有所不同的，规律、方式、侧重点都有所不同。但我认为，重要的可能不是两者的区别，而在于两者的联系。做新闻策划的人，也要学会公关策划；做公关策划的人，也要注意新闻策划。

第三个问题：企业在新闻策划上的误区

在我们的企业中间，对新闻策划在认识上和操作上都还存在着许多误区。

第一个误区：重广告，轻新闻。

不重视新闻宣传，一提起做品牌来，就想到广告，没钱做广告，也就等于没钱做宣传。

在市场经济条件下，广告无疑是企业最重要的宣传手段。在企业看来，广告最大的好处就是有自主权。我要做什么样的广告，在什么媒体做广告，做多少广告，都是我企业自己说了算。新闻宣传，他们就认为这是媒体的事情，是由媒体说了算。

这样的认识是不全面的。新闻与广告相比，起码有三个优势：

第一个优势，广告是自己说自己好，"老王卖瓜，自卖自夸"。而新闻是别人说你好，具有更强的客观性、可信性。

第二个优势，广告传播的是概念，新闻传播的是事实。事实胜于雄辩。

第三个优势，广告的费用比较高，而新闻宣传的成本比较低。

我国一些企业的成功经验，就在于善于利用新闻宣传手段。

第二个误区：把经营价值等同于传播价值。

有的企业重视新闻策划，但不懂得传播价值，不会利用新闻传播。他们常常把经营价值等同于传播价值。经营价值，侧重于对企业自身的意义，传播价值侧重于对社会的意义。你只传播对企业自身有意义的内容，社会为什么感兴趣呢？即使报道出去了，人家也不会感兴趣，还是传播不出去。

传播价值、新闻价值的实质是普遍兴趣。感兴趣的人越多，越普遍，越关切，传播价值和新闻价值就越高。

比如，利润是企业最关心的事情，利润越高，企业越高兴。但社会对企业利润的感觉则不同了。如果你的利润太高了，消费者还会发出这样的疑问：你获得的是不是暴利？

1987年内蒙古鄂尔多斯羊绒衫厂来找我进行新闻策划的时候，我就发现了它具有传播价值的大新闻——它是全世界最大的羊绒衫厂。"全世界最大的羊绒衫厂在中国内蒙古伊克昭盟"，这是中国人都感兴趣的信息，大家为中国有这样一个企业而自豪，这就是普遍兴趣。

第三个误区：不善于把经济、技术视角转换为新闻视角。

企业的经营管理当然首先需要经济视角和技术视角，也就是要从经济上和技术上解决问题，总结成果。但这些专业性内容直接拿出来进行传播，就会使众多的外行人听不懂，也不感兴趣。这就需要转换为新闻视角、传播视角。

美菱出了一种新型号的冰箱，上面使用了许多自己的专利。怎么宣传这种新型冰箱呢？一种办法就是直接从技术的角度宣传冰箱上有多少种专利，这样效果肯定是不好的，因为这些专利消费者很难搞明白。另一种办法，从消费者的角度宣传这种新冰箱的新效能。于是得出了一个全新的概念——"第二代冰箱——保鲜冰箱"。过去的第一代冰箱是"保质"的，东西存放在里面不腐烂。现在的冰箱是"保鲜"的，不仅不腐烂，还会保持新鲜。这样一转换，就可以更好地传播出去了。

第四个误区：不善于抓住新闻宣传的机遇。

新闻传播的效果产生在点面结合，也就是说，点上的事情，面上感兴趣，才会有好的传播效果。点上的是事实，面上的是情势。情势给新闻传播提供了机遇。

比如，欧洲出现了二噁英的问题，中国的牛奶业就没有抓住这个机遇，突出宣传自己。本世纪初，深圳中集集团之所以一下子宣传成功，成了全国瞩目的企业，就是因为抓住了中国刚刚加入WTO，人们普遍关心在国际竞争中中国企业的命运这个机遇。

第五个误区：不懂得如何召开新闻发布会。

常见的问题有：

1. 新闻发布会上并没有真正的新闻发布。有的企业花很长时间讲述自己企业一般的经营情况，并没有新闻。

2. 以为新闻发布会的规模越大效果越好。不懂得新闻发布会的效果主要不是表现在发布会的现场。由于请的人太多，谁都不会感到有传播的责任，会后在媒体上报道反而很少。我参加过一个1000多人的记者招待会，后来我发现，绝大多数媒体只发了"豆腐丝"的报道，有许多媒体连"豆腐丝"也没有。

3. "官本位"思想作怪，突出官员，而不重视记者。在主席台的安排上，在座位的安排上，往往只考虑官员，而不考虑记者。其实，新闻发布会的主角是记者。只是让官员和企业主管讲一通，不重视记者，不尊重记者，不知道记者的需求，不考虑记者能不能写好稿件，不给他们留下提问的充足时间，等等，都会影响新闻发布会的效果。"伺候"不好记者，也许他们并不会直接发脾气，但在报道上他们会"找齐"。

第六个误区：不懂得新闻媒体之间也有竞争。

企业总是希望自己的新闻所有媒体都一样报道，实际上往往不可能这样。新闻媒体之间也存在着竞争，每家媒体都希望多搞自己的独家新闻，而不愿意刊登与他人雷同的东西。企业往往请了许多家媒体的记者，但由于记者的要求不同，结果一家记者都没有真正接待好。

第七个误区：重视销售网络，不重视新闻舆论网络。

新闻网络和销售网络同样重要。三株的销售网络建设得不错，但舆论网络没有建立起来，以致遇到打官司的问题，新闻舆论形成了对它不利的一面之词，帮它说话的一个也没有，这是不重视舆论网络的后果。

娃哈哈也遇到了同样的情况，但结局不同。前几年，安徽某地一个小孩喝了娃哈哈以后死了。一个记者发现了，找到娃哈哈说，要我不报道可以，但是要给我5万块钱。娃哈哈本来想给他点钱息事宁人算了。但后一想不妥，这不等于花钱买了个事故吗？后来这个记者真的写了报道并在自己的报纸上发表出来了。此消息一出，震动不小。娃哈哈的老总宗庆后马上到北京，首先找到我，我当时担任《经济日报》总编辑。我听了他的申述之后，立即表态，说你是冤枉的。其实这种事情用不着法院判案，依靠思维逻辑就可以解决问题。用现代化手段生产的这种保健品，如果发生问题，如果有毒，那危及的绝不仅仅是一个人，起码是一批人，几十个，上百个，别人吃了都没事，唯独某一个人吃了发生问题，这是无法理解的。于是我立即写了文章，在报纸的头版发表，为它澄清。后来又把他们介绍到中宣部，通过宣传部门下发通知，告知各媒体不要转载那家报纸的消息。这场由媒体引起的风波，也就这样靠媒体平息下去了。娃哈哈避免了三株的结局。

许多企业的老总很重视销售网络，但不重视舆论网络。或者根本不和新闻媒体打交道，或者企业内部没有专人负责同媒体的联系，或者负责联系的人三天两头换人，或者放一个能力很差的人来做这件事，如此等等。他们不知道，这个舆论网络与销售网络相比，具有后者不可替代的重要性。凡是大企业、敏感性企业（保健品、饮料等就是敏感性企业），都应该把建立舆论网络工作放在重要的位置上。一定要有专人和有影响的媒体，特别是主流媒体，建立经常的联系，不仅和相关的记者联系，最好和这些媒体的负责人有比较紧密的联系，平时可以做好企业的宣传，出了问题，也有个说话的地方。

第八个误区：不重视企业新闻人才的培养。

企业需要各种人才，但许多企业并不知道企业需要新闻人才，他们不知道企业，特别是大企业，没有新闻人才是要吃亏的。企业老总应该懂些新闻，但具体业务不见得非要自己懂，更不需要全靠自己操作。因此，需要培养懂得新闻的工作人员，建立相应的工作机构，还需要在企业领导层设立专门负责新闻工作的领导职务。这个职务可以简称为"CIO"，即"CHIEF INFORMATION OFFICER"——首席信息官。

第四个问题：企业新闻策划基本原则

前几年，策划人何阳吃了官司之后，有人认为策划这个概念就有问题，认为它是弄虚作假、阴谋诡计的代名词。

其实，策划是一个中性词汇，既没有褒义，也没有贬义。它只不过是"想办法"、"出主意"、"提谋略"等概念的学术概括而已。想办法，可以是想好办法，也可能是想坏办法；出主意，可能出的好主意，也可能出的是馊点子。

一项策划的效果如何，是水平问题。但如果策划的原则错了，以坑蒙拐骗为手段进行策划，那就会发生方向问题。所以，我们必须提倡坚持正确的策划原则，防止错误的策划原则。

我认为，新闻策划必须遵守三大基本原则：

一、真实性原则；

二、导向性原则；

三、不损他原则。

真实性原则是对新闻报道的基本要求。新闻策划也应该不违背真实性原则，无论怎样巧妙的策划，都不应该歪曲事物的本来面貌和本质属性。既不能把假的弄成真的，也不能把错的说成对的，把坏的说成好的。企业如果把自己的劣质产品经过策划说成是好产品去蒙骗消费者，那是我们反对的，不应该属于我们说的策划的范围。

早在 1978 年我做研究生的时候，就写过一篇论文《论宣传性现象》，说的实际上就是这个问题。

生活中有一种现象，是人们为了达到某种宣传目的而制造出来的。我把这种现象称为"宣传性现象"。在现代社会中，这种现象不仅存在，而且是大量的。这种现象的产生有其客观原因或客观需求，我们不能希望它不产生，只能通过分析发现它属于哪一种类型，然后决定对它采取什么样的对策。

一种类型我们称为"不合理的宣传性现象"。通过策划制造出来的这种现象是违背事物本来面目和本质的。当时有一个很典型的事例：外国人参观北京燕山石化污水处理池时吃惊地叫起来，他们发现一群鸭子在污水处理池里面游。污水净化池可以养鸭子，这在外国也做不到，中国居然能够做到了。于是伸出大拇指喊道："GOOD! GOOD! VERY GOOD!"随行的新闻记者对这些情景进行了报道。但很快有人向中央反映，这个情景是假的，污水池里面根本不能养鸭子，只是在外国人来的时候，临时把鸭子抱进去，外国人一走就捞出来，是一种弄虚作假的行为。我们看到，把鸭子放到污水池里面，是一种策划行为。而这种策划就违背了真实性原则，他们策划出来的就是一种不合理的宣传性现象。我们应该反对和防止这种策划。

一种类型我们称为"合理的宣传性现象"。通过策划制造出来的现象不仅不违背事物的本来面目和固有本质，而且能够更好地宣传事物的本来面目和固有本质。例如，邓小平身体力行倡导全民植树，每年植树节都亲自出来到北京郊区去植树。如果仅仅从植树的角度看，邓小平同志年纪这样大了，应该是免除体力劳动的，而且领导人植树，陪同人很多，树种不了几棵，经济成本上是不合算的。但为什么还要策划这样的活动呢？就是为了宣传，为了通过领导人的亲自参与，形成更强有力的提倡。这种策划是应该提倡的。

一种类型我们称为"半合理宣传性现象"。通过策划制造出来的现象，既有真实的依据，又对现实情况有所取舍，有所突出和简略。美国总统竞选，公关专家们为总统候选人设计的各种竞选活动，大多数属于这一类。公关专家们研究了候选人的特点，把他最讨人喜欢的方面，最适合时宜的方面加以突出，同时注意掩盖其不讨人喜欢的方面和不符合时宜的方面。就宣传的内容有真实依据这方面说，它是合理的，就掩盖了一些真实的方面说，它又是不合理的，所以称为半合理。

应该承认，半合理的宣传性现象在宣传性现象里面占的比重最大，而且情况最复杂。因为任何传播都不可能是一丝不漏的全息传播，总是有选择的有重点的传播，而且只有这样的传播才更有意义。这里关键是把握"度"的问题。企业新闻策划的真正功底也就是在于把握这个界限。

导向性原则是对一切宣传的要求。宣传从社会效益来说，分成三种：有益，无害，有害。我们的新闻策划其社会效果应该是在前两个范围内，即应该有益，起码无害。

企业是担负社会责任的，不仅企业的经营应该有益于社会，企业的新闻策划，同样应该有益于社会。也就是说，企业的新闻策划也是一种舆论，也应该遵守舆论的正确导向原则。

不损他原则是市场竞争的原则。企业的新闻策划当然是为了企业的经营发展顺利进行，必然也含有与竞争对手竞争的含义，但一定要遵守公平竞争和正当竞争的原则，不能抬高自己，贬低别人；更不能靠贬低别人抬高自己。

第五个问题：新闻思维和新闻表达

为了做好新闻策划，要掌握新闻思维的特点和新闻表达的特点。

新闻思维的特点：

特点之一：求点。

新闻思维最重要的特点就是善于抓住要点。用一句常说的话，就是："万军之中取上将首级犹如探囊取物耳。"它不是和千军万马作战，而是着眼于抓住敌人的首领，擒贼先擒王。

新闻认识事物不是面面俱到，而是努力抓住最要害的部位。它寻找的是事物的难点、热点、亮点、关节点、转折点、突破点、凝聚点等等。一个好的记者总是在胸中装着若干这样的点，他才知道自己要报道什么东西。

特点之二：求联。

新闻价值的核心是普遍兴趣，这就要求新闻思维必须是点面结合的"点—面—点"的思维方式。新闻报道或新闻策划都是基于一个点（一个单位、一件事情、一个方面等）。确定点之后，要发现这个点有什么面的价值，再根据这个价值来策划点上的活动。

就企业来说，首先发现企业最闪光之点，再用这个点和社会的关注点相对接，就像产品一样，产品是一个点，市场需求是一个面，点面结合，企业才能赚钱。

新闻记者的思维活动永远是在点面之间跳跃。力求把点和面联结起来。新闻思维总是沿着这样两个方向开展——

一个方向：这个点可以符合哪个面？

一个方向：符合这个面的有哪个点？

特点之三：求新。

新闻就是要求不断发现新的东西。总是要发现别人还没有发现的东西。即使不是全新的，也总要有新的部分。

发现新东西的困难，并不在于知道什么是新东西，而在于知道已有的旧东西。

特点之四：求合。

多方融合的能力。他必须把政治、经济、社会、文化多方面融合起来，把领导和群众融合起来，把现在和未来融合起来。必须有把多方面知识融合起来的能力。

社会上有三种职业。一种是以不变应万变的职业。例如医生就是这种职业，一个医生只要会治一种病，他就可以应付所有的患这种病的人，不管他是老人、小孩、男人、女人、中国人、外国人。一种职业是以万变应不变。例如幼儿园阿姨就是这种职业。她要会语文、算术、音乐、美术，等等，但她只要把幼儿应付好了就行了。新闻是第三种职业，以万变应万变的职业。他要以全社会的各种题材为全社会的各种成员服务。所以，他必须有融合的本领，什么都懂，而且可以把各种东西融合起来。

特点之五：求异。

异就是不同，一定要跟别人不一样。有的时候是内容不一样；有的时候是形式不一样。总之一定要不一样。

还有一种"异"是"舆论不一律"。同样的东西，同一事物，你有一种说法和看法，我有一种说法和看法。舆论不一律是很重要的宣传方法。有不同意见，有争论，就会引起人们更多的注意，就会引起人们更深入的研究，你要宣传的东西就可以深入人心。

新闻表达的特点：

特点之一：新鲜、简明、深刻。

对新闻表达基本是这三点要求，顺序也是如此。首先是新鲜。你的表达不新鲜，就不能吸引他关注。其次是简明。你太复杂，太啰唆，他没有耐心看下去。第三是深刻。他看完了，还觉得意犹未尽，还要认真地琢磨琢磨。

特点之二：讲究切入点。

新闻报道有一个术语叫做"新闻由头"。新闻由头有两个含义，一个含义是一条新闻的由头，即一条新闻由哪里说起。另一个含义是以新闻做由头，许多事情要从最有新闻价值的事情或角度说起。

在新闻策划中，更多的是采取第二种含义，即从人们最关心、最紧迫、最有新闻价值的地方入手，然后引出你要表达的主体内容。

特点之三：在点与点之间跳跃。

新闻表达是跳跃性的表达。它不采取按部就班的由浅入深的论述方法，而是采取跳跃式的叙述方法。从人们关心的一点，再跳到人们关心的另一点。不讲究起承转合，不讲究紧密衔接。一条新闻可以很方便地切成若干片段，而总能够独立成章。

特点之四：倒金字塔的逻辑。

所谓倒金字塔，就是在表达顺序上的原则，最重要的先说，然后再说次重要的，最后再说不重要的。即表达的顺序按照重要性排列，于是按照重要性来看，它就形成了一个倒金字塔。

关于倒金字塔，新闻教科书上说，美国南北战争期间，记者用电报向编辑部发消息。但由于当时的电报技术不过硬，电报机常常出故障，于是记者就把最重要的写在前面，如果电报机出了故障，我的消息的最重要的内容也已经发出去了。

这只是倒金字塔产生的具体背景，其实倒金字塔的更深刻的原因是生活的逻辑，即人们在快速交流的时候，发布信息的一方和接受信息的一方，双方唯一能够接受的表达逻辑就是倒金字塔。因为人们在时间很紧迫的情况下，首先希望把最重要的说出来，然后按照重要性再往下去说。而不是按照时间的顺序，或者按照一般的逻辑往下说。

第六个问题：企业新闻策划的若干角度

企业新闻策划的具体方法五花八门、千变万化，但我们可以从中找出常用的一些策划角度。

策划的总原则是发现企业的主要闪光点，加以突出。

企业的业绩可以有许多事情和许多方面，但新闻传播的规律就是"抓住要点，挂一漏万"，我们必须抓住企业最主要的闪光之点。

什么是闪光点？闪光点应该具备这样几个要素：

1. 能够反映企业的素质和水平。

2. 能够引起社会的关注和共鸣。

3. 鲜明、集中，容易传播。

闪光点可以是一个具体的事情，可以是一个方面的事情，也可以是一种特定的概括。

例如，海尔"砸冰箱"的故事，可以看做是闪光点，它就是一件具体的事情。

例如，力诺集团"打造东方太阳城"的举措，可以看做是闪光点，对于这样一个多元经营的企业集团，这只是一方面的事情，但却是最闪光的事情。

具体说，反映企业闪光点，可以有以下十个角度：

一、发现企业整体的地位意义，加以突出。

企业在地区、在行业、在全国，乃至在全世界的特殊地位，往往成为引起人们关注企业的亮点。比如"行业的排头兵"、"唯一一家获得某项殊荣的企业"、"中国 500 强"、"世界 500 强"等等。

二、发现企业行为的消费意义，加以突出。

对消费者的意义是新闻传播的重要动力。要从企业的多种行为中发掘对消费者最有意义的东西，突出宣传，或者从这个角度加以介绍。

例如，海尔的五星级服务，体现了它对消费者"真诚到永远"的理念，应该从对消费者有重要意义的角度给予突出，而不是从企业管理的角度加以宣传。

三、发现企业行为的宏观意义，加以突出。

企业，特别是大企业，其行为有对自身的意义，但往往又有很强的宏观意义。在策划中要更注意突出其宏观意义。

例如，陕西咸阳的彩虹电视彩管厂的地位和作用就是通过它的行为的宏观意义体现出来的。当时，由于彩管很紧俏，一些合资的彩管企业要涨价，彩虹不同意涨价，因为它占的份额很大，它说不涨，别的企业就不敢涨。于是，消费者可以继续买到便宜的彩电，为中国的消费者谋了福利。

例如，海信集团研发制造出中国企业拥有全部自主知识产权的电视芯片，结束了我国电视机生产数量很大而关键性部件没有自己知识产权的情况。"信芯"的宏观意义很突出。

四、发现企业行为的社会意义，加以突出。

企业行为不仅有经济意义，而且在经济意义背后还蕴藏着社会意义，有时经济意义的深层就是社会意义和政治意义。在新闻策划中要特别注意发现和突出其中的社会和政治意义。

例如，企业实施名牌战略，打响自己的品牌，这本身是市场经济中的必然追求。但在中国的条件下，往往有深刻的社会意义和政治意义。海尔"产业报国"的宣传，长虹"做中国人，创世界名牌"的宣传，都属于这一类。1996年《经济日报》搞的"燕京为什么不合资"的系列报道，也属于这一类。合资不合资本来是一个具体的经济问题，但在当时的条件下，针对盲目追求合资的倾向，突出这一点，就有提出树立和发展民族品牌的内涵，有如何重视和发展民族经济的内涵。这组报道能够引起强烈的反响不是偶然的。

例如，上海振华港机的产量占世界的40%，这是经济意义，但它到外国安装港口机械的时候，当地国家常常会升中国国旗，奏中国国歌，这就体现了经济意义背后的政治意义。

五、发现企业行为的政策意义，加以突出。

企业的某些行为虽然其主旨是为了企业自身的发展，但它的内涵正好符合了国家某些政策的要求，成了贯彻执行或体现某项政策的典型，这是需要在新闻策划中特别突出这种内涵，以提升企业行为的重要性，也为其他企业提供相关的启示。

例如，党的十六大报告提出，"要形成一批有实力的跨国企业和知名品牌"。在此前还提出要实施"走出去"战略。TCL兼并汤姆逊电器公司，联想集团兼并IBM的PC业务，都属于执行这种政策的重大行动，它的政策导向意义是很鲜明的。

六、发现企业行为和经验的理论意义，加以突出。

企业新闻策划的重要内容就是传播企业的经营管理经验，而传播这些经验的最好办法之一，就是发掘它的理论内涵，加以凝练，加以突出。

例如，1994 年我在江苏泰州主持召开"春兰之谜研讨会"，会上向春兰集团董事长陶建幸提出的问题是：1990 年春兰的产值是 1 个亿，1994 年是 50 个亿，请问为什么能够发展得这么快？虽然春兰空调卖得好，但只靠卖空调就能够这样飞跃发展，我们怀疑你的空调是暴利。陶建幸对这个问题做了很好的回答，拿出了有说服力的"谜底"。对于这个谜底我当时进行了理论提升，把它的经验概括为四个字：资本运营。把它的具体做法概括为运营资本的五种途径：产品经营、资产经营、房地产经营、金融经营、无形资产经营。这个理论提升，不仅大大提升了春兰经验的价值，而且"资本运营"成了我国企业经营管理的一个很重要的理论，后来这个概念还进了中央文件。

七、发现企业行为的创新意义，加以突出。

企业的行为中那些有创新意义的行为尤其应该引起策划者的注意，要把它们突出出来。创新包括思维创新、体制创新、技术创新、管理创新等等。

例如，海尔在实施扩张的时候，提出了"吃休克鱼"的原则，并获得了成功。这也是一种创新。

八、发现企业行为的文化意义，加以突出。

一些企业的行为包含有文化的内涵，这就需要把这些文化内涵发掘和提炼出来，并在策划中加以突出。

例如，张裕葡萄酒公司纪念创建 110 周年。它的历史可以说是中国近代经济发展史的缩影。张裕发展过程体现了中西文化融合的精神。突出了这些文化内涵，就会大大提升纪念活动的档次和影响。

例如，在亚洲太平洋经济合作组织上海年会上，各国领导人一律穿上了中国的唐装，这是一个很有文化的行为。跟着我国服装界也掀起了一股唐装热。但很可惜，很少有企业从文化的角度来宣传自己的产品，没有很好地发掘利用传统文化参与现代生活和现代经济这一重要的文化主题。

九、发现企业行为的责任意义，加以突出。

企业存在的最终意义不应该是自己赚钱，而应该是尽到社会责任。这种社会责任和企业的经营发展是融合在一起的。但有些重要的事件可能更直接地体现了企业的社会责任感，就应该把它发现和突出出来。

例如，企业的扶贫活动、企业对重大灾情出现时候的捐助活动、企业对教育的支援活动等等。

十、发现企业行为的人物意义，加以突出。

企业家对企业的发展往往起到关键性的乃至决定性的作用。在企业新闻策划的时候，完全可以从人物事迹的角度加以总结和宣传。这样的宣传策划，往往更有人情味，更有感染力。

总之，策划的角度就是发现亮点，加以突出。而构成亮点的基础要素就是各种有普遍兴趣的"意义"。也就是说，造就亮点可以从十个方面的意义来加以考虑，即：地位意义、消费意义、宏观意义、社会意义、政策意义、理论意义、创新意义、责任意义、文化意义和人物意义。

第七个问题：新闻策划的若干实务

第一种实务：如何组织好记者报道

一、确定企业的报道需求。

企业不是在任何时候都需要组织记者对自己进行报道，只有发生这种需求的时候，才应该进行这项工作。这种需求大致有：

1. 企业的总体业绩和地位需要社会知晓。

2. 企业的某一项工作或举措需要社会知晓。

3. 企业形象、品牌形象需要通过新闻树立。

4. 在市场竞争中企业的某一方面的事情需要澄清。

5. 其他特殊事件发生。

二、选择主打媒体。

邀请哪些媒体的记者采访是需要动一番脑筋的。不是越多越好，当然也不是越少越好。原则上是根据你报道的需求来选择，你希望把什么内容传达给什么样的对象，那就根据这些要求来选择最能够实现这些目的的媒体。如果你的目的是提高企业形象，那么一般来说，你应该选择主流大媒体；如果你想开拓市场，甚至某一个地区的市场，那么你应该选择那个地方大众化媒体，如此等等。

三、选择好时机。

一件新闻能不能充分报道，一方面取决于新闻自身的内容，另一方面也取决于报道的时机。在没有大新闻出现的时候，不是十分重要的新闻也可能成为重要新闻。在大新闻很密集的时候，分量很重的新闻也可能成不了重要新闻。在国家有大的新闻事件的时候，例如每年3月的"两会"期间，有重大的纪念活动期间，最好不要组织记者对企业的报道，因为采写了报道这时也难以占领好的版面。

四、为记者准备好相关的材料。

主要有七种材料：

1. 本行业的宏观材料。

2. 本单位的基础材料。

3. 新闻事实是核心材料。

4. 新闻事实的背景材料。

5. 相应的花絮材料。

6. 社会的评论材料。

7. 过去已经有的对本单位的报道。

五、做好记者接待。

除了生活上的安排之外，有四个问题必须注意：

1. 安排时间去看重要的现场。

2. 主要决策者主要介绍全局性的内容。

3. 具体主管部门要做详细介绍。

4. 要给不同媒体记者以分别满足自己需求的采访机会。

第二种实务：如何组织好新闻发布会

一、确定和明确本次新闻发布会发布的主要新闻。

不要以为这是一个自然而然就能解决的问题，许多新闻发布会的组织者，从开始准备到发布会结束，都不清楚——起码说不清楚——他要发布的新闻是什么。许多新闻发布会成了没有新闻发布的新闻发布会。

二、一定要花大力气写好新闻通稿。

记者只凭参加新闻发布会的两三个小时的短促时间，只靠在发布会上提几个简单的问题，是不可能把稿件写得准确和深入的。另外，企业回答现场提问，往往都是即兴式的，有时表达不见得那么准确，有些技术性比较强的名词术语，不见得都能被记者理解清楚。再者，有时还有一些数字，只靠口头表达不见得都那么完整。最后，参加新闻发布会的记者发出自己的报道都是时效性很强的，往往散了会就要发出，没有时间再细致地推敲自己的新闻作品。

基于以上原因，为记者们提供一个好的新闻通稿，使大家写稿有一个基础性的依据，往往成为新闻发布会是否成功的关键。

新闻通稿的内容当然是根据企业情况的不同而不同，但从新闻业务的角度，必须具备"五个W"的要求。"五个W"是新闻术语，它要求新闻稿件中必须写明：何时、何地、何人（何地位）、何事、何因这五个要素。深度的新闻报道还应该增加一个"H"，即过程。写完新闻稿之后，可以用这"五个W加一个H"来检查一下，缺了要补上。

写新闻稿，如果企业自己有人才，可以自己写；如果没有人才，可以聘请媒体记者帮助写。

三、确定新闻发布的具体方式。

1. 确定新闻发布人。发布会当然有许多发言者，但必须首先确定，谁是本次新闻的发布者。发布者可以是企业的主要领导人，也可以选择其他代言者。

2. 确定新闻的讲解者和新闻的评论者。可以聘请政府部门、行业协会或经济专家担任这样的角色。用权威者的身份强化新闻和深化新闻。

3. 确定新闻发布的主体方式，是简单的发布方式，还是采取研讨的方式。

4. 确定有无实物展示。

四、确定新闻发布会时间地点。

时间的选择有两种价值取向。一种是靠近大的新闻事件，依附大的新闻事件。其目的是沾大新闻事件的光，突出本单位的新闻和大新闻的联系，以提升自己新闻的地位和影响。另一种是躲开大的新闻事件，其目的是能够在相对平静的舆论环境下突出自己。

地点的选择是经济成本和发布效果的综合考虑的结果。越是高级的场所，越能够显得新闻的重要，但成本也越高。

五、确定好邀请的范围和人选。

邀请的范围和人数虽然不能说越小越好，但也不能说越大越好。在确定邀请范围和人选的时候，一定要有很明确的目的性。根据本次新闻的发布、讲解、评论、传播四个方面的考虑，究竟选择哪些人士、哪些媒体，要一个一个具体落实。有的是必须请到的，有的是争取请到的，有的是请到请不到都问题不大的。在邀请的时候，常常出现这样的问题，企业只是从某个官衔考虑，或者从某种说不清的原因考虑，一定要把某些人请来，千方百计请来之后，又不能做很恰当的安排，结果请来了，反把人得罪了。这是得不偿失的。

六、广泛邀请和重点邀请相结合。

新闻发布会除了一般邀请之外，很重要的是确定重点邀请对象。所谓重点邀请对象就是你的新闻主要期望发表的媒体的记者。这样的记者不仅一定要请到，还要重点把他们接待好。对他们的特殊要求要了解，要尽量满足。有了这样的记者参加，才有可能真正提升报道的高度和深度。

七、注意排好座位和座次。

新闻发布会的会场最好选择在有桌子的地方，这样可以便于记者记录。记者的座位和座次要安排好。安排的原则是媒体的分量和记者个人的情况双重考虑。首先要考虑记者代表的媒体，把重要的媒体放在重要的位置。这就需要新闻界的知识。光凭记者本人的职务安排座次，往往会发生问题。有的小报的总编辑不见得有大报的部主任"官大"。我参加过某个大企业的新闻发布会，就是在排座次上发生了问题，把一个大报的副总编辑排在最后面了，引起了这位同志的不满，他当时就起来说，看来我们这家报纸对你们没什么重要性，我告辞了。经过道歉和我在旁边打圆场，才平息了这场不大不小的风波。

八、安排好记者提问和发布者答问。

记者提问和回答记者提问的状况，往往成为一个新闻发布会成功与否的标志。每年"两会"闭幕的时候，我们可以从总理的新闻记者招待会上看到这一点。企业的新闻发布会其实也是如此。记者的提问不仅可以使整个发布会显得生动活泼，而且一个人的提问往往可以引起大家的思考。许多新闻发布会在发布者讲完之后，没有任何记者提问，总给人以冷冷清清和草草收场的感觉。

为了做好记者的提问和发布者的答问，要做好准备工作。根据中国记者不愿意和不善于提问的特点，新闻发布者可以事先邀请记者在当场提问。有人带头了，提问就可能更积极地进行。

对于答记者问，发布者要认真准备。好的答问，至少具备这样几点：

一是切题。一定要针对记者提出的问题做回答。所答非所问，不是好的回答。

二是深入。回答问题一定要比开始做新闻发布时说得更有新的内容，更深刻些，不能重复已经发布的内容。

三是简练。要争取用最简单明了的语言把问题说清楚，切忌长篇大论。

四是交流。回答问题的语气和角度尽量采取和记者交流的方式，而不是做报告的方式。

五是风趣。回答者举重若轻，语言应尽量幽默风趣。

第三种实务：新闻宣传的基础技巧：编故事，讲故事

海尔的新闻宣传工作是做得很好的。海尔的知名度、信任度和美誉度的提高，在很大程度上是靠新闻传播。海尔非常值得重视的一种基础性的技巧是善于编故事，讲故事。我曾经对张瑞敏说，你是企业家，同时又是"作家"，因为你善于编故事，讲故事。这里说的不是贬义，而是褒义。

一、什么是故事？

故事就是有人物、有情节、有趣味、有意义的事实。这些故事是管理和效果的结合物——许多故事可以直接成为管理学上的案例；这些故事，是宏观和微观的结合物——常常可以由小见大；这些故事，是理念和实践的结合物——常常可以由实见虚，见到企业核心价值观和人的精神面貌。由于是虚实结合的东西，所以它的说服力超过单纯的说教式的论述。由于它是有人物、情节和趣味的，所以，它容易被人们接受、记忆和传播。

二、怎么编故事？

企业家和企业员工当然不是真正意义上的作家，他们编故事，不是文学作品，不是靠想象，靠虚构，靠文字，而是靠理念指导下的实践。这里的"编"是"做"的同义语。这就给我们的企业经营者们提出了一个课题：你在企业的经营管理中，是否善于编故事？例如海尔解决质量问题，可以用订制度、搞奖惩的办法，但张瑞敏偏偏来了一个"砸"，这一"砸"，就"砸"出了故事。海信在拉斯维加斯卖电视机，本来是一般的经营活动，但来了一个在赌城打赌，于是就有了故事。王海非要在科索沃战争期间让双星鞋进入

该国市场，于是也有了故事……许多故事包含着故事"制造者"的经营管理的眼光、匠心和技巧。从这个意义上我们可以说，能够在经营管理中编故事的经营者是高超的经营管理者。

三、怎么讲故事？

要讲好故事，必须抓住三个环节：

第一个环节是总结故事。有的故事是企业自觉设计的，有的故事是客观情势演成的，无论哪一种故事，都需要及时总结，并用文字加以记载。许多企业不注意总结和记载，一些很有价值的故事随着时间的推移而流失了，这是很可惜的事情。

第二个环节是积累故事。就是说，应该有专门的机构负责收集、整理、积累这些故事。这样不仅可以避免流失，还可以系统化，提升故事记载的质量。

第三个环节是传播故事。传播包括对内传播和对外传播。某一个局部发生的故事，要让全企业的员工都知道，这是精神财富增量的过程。更要注意搞好对外传播——主要利用新闻渠道进行传播。新闻是事实的报道，而故事就是事实，而且是有意义有趣味的事实，自然就便于通过新闻进行传播了。许多企业都知道发布新闻，但不知道最有效果的新闻发布，是有新闻价值的故事的发布。

总之，故事是企业业绩和精神的凝聚物，是企业最重要的财富之一，是企业打造品牌最重要的依托，企业必须把"编故事，讲故事"的秘诀牢记在心并付诸实施。

几年前，我在中国钟表协会理事会上讲过"编故事，讲故事"的内容，会后协会理事长以恍然大悟的口气对我说，"瑞士的钟表商向我们推销他们的产品的时候，给了我们很多材料，打开这些材料一看，绝大多数内容并不是宣传他们的手表质量如何如何好，主要都是讲故事，讲某个品牌的故事，某个手表家族的故事。你这一讲我就明白其中的道理了。"

第四种实务：把新闻宣传作为企业经常性的重要工作

企业，特别是大企业，应该把新闻宣传当作自己的经常性的重要工作。不是抓抓放放，不是有需要了才临时抓，而是经常抓。

一、企业要建立专门的负责做新闻宣传的机构，配备必要的工作人员，要让有水平的、能够和企业主要领导以及企业各个部门随时直接沟通的干部负责具体领导这个机构，并赋予这个机构一定的权力。

二、花大力气建立和维护新闻舆论网络。大企业有自己的销售网络，其实也应该建立自己的舆论网络。所谓舆论网络，主要就是要和新闻媒体，特别是主流媒体，与自己业务关系密切的媒体，建立良好的畅通的关系。对这个网络，要有足够的投入。不仅用时要烧香，平时也要抱佛脚。平时可以帮助你更好地做新闻宣传，企业遇到危机，有了舆论网络，才会有自己说话的地方和途径。

三、要注意培养自己的"新闻干部"，提高企业主要经营者和经营层的新闻素质。

四、利用外脑机构。有的企业把自己的新闻宣传包给外脑机构，常年由外脑机构给自己做新闻宣传，这也是一种办法。国外的一些大企业常常采取这种办法。

基于内而见于外

——重视企业形象问题

企业形象问题，目前还没有引起中国企业的足够注意。

企业策划中，企业形象策划应该是重要内容。

第一个问题：为什么要重视企业形象

在企业形象问题上，许多企业认识上存在着误区。

第一个误区，重视产品宣传，但忽略了企业形象的树立。

许多企业重视自己产品的宣传。因为把生产的东西卖出去，是企业最重要的事情。这就是马克思说的"惊险的一跳"。他们在做产品广告方面舍得花本钱，这是不错的。但是，他们忽略了企业形象的树立。

企业的根本战略目标是把企业做强、做大、做久。这固然要靠好产品。但是不等于只抓产品就够了。因为产品有两个局限。一个是量的局限。任何一个产品，其总的市场规模总是有限的，况且还有许多企业在争夺市场，不可能一个企业一家吃独食。所以单靠一种产品把企业做大不容易。真正大的企业往往都是做多种产品以至实行多元经营的企业。另一个是时间的局限。绝大多数的产品都是有生命周期的，即使是很好的产品，也会随着技术进步和市场变化而变得过时。这两个局限都告诉我们，仅仅靠产品品牌的支持，把企业做大做强就会遇到困难。所以，现在的世界潮流都是更加重视企业品牌的打造。而企业品牌的打造就离不开企业形象的树立了。

比如，世界著名的宝洁公司是做产品品牌起家的，光是洗发水，它就有海飞丝、潘婷、沙宣多个品牌。现在它认识到了企业品牌的重要性，在所有的产品包装上，不管是什么产品品牌的，都加上了"P&G"（宝洁公司）这个企业品牌。

比如，SONY、飞利浦等，从一开始就是打造和树立企业品牌，而不重视具体的产品品牌。

我国的海尔也是如此，它首先打造的是企业品牌，然后才延伸出一个一个具体的产品品牌。

所有这些企业共同的经验就是重视企业品牌，因而必然重视企业形象的树立。

第二个误区，重视企业文化，但忽略了企业形象的打造。

许多企业都重视企业文化的建设，但是往往把企业文化的建设等同于企业形象的树立。

企业文化和企业形象有密切的联系，但并非完全是一回事。一、企业文化的主要着眼点是企业内部的建设，而企业形象则是企业在外部——社会上的形象，是内外结合的东西。二、企业文化建设的基础是学习，企业形象的形成则要靠传播。只有学习，没有传播，是树立不了企业形象的。三、企业文化是全面的，而企业形象的树立则要着重于特色。没有特色的形象，雷同的形象，是很难树立起来的。因此，必须在企业文化的基础上，还要专门研究企业形象的打造问题。

第三个误区，重视宣传，但忽略了宣传内容的设计。

有的企业也重视企业形象的树立，但往往认为这是很简单的事情，只要把企业做的事情宣传出去了，企业形象就树立起来了。有的企业找策划公司，不是让咨询机构帮自己设计形象，只是要求别人帮助在媒体上直接策划和安排企业的宣传，而且认为这种宣传越多越好。他们不懂得，企业形象不是自然而然形成的，也不是靠随便的杂乱无章的宣传就可以形成的，而是需要自觉地设计和有计划地打造。宣传的成效来自两个方面，首先是宣传什么，其次才是如何宣传。如果宣传什么都不清楚，或者定位错了，那么宣传的力度再大，也不会有好的效果的，甚至会有负面效果。

总之，企业形象的树立是一个重要问题，需要加以重视。同时它又是一个单独的问题，需要专门的关注。

第二个问题：什么是企业形象

什么是企业形象？

一、企业形象是基于内而见于外的东西。

所谓"基于内"，是说企业形象的基础和构成要素是靠企业自身固有的东西、内在的东西。基于内而建立起来的形象，才是真实的实在的形象。靠人为的、外在的因素，靠虚构的东西打扮起来的形象，是空中楼阁，虽然有时或一时似乎可以把形象树立起来了，但因为经不起实践和时间的检验，很快就会倒塌。其结果，不仅企业形象树不起来，还会直接破坏企业形象，甚至企业的形象再也树不起来了。因为你骗人，人们就会把你当成骗子，还有什么好形象可言？

这里所说的"内"，主要包括以下几个方面：

第一方面，企业的经营管理和企业的业绩。没有好的业绩，无论如何企业形象也是树立不起来的。

第二方面，企业的发展经历。业绩是"横切面"的话，经历就是它的"纵切面"。企业发展史，经过了哪些波折、考验，渡过哪些难关，怎样化险为夷，往往是打造企业形象最具体、最生动的材料。

第三方面，企业经验和企业文化。如果说前两个方面是有形的东西的话，这第三方面则是"形而上"的、无形的东西，但它却是最深刻、最本质的东西。

但企业形象又必须"见于外"的。企业形象是"呈现"的，是能够被人们看到、摸到和感知到的。而且，这里说的"人们"主要不是企业内部的人们，而是企业外部的社会上的人们。因此，内部的要素变成外部的形象，就必然要有一个复杂的过程。

二、企业形象是企业各种要素整合、凝结和升华的结果。

企业内部有诸多要素，但每个单独的要素都不可能单独构成企业形象，各个要素简单相加也不可能形成企业形象，企业形象是各种要素有机整合而形成一个整体的结果。人的脸面所包含的基本要素都是一样的，有眼睛、眉毛、鼻子、嘴、耳朵。不同的人之所以有不同的相貌，不仅是因为每个器官不同，而且在于组合或整合不同。

企业内部的诸多要素，在构成企业形象中的作用是不相同的。有些是基础性要素，对于企业的经营管理是重要的，但对构成企业形象来说，就没有那么重要。那些有特色的、闪光的、容易被感知的要素，即所谓"亮点"，对塑造企业形象往往会起到更大的作用。企业形象是讲求个性的，这个个性在很大程度上取决于整合的不同。

三、企业形象是企业主体和社会环境的融合物。

企业形象的形成，既有企业自身的条件，又有社会外部的条件，实际上往往是内外两个方面条件相互作用、彼此融合的结果。企业形象的最终形成，不是靠企业"自认为如何"，而是靠"社会印象如何"。社会的发展趋势，人群的价值判断，总会对企业的各种要素有所取舍，会接受一些，拒绝一些，对企业形象的不同侧面，总会强化一些，弱化一些。时势造英雄。社会的价值取向，往往会影响企业形象的形成。因此，在打造企业形象的时候，必须关注社会的大背景。在战争的环境下，战斗英雄的形象容易树立起来，在市场经济条件下，企业家的形象容易树立起来，都是因为主观和客观两个方面要素融合的结果。

这样，我们就可以把企业形象归结为这样的描述：

企业形象就是基于内部要素的整合而见诸外部感知并被外部认可的企业物质和精神的总体面貌。

第三个问题：企业形象的类型

企业形象的众多构成要素，主要是三个层面：

第一个层面，好企业的构成要素。经营管理、产品质量、社会服务等方面都应该符合一个好企业的要求。

第二个层面，企业特色的构成要素。都是好企业，又各有不同。究竟你这个企业区别于其他企业的特色在哪里。只有"好"，而没有"特"，形象还是树立不起来。

第三个层面，企业良好社会影响的构成要素。我们说的企业形象应该是社会所喜爱的形象。人们喜爱你，主要并不是因为你自己好，而是因为你对社会好。

企业形象大体可以分为这样的几种类型：

第一种，行业代表型。

一个企业成为一个行业或产业的代表。这是一个企业经过多年的努力，在企业形象上的最高成果。人们说到某个产业或行业，必然要提到某个企业。

例如，同仁堂，代表着中国的中药这个行业。全聚德，代表着北京烤鸭这个产业。奔驰、宝马、福特、通用、丰田等代表着一个国家以至世界的汽车产业。

第二种，地位显赫型。

"世界500强"企业，就是一种企业形象，标志着它们在世界企业界中居于最显赫的地位。

全世界最大的羊绒衫厂——鄂尔多斯。"全世界最大"就是它的显赫地位。

现在流行的各种排序，其实就是为了显示一个企业的显赫地位，因此受到企业的重视。

第三种，技术领先型。

现代社会，也可以称为科技社会。如果一个企业不仅拥有自己的核心技术，而且它的技术居于世界领先地位，那么这个特点就可以成为它的主要形象支撑。

IT行业的美国企业英特尔公司，以芯片技术领先著称，在世界树立了自己的形象。

中国的华为也属于技术领先型企业，在程控交换机领域它的技术居于领先地位。

第四种，产品独特型。

企业拥有他人没有的独特产品，这种产品往往就会成为企业自身的形象，起码会成为企业形象的主要根据。

可口可乐公司就是一个例子。这种靠"歪打正着"研发出来的产品，成为一种世界上非常独特的产品，由于它实行专利控制，世界上没有第二家公司生产这种产品。后来虽然在宣传中赋予它各种内涵，但基础就在这种产品。

第五种，创意独特型。

企业是靠一种独特的创意开展自己的经营。它的形象实际上就是这种创意形成的。

麦当劳、肯德基都是这种类型。

第六种，工艺独特型。

产品是通行的，但制造产品的工艺是独特的，因而产品也是独特的，这便成为企业形象的根据。

有国酒之称的茅台酒就属于这种类型。茅台酒厂的形象，其实就是茅台的形象。我国这类的企业很多。所谓"中华老字号"，如王致和臭豆腐、六必居酱菜等，相当一部分都是这种类型。

第七种，业绩突出型。

企业的经营管理好，成长的业绩突出，像一颗冉冉上升的明星，表现出强大的生命力。

海尔就属于这种类型。它的产品和工艺并没有什么绝对独特的地方，但短短的 20 年就走过了国外同样企业走过的 100 多年的历程，这就树立了自己的形象。由于改革开放的大环境，为我国企业提供了良好的发展契机，这类企业很多，像深圳的中集集团、上海的振华港机集团，都属于这一类。

第八种，社会责任型。

企业的经营内容和经营方式表现出强烈的社会责任感。

北京大宝化妆品公司解决残疾人就业的问题，湖南林格造纸集团解决环境保护问题，都属于这种类型。

第九种，典型引路型。

企业的经验具有普遍的意义，因而可以对其他企业有借鉴作用。有的经验对理论的发展都有很重要的参考价值。

邯郸钢铁公司的"以市场为准，倒推成本"的经验，对于解决当时企业的经营管理中的问题有很强的针对性，于是，它就成了全国推广的典型。

以上是按照企业的特点和特长分类。

也可以按照形象的特点分类。这样可以有：

稳健平和型：它的形象具有很强的亲和力。

奋力竞争型：它的形象具有很强的震撼力。

开拓创新型：它的形象具有很强的吸引力。

个性独特型：它的形象具有很强的诱惑力。

第四个问题：打造企业形象的基本方法

第一个问题，打造形象的基本方法——抓"四点"

一、抓特点。

在打造企业形象时，首先要抓住企业的特点。抓特点当然一定要从实际出发。上面说的九种形象的分类可以作为参考。

二、抓亮点。

在企业的各个特点中还要发现亮点。所谓亮点，必须具备两个要素，一个是企业的特长，一个是展现得比较鲜明、突出、清晰，容易被外界所了解。企业形象既然是"基于内而见于外"的东西，所以，不仅要考虑"基于内"，还要考虑"见于外"的这一方面。

三、抓热点。

所谓抓热点，就是宏观方面的考虑。我们是在一定的社会环境下打造企业形象的，只有抓住了社会的热点，才容易得到社会的响应。最好的热点是"三重合"的热点，也就是政府关注、企业关注、百姓关注，三个方面都关注的热点。

热点一般分两种，一种是难点。事物发展的卡脖子的地方，就形成了难点。如何突破难点，总是大家最关心的。一种是焦点。各种矛盾集中的地方，就是焦点；争论不休、莫衷一是的地方，也是焦点。抓住焦点就会有牵一发而动全身的效果。

四、抓起点。

打造企业形象是一个系统工程，不是一下子就可以完成的，必须做长期的持续的努力。千里之行，始于足下。总要一步一步地去做。一个战略的实现，总要通过若干战役，一个战役又要经过若干战斗。一次战役完成了，又有新的战役。所以，这里包含着若干起点。

选择好起点很重要，这是实施性的问题。

选择起点，实际上是选择实施和宣传的突破点。突破点要符合三条要求：一、要具体集中，容易给人留下具体印象。二、要有可操作性，运作起来比较方便。三、要能够带动全局，要能够一斑窥豹，又能够牵引出后来的宣传和操作。

第二个问题：打造形象的三种基本途径。

第一种途径，广告。

广告，最常见的是用于产品销售的宣传。花大力气通过广告宣传企业形象的是五粮液集团。它创造了一种形式，叫做"企业形象展播"，把企业的许多亮点都编成电视故事，每次用10—15分钟时间进行播出，给人们留下了深刻、完整的企业形象。

第二种途径，新闻。

关于新闻宣传我已经在"关于企业的新闻策划"那一篇讲话中全面做了介绍和阐述，这里就不再重复了。

第三种途径，公关。

企业通过公共关系活动宣传自己的形象也是一种常用的方法。赞助体育比赛、赞助文艺活动、赞助社会活动、搞公益活动和慈善活动、为灾害捐款、捐建希望小学等，都属于公共关系活动。

从企业的角度看，要把公关活动搞好，最基本的一条就是要把社会效益和企业效益联结起来。

这种联结是两个要点的结合。一个要点是抓住最能够引起社会关注的热点，一个要点是抓住最能够反映企业形象的切入点。有的时候以第一个要点为主，有的时候以第二个要点为主，但无论以谁为主，都要力争两个要点的结合。

公关的类型很多。

有"高层公关"，其主要目的是打通上层，使高级领导人或高级领导机关了解企业，有的甚至是为了一个项目的批示、一个题词。高层的肯定对企业树立形象有时会起很大的作用。一些企业知道某些领导人喜欢打桥牌，就赞助桥牌赛，借这个机会接触领导人。

有"市场公关"，其主要目的是开拓市场，使消费者加深对企业的了解，增强企业的信任度、美誉度和知名度。恒源祥通过公关被允许在天安门广场举行一项以它的品牌冠名的中小学生公众活动，就是在这个方面一次成功的突破。

有"事件公关"，其主要目的是通过一次事件性的活动，树立企业形象。

2002年是烟台张裕葡萄酒公司建厂110周年纪念，同时举办国际葡萄酒局年会和张裕博物馆落成典礼。我参与这个活动的策划，并写了一篇《张裕赋》，雕刻在博物馆一进门的影壁墙的大理石上。因为此文比较全面地描述了张裕的历史和企业形象，成了到这里参观的人们的必读文字。（《张裕赋》全文附在本文后面。）

2003年青岛啤酒建厂100周年纪念活动，我也为青岛啤酒写了一篇《百年宣言》，宣传青岛啤酒的企业形象。（《百年宣言》全文附在本文后面。）

有"危机公关"，其主要目的是化解突发事件中企业遇到的危机。

第五个问题：企业家形象和企业形象

企业家的形象和企业形象密不可分。

企业文化是企业家文化的外化和凝固化。但企业家形象不等同于企业形象。这里主要有个人和集体的区别，有个人的素质和个人业绩的区别，有个人业绩和群体业绩的区别。企业家的形象主要是个人的形象。包括他的个性、品德、作风、经历、习惯、好恶、水平、业绩等等。

但是，企业家形象往往成为企业形象的重要组成部分，特别是创业的企业家。企业家形象是企业形象的人格化代表。人们谈到松下企业形象的时候不能不谈到松下幸之助的形象，谈到福特汽车公司的时候不能不谈到福特的形象，谈到长江集团的时候不能不谈到李嘉诚的形象，谈到海尔、联想企业形象的时候，不能不谈到张瑞敏、柳传志的形象……企业家的形象起的作用是：一、企业形象的人格化的代表。二、企业形象的人格化支柱。三、企业形象的人格化亮点。总之，企业形象会因为企业家的形象而升华。

我们提倡"名品"、"名企"、"名牌"、"名人"的四统一。在树立企业形象的过程中绝不能忽略了企业家形象的树立。

附文一：

张裕赋

壬午金秋，八月初进，中外宾朋汇集烟台，庆张裕之华诞，盛况空前；抚今昔之变迁，感慨万端。

一百一十载，结缘三世纪，读张裕，一部中国近代经济史。晚清没落，民生凋零，粤人士弼①，足踏芝罘②，创现代工业先河，倡实业兴邦伟业。冠张姓实代国人，着裕字寄意昌盛。历代政要，文人巨贾，多作关问。大千变化，神州沉浮，风雨兼程。闪亮于旧世界，振兴在新中华。嗟夫！如此多情多义系于一企，此乃得天理而独厚也！

天工融人艺，英才注匠心，品张裕，一捧东方高雅潇洒情。

扬地利，东山西山辟为果园。引良种，世界名门纷纷落户。求名师，京沪欧美铁鞋踏破。追质量，地下酒窖十载心血，琼浆玉液二十陈酿，伟人称赞"品重醴泉"③。德待人，南海先生④两赋饮酒诗，海粟⑤夫妇双奉赞美辞，少帅题词"圭顿贻谋"⑥。嗟夫！如此多劳多智浇灌一花，哪有不绚丽多彩之理？

融中西精华，扬东方神韵，享张裕，一首世界文化交响曲。引种失败，激发着眼本土，求教洋人，不忘自己创新。几代酒师呕心沥血，新品新韵改写酒经。智慧升华身价，成果伴随名声。巴拿马赛会，荣捧四金；美利坚盛典，五洲瞩目；瑞士亚非会，白兰地名扬日内瓦；巴黎中国周，解百纳情动法兰西。烟台张裕，张裕烟台，葡萄酒星，葡萄酒城，名冠神州，饮誉全球。嗟夫！如此多文多采集于一身，不愧现代理念之先行！

斗转星移，改革开放开辟新时代。全球一体，机遇挑战托出新世纪。百年张裕，十年中兴，又逢千年谋划。忆往昔，博采众长，已经铸就现代中华瑰宝。望未来，引领时尚，方能屹立世界民族之林。

矣噫哉！"沧浪欲有诗味，酝酿才能芬芳。"⑦读张裕，年代久远而底蕴深厚；品张裕，工艺精湛而格调高雅；享张裕，文化融合而时尚气派。

淳，雅，派！妙哉张裕！

注释:

①士弻为张士弻，张裕公司的创始人。洋务运动时期回国办实业的华侨巨商。

②芝罘（发音为 Fú）为烟台别称。

③"品重醴泉"是孙中山先生给张裕的题词。

④南海先生指康有为。

⑤海粟夫妇指画家刘海粟夫妇。

⑥这是张学良为张裕题词。圭顿是指我国战国时代两位著名的商人。

⑦此为江泽民同志为张裕题词。

附文二：

青岛啤酒百年宣言

（2003 年 8 月 15 日　青岛）

公元 1903 年 8 月 15 日至公元 2003 年 8 月 15 日，青岛啤酒走过了整整 100 年的历程。

这是风云激荡而灿烂辉煌的百年！

很少有这样的企业，它的命运像青岛啤酒这样，与祖国近代百年的荣辱兴衰紧紧地连在一起！很少有这样的产品，它的内涵像青岛啤酒这样，如同一条血脉把天涯海角的华人紧紧地联在一起！很少有这样的品牌，它的未来像青岛啤酒这样，获得国人如此热切的关注和如此宏伟的期望！

在百年华诞之际，我们发表《百年宣言》，以表庆祝，以志总结，以作展望，更是向世人抒发我们的胸怀，宣示我们新百年的理想和承诺。

（一）

回顾百年

——百年沧桑，百年拼搏，百年辉煌！

难忘青岛啤酒问世充满的酸楚。晚清腐败，列强侵华，当时这个名字叫"日尔曼啤酒公司青岛股份公司"的企业，是英德商人为适应占领军和侨民的需求而开办的。

难忘青岛啤酒成长的曲折。一次世界大战之后，德国人走了，东洋兵来了。日本人把青岛啤酒更名为"大日本麦酒株式会社青岛工场"，一直掌管了 29 年！日本投降，抗战胜利，国民党政府接收后的"青岛啤酒厂"，经常处于半停产状态。

最难忘 1949 年 6 月 2 日，中国人民解放军解放青岛。至此，经历了近半个世纪的屈辱、动荡、曲折、易主，青岛啤酒终于回到了中国人民的怀抱！

在热火朝天的社会主义建设中，获得新生的青岛啤酒一马当

基于内而见于外　　　　　　　　　133

先。1959 年年产突破 1 万吨，1963 年被评为啤酒行业唯一的国家名酒，1964 年国家轻工部提出"啤酒行业学青岛"，专家们编写的《青岛啤酒操作法》成为我国啤酒酿造技术的指南。

春风化雨，万象更新。青岛啤酒的空前发展是在改革开放的大潮中。80 年代两次获得国家质量金奖；三次在美国举行的国际啤酒评比会上荣登榜首；90 年代初期被评为中国首批十大驰名商标之一；青岛啤酒股份有限公司，分别在香港和上海发行 H 股和 A 股股票。

90 年代后期青啤人开始了新的思考和新的探索，全力实施"大名牌战略"。1999 年，产销量在全国率先突破了 100 万吨，2002 年达到 370 万吨，全国市场占有率从 2% 增长到 12%，先后兼并了 40 多家啤酒企业，基本完成了全国性的战略布局。尤其是并购了上海嘉士伯和美国资本控股的北京五星，轰动了业界内外，被称为中国啤酒业"从春秋到战国"潮流的引导者。

英德商人经营 13 年，日本人控制 29 年，国民党政府手中 4 年，新中国怀抱 54 年。——经过如此曲折起伏、风雨跌宕的 100 年，青岛啤酒终于在我们自己的手中实现了历史的辉煌。

"国产精品，民族瑰宝。"这就是百年沧桑、百年拼搏，给予青岛啤酒的历史定位。

（二）

思考百年

——百年征程，百年奋斗，百年积淀。

一个"百年老店"，历经殖民、战火、动荡、阵痛、竞争，有如凤凰涅槃而屡获新生，长盛不衰。这背后总是有一种内在的、深沉的力量在激励着人们奋斗不已。

百年青啤，酿造了酒香，酿造了历史，更酿造了文化。

——"发展青岛啤酒，振兴民族工业"，这是我们的企业宗旨。

——"锐意进取，奉献社会"，这是我们的核心理念。

——"超越自我，追求卓越"，这是我们的企业精神。

——"创世界驰名品牌，建国际一流企业"，这是我们的企业目标。

——"爱岗敬业，文明守纪"，这是我们的员工形象。

——"精干高效的队伍，品质超群的产品，严明和谐的管理，优美整洁的环境，真诚奉献的服务"，这是我们的企业形象……

我们企业文化的核心是一句朴素的话：好人做好酒。要做好酒，先做好人。这句话贯穿了百年，不断丰满，不断升华。它不仅是青啤人信奉的理念，行为的准则，更熔铸成灵魂，化作了激情。在青岛啤酒的编年史上留下了一个个闪光的名字：吴庚义、管敦仪、彭作义……就是这种精神和激情的化身，为了青岛啤酒的发展和未来，他们奉献了自己的智慧、汗水、心血，甚至生命！

"我的追求就是使青岛啤酒这四个大字更加闪闪发光。"英年早逝的彭作义的名言，正是青岛啤酒全体员工的心声。

百年锤炼出来的企业文化是我们青岛啤酒最为宝贵的财富。

（三）

展望百年
——百年希望，百年畅想，百年圆梦。

站在新世纪之初瞭望，伟大祖国正在向全面建设小康进军，中国经济正在和世界经济全球化接轨。面对国际化、信息化、市场化的汹涌大潮，青岛啤酒如何基业常青，书写新的百年史？

我们要加快观念的转变：资本观念的转变，战略观念的转变，市场观念的转变，竞争观念的转变，运营观念的转变。我们将彻底告别自得其乐、小富即安的所谓青岛"绿树红瓦综合征"，把我们的视野沿着大陆更沿着海洋扩展和延伸。用未来思考今天，用今天创造未来。

我们要树立新的奋斗目标——建成一个拥有国际化竞争能力和国际知名品牌的大型专业化啤酒企业。逐步走向全球化采购，全球化销售，全球化生产，全球化融资，全球化投资，全球化管理。"中国第一"不再是我们自豪的本钱。"民族瑰宝，世界名牌"将是对青岛啤酒新的描述。近期在 2005 年实现产销 500 万吨，进入世界前 10 强，中期在 2010 年实现产销 800 万吨，进入世界前 5 强。

我们要实现由"做大做强"到"做强做大"的战略转变。依托"科学管理和和谐的人际关系的统一"，依靠智能型的"完美团队"，实现现代化的集约经营。

我们要加大从资本到市场各种资源整合的力度。从单纯的竞争走向竞争与合作结合的"竞合"。在国内市场致力于本产业良好企业生态的形成。在国际，与国际大型跨国公司密切合作，扩展我们的新天地。

我们要不断超越自我，追求卓越，提高质量，增加品种，做消费时尚的引领者，做国际市场上有特色的价值专家。

我们要追求经济效益、环境效益、社会效益的统一。以"花园式"工厂，生产绿色饮品。不忘社会责任，热心公益事业。

我们要不断创新，全面创新。体制创新、发展创新、技术创新、管理创新，使民族传统与时代特色相结合，使百年底蕴与新生活力相结合。

把这一切集中到一点，就是要继续全力提升凝聚了几代人心血的"青岛啤酒"这个百年品牌。酒的灵魂是情。"青岛啤酒"这个品牌，在中国人的心目中，已经成了一种象征，它饱含着深情、真情、激情和豪情。

历史凝练了深情，事业铸造了真情，我们要用深情和真情，让天下人放飞自己的激情，品味人间的豪情！

百年起点，百年憧憬，百年承诺，百年寻梦。

我们满怀激情送走一个汹涌激荡的百年。

我们满怀豪情迎来一个更加辉煌的百年。

让我们共同为新百年奋斗，为新百年欢呼吧！

是资源又是资本

——人才战略和人力资本

关于人才和人才战略的重要性，大家已经讲得很多，但是细想一想，还并没有真正到位。主要是两条：

一、人才始终没有在主动的主体上就位，总是在被动的客体上就位。人才总是被人家支配、被人家使用的。前些年"落实知识分子政策"，我曾经说过，什么时候提这个问题，知识分子政策就不会完全落实。因为一群人的命运靠别人去"落实"。

二、人才的实质没有搞清楚。从经济学的角度说，它到底是什么？是劳动力？是其他生产要素？是资本？还是什么？

第一个问题：目前最稀缺的是哪类人才？

我认为最重要而又最稀缺的是经营人才，企业的主要经营者，或者说是企业家。

一、什么是企业家？

企业家是企业经营专家，所谓专家是说他们专门干这件事情，是说他们干这件事情最在行，最有本事。

二、为什么企业家是最重要的人才？

企业家具有双重的重要性：

第一重，企业家居于企业的领导岗位，发挥着核心的作用，没有一个好的经营者，企业是很难搞好的。

第二重，企业家又居于使用和支配各种专门人才的岗位，发挥着综合作用。没有好的企业家把各种人才的积极性调动起来，组织起来，再好的专业人才也难以发挥作用。

三、为什么企业家是稀缺人才？

因为不是任何一个人都可以当好企业的经营者，也不是任何一个企业经营者都可以成为企业家。

之所以把企业家称为稀缺资源，是因为成为企业家至少要有三方面的条件：先天素质、后天努力、社会机遇。

企业家是需要先天素质的，正像画家、音乐家等艺术家需要先天素质一样。在生活里，我们可以看到，有些人并没有念多少书，但企业搞得不错，有人念了很多书，但企业搞得不好；有的人搞企业得心应手，挥洒自如，有的人搞企业十分吃力，愁眉苦脸。其重要原因就是先天素质不一样。后天努力也很重要，先天素质提供的是可能性，经过努力才能变成现实性。这种努力能不能成功，又在很大程度上依靠机遇。没有好的机遇，再大的努力，也常常落空。所以，先天素质、后天努力、社会机遇这三条线相交之点，才是成功的企业家。但三条线相交不是那么容易获得的。

之所以把企业家称为稀缺资源，是因为企业家必须具备四方面的素质：悟性、魄力、心胸、学习。

悟性：人的思维有三性："感性"、"理性"、"悟性"。感性和理性是人们认识事物的两个不同阶段，而悟性则是人们思维的一种特殊的感悟能力。数学家对数字有特殊的感悟能力，音乐家对旋律有特殊的感悟能力，企业家对商机有特殊的感悟能力。悟性是超出感性和理性的一种特殊能力，从层面上说，它比理性更高，但从实际生活中看，有时候有些人讲不出道理来，他却能够"悟"到。悟性是一个很值得研究的领域。

魄力：企业家是企业的领头人，对领头人的第一个要求就是"镇得住"。所谓"镇得住"，就是能够起到主心骨的作用。由于你的存在，大家感到很安全，很有奔头。遇到认识不一致的问题，由你来拍板，大家感到很信服。企业家更多的不是理论家，而是实践家。没有主意，可以听取各方面人士的意见，可以听取理论家的指导，但把理论和主意变成现实，却需要企业家的魄力。没有主见，比没有主意更可怕。

心胸：心胸表现在三个方面。第一个方面，要学会心理调节，要保持自己有一个好的心态。将军带兵打仗，每天要在生死中抉择；企业家搞企业，每天要在成败中抉择。精神的压力是很大的，不会调节心态，自己就把自己压垮了。第二方面，宰相肚子里能撑船，能够容纳各种不同的人和不同的意见。第三个方面，将军赶路不追小兔。抓大事情，不为小的利益所诱惑。

学习：认识学习的重要性。学习就是注入和改善自己的无形资产。善于向理论学习，提高自己的理论素养。善于向别人学习，学习别人的成功经验，更要借鉴别人的失败教训。善于利用外脑，利用别人的智慧发展自己。学习最重要的环节是正确对待自己，特别是正确对待自己的成功经验。要记住"成功是失败之母"这句话，许多企业家的失败往往是夸大了自己成功经验的普遍性，条件和环境变了，战略仍然不变。

之所以把企业家称为稀缺资源，是因为中国企业家的成长受到中国大环境的制约。中国在很长时间实行计划经济，计划经济是不需要企业家的。改革开放由计划经济向市场经济转型，也不是一次性或短时间可以完成的，从观念，到体制，到政策，还不能马上形成企业家成长的良好环境。在这种情况下，对企业家来说，存在着许多陷阱，而企业家自身又不成熟，于是就出现了一种情况，那就是企业家、经营者的损耗太大，伤亡率很高。有人做了统计，改革开放初期涌现的著名企业家，现在大部分甚至绝大部分都已经退出了历史舞台，其中有相当多的人甚至是身败名裂的下场。

四、关心经营者。

给经营者一个独立的定义和地位。不要把"劳动者阶级"和"劳动者角色"混同起来。经营者是劳动者阶级，但不是劳动者角色。经营者就是经营者。我有一篇讲话专门讲如何认识经营者的，这里就不多说了。

第二个问题：关键在于对人力资本的认识

人力资本是 20 世纪 90 年代西方经济学家提出的概念。他们发现，社会财富的增长速度大大超过有形资本的增长速度。究其原因，他们发现是人的因素、人的素质在起作用，于是提出了人力资本的概念。我现在是在更严格的意义上使用这个概念，即更多地从资本角度来研究这个问题。

一、人力资本的实质是知识资本。

1. 人才和知识的关系。

什么是人才？人才是有知识的人——善于运用知识解决实际问题的人。书呆子不是人才。不能光看学历。也不能光看说得怎样，主要看做得怎样。

没有全面的知识的观念，也就没有全面的人才观念。

2. 不是任何知识都可以成为资本。

只有那些可以通过技术或管理能够转化为生产力并为企业创造效益的知识，才能成为资本。

3. 知识的双重性。

它是生产力要素——"科学技术是第一生产力"。

同时在一定条件下，它又可以成为资本。资本是经济活动中的核心，是居于支配性地位的要素。

二、知识资本的特点。

1. 知识资本一定是附着在自然人的身上。

2. 自然人的精神状态决定着知识资本发挥作用的状况。

3. 自然人所处环境对知识资本的发挥有着重要的影响。

4. 知识资本是一种容易变动、容易消失的资本。

5. 知识资本的价值难以评估。

三、行动中的知识资本只能是人力资本。

根据以上分析，我们可以知道，知识资本自己不会行动，不会自动起作用，它必须通过掌握知识的人的活动才能真正成为实际意义上的资本。因此，对知识资本的承认必须导致对人力资本的承认。

四、不承认人力资本，实际上无法解决人才问题。

结论是清楚的，重视知识资本就要重视人才，因为人才是知识资本的主要载体。重视人才就要重视人力资本，因为只有承认人才是人力资本的拥有者，对人才的尊重才会真正到位。

第三个问题：人力资本的所有权问题

货币资本的拥有者和人力资本的拥有者的矛盾今后会成为企业内部主要矛盾之一。解决这个矛盾的基础是正确认识人力资本的所有权的问题。

一、明确人力资本的所有制——个人所有。

由于频频出现经理人跳槽的问题，引发了人力资本的所有制问题。有的理论家认为，人力资本的所有权应该是多重的，一部分是个人所有，一部分是单位所有，一部分是股份式的所有——个人和单位各占一定的比例。围绕着这一点，爆发了所有者和经营者的矛盾。

认为人力资本属于单位所有，或者单位和个人以股份制的形式的共同所有，这些看法是不科学的。人力资本一定是属于个人所有，如果不是个人所有，就会发生更大的混乱。不承认这一点，也就不能调动人才的积极性。过去的毛病就是在这一点上——人才是国家和社会培养的，你还要讲什么价钱？于是，不重视人才有了理论根据，人才对这种不正确的政策的反抗成为非理的。人力资本归个人所有就像劳动力归个人所有一样。如果劳动力不是归个人所有，那么所有劳动者都在出卖别人所有的东西，这不就混乱了吗？虽然劳动力的形成也需要一定的社会条件，包括国家对他的培养，但它一旦形成了，就应该归个人所有。

二、正确界定知识产权。

问题不在于人力资本是否归个人所有，而在于要分清哪些是属于个人所有的人力资本，哪些是属于单位所有的知识产权，并建立相应的制度把两者区分开和保护好——主要是保护单位的知识产权。

例如营销网络，实际上是两种因素造就的，一部分是靠企业形成的，一部分是靠个人努力形成的。如果一个企业的品牌不强大，营销关系都在销售人员手中，主要营销人员一走，必然会出现危机。如果品牌很强大，营销创造的无形资产已经存放在品牌里面了，再主要的营销人员走了，也不会发生致命的影响。有的企业，把营销网络用电脑系统集中起来，任何人也带不走，也是一种界定的方法。再有，一个自主创新，在它成功的时候，就应该界定它是属于个人的还是属于单位的，不要等发生问题之后再加以界定。对于一个人借助一个单位形成的个人能力，这是很难界定的，比较通行的做法是，如果你离开我的单位，要事先约定好有什么条件，以避免对本单位造成伤害。

三、解决这个问题的根本办法是在承认人力资本归个人所有的前提下，改善人力资本和知识产权的管理。

对属于个人资本的部分要给予正确的对待和尊重，在符合规范的情况下，应该不惧怕个人资本的增加，而是鼓励和帮助个人资本的增加。正像一个新闻单位，名记者多了，不是坏事，而是好事，因为个人资本也为单位所利用。对于损害单位知识产权或知识资本的现象要予以制止，同时更重要的是预防，事先以规章制度和聘任合同来界定权利和义务以及需要遵守的原则。

经营者或职业经理人是靠本事吃饭，但更主要是靠诚信吃饭。所以，他们必须尊重单位的知识产权。

第四个问题：以对待人力资本的方式改进人才管理

一、重视经营者的根本问题是把他们当作人力资本的重要载体来看待，以资本的性质决定他们的收益。例如干股或期权等，这些收益不应该看做是一般意义上的工资。

二、在企业内部对有知识人员的管理，也应该参照知识的资本属性。博洋家纺让设计人员建立自己的公司，这样设计人员的知识就成了资本。海尔的设计人员实行的是利润分成制度，他们的报酬不是工资，而是自己设计的产品获得的利润中的分成部分。

第五个问题：人才的单位所有和社会所有

常常听到"引进人才"和"留住人才"的说法。而这里的人才一般都是指所谓的"尖子人才"。有的单位在讲自己重视人才的时候总是讲我这里有多少博士和硕士之类的话。这种说法包含着一些值得注意的问题。

一、人才战略的第一个要点应该是结构问题。

结构问题主要是两点：

第一，着眼于企业的实际需要。需要什么水平的人才，我就配置什么水平的人才，不是越高越好。超配置，就是"质量过剩"，不仅会加大成本，而且会过犹不及，因为水平高的人才不能发挥应有的作用，他们会感到受了埋没，会出麻烦的。

第二，着眼于整体组合。任何一个单位都是多种人才多层次人才的组合。一个教研室都是教授会没有水喝的，强者过多的单位总是容易出现互不服气的团结问题的。任何人才，不管有多大的本事，最后都是要通过整体效应来体现他的作用的。

总之，自己所有的人才应该是日常运行中需要的人才，尖子人才也不是越多越好。

二、"所有"和"所用"不应该是完全重合的。

我所有的，未必只是我用。例如一个大型的实验室，里面有许多专门人才，就应该对社会开放，让别人也可以使用，这样人才的社会效益和经济效益都会提高。

我所用的，未必都是我所有的。尖子人才并不一定就是我所有。尖子人才总是要解决尖端问题，如果三年两年用一次，不如临时聘用社会上最好的人才来，自己不必非要"所有"他。

三、必须重视人才的社会化问题。

人才的社会化可以解决两个方面的问题，就一个单位讲，它使用人才的成本会降低；就人才自身来讲，他收入会提高，因为是全社会给他提供报酬。市场经济条件下为什么会出现大量的中介机构（会计、律师、咨询等）就是这个道理。

四、正确地看待人力资本的价格问题。

认同决定价值，这是知识资本的社会性。

认可决定价格。这是知识资本的效应性。

五、正确地看待和处理人才的流动问题。

跳槽有几种：

1. 正常的人员流动。任何单位的人员都不可能是永远一成不变的。一个单位的人成长起来之后，不见得都可以在本单位有不断提拔上进的机遇。应该允许他们去寻求新的机遇。

2. 非正常的人员流动。或者是因为单位的主要领导者不能正确对待人才，或者人才为了自己的利益而不顾原先的约定，这样的流动都是非正常的。

3. 纠纷性的人才流动。离开的人带走了单位的知识产权和业务骨干，或者在其他方面造成了对原单位的的损害。

在这里有两点是重要的，一点是必须建立必要的制度来规范人力资本的管理，使不守信用的人、违反规则的人不能得到好处，而是会受到相当严肃的惩罚。一点是，要以开放的心态看待和对待跳槽。知识产权的问题，人力资本的形成问题，是一个很复杂的问题，这些问题的处理很难绝对公平。任何单位使用的人，都不可能是完全由自己培养的人，也必然会使用别的单位或社会培养的人。自己为社会培养了人，人才有必要的流动，如果处理得好，还常常会使得一个单位更加兴旺。

就目前人才战略存在的问题来讲，制定和实施人才战略需要注意两个要点：

保护两个知识产权——个人知识产权和单位知识产权。

处理好两者关系——人才的单位所有和社会所有的关系。

让合适的人做合适的事

——人力资源管理观念 15 条

人力资源管理是企业管理中的一个重要方面。

我今天主要从观念层面讲一些要点。观念问题解决了，办法就有了，制度也会建立得更加合理可行。

归纳起来，我讲 15 条。

第 1 条：让合适的人干合适的事

识人、用人、育人，是人力资源管理的基本内容。识人是用人的前提。用人是人力资源管理的主要内涵。育人是人力资源的开发。

识人、用人、育人的总原则是什么呢？就是这句话：让合适的人干合适的事。

一定要认识到，人和人是不同的，人是多种多样的，谁也改变不了这种情况。人力资源管理最容易犯的毛病，就是企图按一个模子要求人、管人。这就是想用不恰当的方法达到不可能达到的目的。

还要认识到，事和事是不同的，事和岗位是多种多样的，谁也改变不了这种情况。不同的事、不同的岗位对人提出了不同的要求。对不同的事和不同的岗位提出同样的要求，就会举措失当。

面对着人和事这两个不可改变的多种多样，我们的办法不是企图把人和事变得单一，而是努力让人和事匹配。也就是让合适的人干合适的事。

让不合适的人干不合适的事，是人们最容易犯的错误。《三国演义》中，关云长在华容道放走曹操，马谡失街亭，与其说是关云长、马谡的错误，不如说是诸葛亮用人的错误。诸葛亮都犯这类错误，一般人更容易犯这类错误了。

第 2 条：善于用对比的方法识别人

怎样识别人？最主要的是善于用对比的方法识别人。我在《检验人品十条》这篇文章中说了这样一条："对领导（无论是在台上还是在台下）是否尊重，对同级（无论是有提拔可能还是无提拔可能）是否团结，对下级（无论对自己有用还是无用）是否爱护。"其中括号里面的话，就是对比。对领导，他在台上，你尊重比较容易，下台了，你还尊重不尊重，就可以看出人品。对同级，对下级，括号里面说的也是对比的意思。

这种对比很多。例如，顺境时是否趾高气扬，逆境时是否垂头丧气；对强者是否唯唯诺诺，对弱者是否随意欺凌；见荣誉是否争抢，见困难是否退让……把对立的情况下的表现做一对比，一个人的品质马上清楚了。

第 3 条：缺点是优点的延长

人无完人，都有优点，也都有缺点。而且一个人的优点和缺点是搭配的——一个人的缺点就是一个人优点的延长，自己并不能自由选择。例如，有主见是优点，主见过头了就成了主观了，优点就变成缺点了。一个人埋头苦干，党叫干啥就干啥，这是优点，但过了头，党不叫干啥就不干啥，就缺乏创造性，就变成了缺点。

我们在识别人的时候，最常见的毛病是违背了优点和缺点之间关系的这个客观规律，总好用完人的标准去衡量人。这就是使用"既……又……"的标准。要求干部"既有主见，又不主观"，"既埋头苦干，又有创造性"等等。要明白，"既……又……"只是要求，而不是标准。要求你有主见，但不能主观；不能说，你有主见，就可以主观。但如果变成了衡量标准，那就成问题了，因为实际上没有一个人能够做到。结果就会把勇于开拓、敢于负责的干部给筛选掉了。这种人往往优点突出，缺点也突出。最后选上来的是那些没有作为的人，因为他们不做事，没有处在矛盾的旋涡之中，所以别人也就说不出他有什么缺点了。

要记住，完人的标准，是打击干事人的鞭子。

第 4 条：会团结是大本事

考察一个人，除了考察这个人的品德和本事之外，还要把他放在群体中考察，放在人际关系中考察，因为事情靠大家来做。

有的人个人表现很好，但不会团结周围的人一起做事。

有的人自己的本事很大，但往往因为自己的本事大就瞧不起身边别的人，常常自己表现突出，但团结问题也突出，大家都不愿意同他合作共事。

这样的人，往往使领导者陷入两难状态。根据他个人的表现，应该重用他，但如果重用他，就会得罪周围许多人。到底重用还是不重用？领导者往往很遗憾地采取不重用的决策，因为领导者要考虑全局。这个人没有受重用，很可能想不通，但他应该明白，会团结是大本事。

有一次一个下属单位的领导向我诉说，他的下级都有什么缺点，所以工作很难推进。我说，你不要说了，如果别人的缺点比你少，还轮得到你当领导吗？你的任务就是领导一批缺点比你多的人一道工作，并把工作做好。不会团结的人，往往就是强调人家的缺点，觉得自己搞不好团结是别人的原因，这就不对了。要向他们进行"会团结是大本事"的教育。

第 5 条：熟人未必好办事

人们常说"熟人好办事"。这只是问题的一面，还有另一面，熟人未必好办事。有一个单位，两个主要领导是熟人，但合作了没有多长时间，两个人就闹翻了，而且很难再劝他们和好。

为什么"熟人未必好办事"呢？

一、熟人的规范和干事的规范往往不一样。"熟人不讲理"，所谓不讲理，就是不讲规矩，不讲规范。但不讲规矩，不讲规范，做事就很难了。过去历代的开国皇帝为什么当了皇上以后会杀开国元勋呢？这也是其中的原因之一。打天下的时候，大家整天混在一起，都是"战友"，不分彼此，见面拍拍肩膀，说话很随便。到胜利以后，他当了皇上，无论多大功劳的开国元勋都是臣子了，见面要跪下，还要三呼"万岁"。这些开国元勋想，你是什么样我还不知道，不要装得那么神气，自觉不自觉地表现出不在意，甚至不服气，这就坏事了。矛盾激化以后，就会发生杀大臣的事。一个单位的领导班子，虽然都是熟人，但也有一把手、二把手、三把手、一般领导成员之分，用熟人原则，破坏了这个原则，就会发生问题。

为什么家族企业在管理上容易发生问题呢？其原因也在于此。他们往往用亲属关系代替工作关系，"我是你爹"、"我是你妈"、"我是你哥哥"、"我是你弟弟"等等，而忘记了工作的规范和原则。

二、熟人往往疏忽沟通。大家都很熟悉，于是往往就觉得没有认真沟通的必要，"他，我还不了解？"但事物是不断变化的，长期不沟通，就会缺少共同语言，就会发生问题。

三、熟人之间一旦产生了矛盾，往往不能彼此原谅。这时候大家信奉的是另一个逻辑：我跟他这么熟，这么好，他还对我这样！在感情上怎么也过不去。

我并不是一概反对搞熟人际关系，但应该明白，熟人关系具有两面性。一般说，对外，熟人好办事占的比重大一些；对内，熟人未必好办事的比重占得大一些。

第6条：企业只有三个人

从自然人的角度说，企业有许多人。但从经济角色说，企业只有三个人，即所有者、经营者、劳动者。

所谓现代企业制度，就是所有者、经营者、劳动者以产权关系为基本纽带，在企业内部各就各位，各行其道，各尽其职，各得其所。

这三个者，在"位"、"道"、"职"、"得"上是不同的，所有者是从资产上关心企业，他的职责是选择好经营者，处理好和经营者的关系，制定好基本战略，他的所得是企业的利润。劳动者是从个人的收入和发展上去关心企业，他的职责是做好本职工作，他的所得是工资和奖金。经营者的"位"是企业的运营者，他的职责是企业管理，他的所得应该是从企业的利润分成中获得。只有认识到这些不同，并正确处理了这些不同，人力资源的管理才是到位的、科学的。

第 7 条：承认差别是"人和"的基础

我们提倡构建和谐社会，同时我们也提倡构建和谐企业。和谐企业首先应该是"人和"企业。

过去，从指导思想上说，更多的是使用无差别的方法来建立这种企业，用混岗文化来建立这种企业。以为这样混同起来，就可以减少矛盾，造就和谐。但这种理论，往往经不起实践的检验，因为在实践中三种经济角色确实是很不同的。理论和实践的脱节，造成了更多的困惑。

其实，在承认三者在公民意义上的平等之外，在企业内部的管理上，更重要的是承认差别和正确对待差别。不仅承认和正确对待三个经济角色之间的差别，还要承认同一角色的自然人之间也存在着差别。即便都是劳动者，他们也有差别，都是经营者，他们也有差别，都是所有者，他们也有差别。承认差别，正确对待差别是管理的基础。不承认差别的"一锅煮"，无所谓管理。

孔子说，"君子和而不同"。他这话的本意应该是君子可以和别人搞好关系，但不一定非要苟同人家的意见。我们可以把这话的含义延伸一下，作为事物发展的一般规律来看待，那就是"和"与"同"不是一回事，要"和"，不见得非要"同"。再延伸一步，只有承认不同，承认差别，同时正确对待差别，才能建立和谐，而建立在不同基础上的和谐，才是真正的和谐。一个企业都是所有者，不成其为企业；都是经营者，谁去具体劳动？都是劳动者，谁来指挥？用劳动者的原则对待经营者，效果不会好，必须要有不同职务的人才行。交响乐就是一个范例。有不同的乐器，才能奏出交响乐，都是大号，都是大鼓，不可能有和谐的乐曲。

第 8 条：下级要表现，上级要发现

上下级的沟通，是企业内部最重要的沟通。缺乏沟通，上下级关系搞不好，企业经营也难以搞好。

就工作关系来讲，上级的意图要能够得到下级的理解和贯彻，下级的情况要能够及时让上级了解。就人际关系来讲，上级希望得到下级尊敬和拥

护，下级希望得到上级的重视和提拔。

常常听到下级对上级的埋怨，认为自己干得很好，但上级没有发现，应该得到提拔的时候，没有得到提拔。也常常听到上级对下级的评论，这个人很清高，根本不靠近领导，我行我素。

应该提倡"下级要表现，上级要发现"的原则。

人才要靠上级的发现。发现人才是领导工作的重要内容。但仅仅靠上级发现，还是远远不够的。上级少，下级多，一对多，很难做到对每一个人都了解得那么清楚。所以还要提倡下级的表现。作为下级要研究一下自己的表现够不够。下级要向上级及时请示，及时汇报。有的人面子很重，认为向领导请示汇报就是"拍马屁"，对领导总是敬而远之，造成领导对你不了解、不熟悉，影响提拔常常是必然的。这时你又埋怨领导，领导知道了，关系自然会紧张起来。

海尔提出"要赛马，不要相马"，"相马"就是靠上级发现，"赛马"就是给下级更多的表现机会。而且这个表现是比较真实的，因为它是用业绩说话。

第9条：用兵要狠，爱兵要深

用兵要狠。对下级要敢于压担子，敢于提出严格要求。对下级心太软，不敢压担子，当兵的并不高兴。他们感到，压担子，严要求，是领导信任自己的表现，同时自己也能够不断进步。

压担子，严要求，并不伤人。伤人的是对部下不关心，不爱护。关心、爱护主要表现在两个方面，一个方面，关心他们的发展前途。知道你的部下应该向哪个方向发展，并为他向这个方向发展创造条件。另一个方面，下级遇到困难、问题和风险，领导者要勇于承担责任，要勇于关心他们，帮助他们，保护他们。如果自己湿一只鞋救别人一条命的事情都不干，这个领导是不可能有凝聚力的。

第10条：鞭打快牛，但要给快牛多吃草

人们常常反对鞭打快牛。其实这是没有反到点子上。要把事情做上去，不鞭打快牛怎么行呢？一辆车，三头牛，两头慢牛，一头快牛。你鞭打慢

牛，它们不动，不是白费劲吗？一打快牛，快牛跑起来了，把慢牛也带起来了，工作就上去了。企业管理中不是有个"二八定律"吗？企业内部常常是80％的人干20％的活，20％的人干80％的活。这就是快牛和慢牛的区别。把20％的快牛抓住了，工作就搞好了。

问题不在于鞭打快牛，而在于打了快牛之后，还不给快牛多吃草。多劳不多得，受不到表扬，还常常挨一大堆批评，该提拔不敢大胆提拔，久而久之，快牛也变成慢牛了。所以，不要反对鞭打快牛，而要反对平均主义，反对不给快牛多吃草。

第 11 条：领导作风诚恳的简单化

作风是无形的力量。领导作风更是关键性、引导性的力量。

有人说，当领导就要使人有神秘感，让人家摸不着你的底，说话不要太明确，这样即使将来错了，也容易逃脱自己的责任。有这样作风的人，应该叫做"政客"，搞政治也许有用，搞企业就会出问题。

领导要有号召力。号召力来自凝聚力，没有凝聚力，号召力就是空的。凝聚力来自信任感，信任你才会靠近你，如果对你疑惑重重，能够真正靠近你吗？信任感来自哪里？来自对你的了解，特别是来自对你人品的了解。如果你总是云里雾里，谁也不明白你的真实意图，请问谁会真正信任你？所以，领导作风，一定要诚恳，一定要透明，要直接，不要拐弯抹角，不要模棱两可。

除了诚恳，还要"简单化"。不是"简单粗暴"，而是"简洁明了"。把简单问题复杂化，要不得。把复杂问题复杂化，也不是高手。企业不是理论研究机关，是注重实践的经济实体。它是要做事的。只有把复杂问题简单化，才容易被大家理解，才能更有效地付之实施。工作要有效率，就要化复杂为简单。

诚恳的简单化，就是把诚恳和简单化结合起来。讲话要实话实说，要明确凝练。表扬就是表扬，不要羞羞答答；批评就是批评，不要为了面子绕很大的弯子。不要把真实的意图掩盖起来，让被领导者去猜。

第 12 条：不要打横炮

有些领导人在平衡各部门关系时，总好用一个部门的意见去说服另一个部门，说某某部门对你们有意见。在批评人的时候，也总好引用别人的意见，说谁谁对你有意见了，我不得不找你。拿别人当枪使，自己做好人。其实这是在制造人与人之间、部门与部门之间的矛盾。一个领导长期这样做，打小报告的、背后说闲话的、传播各种流言的都会增多，这个单位的人际关系必然会变得十分复杂。

领导当然要从自己的下级或各个部门听取意见，但一旦形成自己的意见的时候，就要用自己的意见说出，不要把源头推到别人身上。领导者如果用打横炮的办法去买好，那更是下策，最后会把所有的人都得罪了。

第 13 条：能够领导上级的下级是好下级

按照组织原则说，是上级领导下级。其实从实际工作内容说，往往是下级领导上级。中国农民发明了"包产到户"，发明了"乡镇企业"，发明了"农业产业化"，都是下级领导上级。开始，上级对这些发明还不认可，后来才加以肯定。这不是反常，这是唯物论。因为下级一般比上级更接触实际，更处在实践的第一线，所以也更能够了解实际情况，也更知道怎样做更能解决实际问题。大的问题是如此，一般工作中的问题，也往往如此。常常是下级首先想出了一个方案让上级认可，让上级支持，从内容来说，其实就是领导。

党的群众路线说得很好，叫做"从群众中来，到群众中去"。首先是从群众中来，然后才是到群众中去。内容是从群众中来，贯彻过程是到群众中去，两者结合，就把事情做好了。

企业管理中同样要正确认识领导和被领导的关系，鼓励下级大胆地、创造性地工作。要明确，能够领导上级的下级是好下级；同样，能够尊重下级的创造性并能够把它总结提高的上级是好上级。

第 14 条：两种办法管三种人

凡有人群的地方都可以分为先进、中间、落后三个部分。怎样把这三个不同部分的人群都管理好？可以采取两种办法。

第一种办法是例行管理。例行管理主要体现是建立健全的规章制度。规章制度虽然是针对全体人员的，但它的主要依据应该是根据中间层面的人的情况提出和建立的。依据先进层面做标准，大多数人做不到，制度会流于形式。依据落后层面做标准，制度会成为变化落后的根据，不利于企业的发展。中间层面是绝大多数人，以绝大多数人可以做到的为标准，制度就有了执行的保证。

第二种办法是机断管理。所谓机断管理，就是要根据每件事情的具体情况，采取一事一议的办法。制度可以管住中间，但对于少数的先进和少数的落后，则要在例行管理的基础上，加上机断管理。例如奖励虽然可以制订条例，但不管多么详细的条例都不可能把实际应该奖励的情况写进去，这就需要根据具体情况加以调节。对后进的处分情况也是如此，也需要根据具体情况加以调节。这样就可以保证在对待先进和落后层面的问题上更加恰如其分。

第 15 条：培训是职工最大福利

学习和培训是什么？个人和企业来说，都是注入无形资本。

人才是企业最宝贵的财富，最重要的资源，培训就是改善和提升这种资源。企业最重要的竞争力是什么？就是学习能力。所以，培训是最重要的投资。

职工的利益是什么？眼前的利益是收入，长远的根本的利益则是他的发展。而培训既能够帮助他做好眼前的工作，又能够最有效地帮助他的发展。所以，培训是职工最大的福利。

重视学习和培训是一个优秀企业必备的基本条件。

转折是最危险的事情

——风险经营断想

企业经营有经营风险，也有风险经营，两者有联系又有区别。

这里我主要讲经营风险问题。

第一点，风险意识是企业成熟的表现

广东企业界首先重视企业经营风险问题，是合乎逻辑的，因为广东作为我国改革开放的前沿，率先进入了市场机制。

在计划经济条件下，企业是政府的附属物，经营政府说了算，盈亏政府负责，企业很难谈什么风险意识。企业改革的深化，企业逐步成为"自主经营，自负盈亏，自我约束，自我发展"的经济实体和市场主体，经营风险的问题就提出来了。民营企业的崛起，更是如此，私人资本的风险只有私人承担。

更有一些令人惋惜的情况，辉煌一时但不能持久的"流星企业"甚多，而持久辉煌的"恒星企业"太少。所以现在许多企业不仅提出了做大做强的目标，更提出了做"百年企业"、"长寿企业"的要求。

为什么企业寿命如此之短暂？根本原因就是不能正确认识、对待和处理企业的经营风险问题。

因此正确认识和对待经营风险，是企业持续成长之道，风险意识是企业成熟的标志。

第二点，给风险以恰当的定位

应该用层次论的观点来看待经营风险问题。

风险和危险不等同，失误和失败不等同。

搞企业，有几个特点：

一、对外界条件和宏观环境不可能完全把握。外界的变化并不能由企业自己掌控。

二、对自己决策的结果不可能事先完全确定。论证的可行性和实际的可行性并不总是一回事。

三、企业经营实际上是一场博弈。所谓博弈，就是参与博弈的双方和多方在博弈的过程中都是不断变化的。竞争对手会变化，市场环境会变化，国家宏观政策和宏观调控会变化。

这三个特点就决定了企业经营总是充满风险的，不冒风险的经营是没有的。搞企业和冒风险这两者几乎可以说是同义语。

因此，不可能设想没有风险的经营，敢冒风险和善冒风险，是企业家的基本素质之一。我们要做的工作是尽量恰当地估计风险，采取措施把风险控制在一定的范围和程度之内。风险对策是企业经营战略中不可缺少的重要内容。

危险则是严重的境况。风险和危险的区别，第一在于严重的程度不同，危险是足以构成企业面临重大损失以致失败的威胁。第二在于风险是一种潜在的可能性，而危险则已经具有现实性和不可控性了。

失误和失败的关系也是类似。失误会导致失败，但一般的失误并不一定导致失败。失误常常是难免的，我们要避免失误导致失败。

因此，我们研究经营风险问题，绝不是片面地追求逃避风险，因为风险和经营是相连的；而是要恰当地认识风险，善于处理风险，以避免重大的失误，以求得避免风险，特别是防止失败。

第三点，产生风险的三方面基本原因

企业经营风险产生的原因主要来自三个方面：

第一方面，宏观环境方面的原因。所谓宏观环境，包括市场的变化和政府政策的变化。例如近几年房地产的情况就是如此。房价的不断上涨，是市场的变化，政府的宏观调控措施出台，这是政府政策的变化。前一个变化，似乎对房地产企业有利，但它加剧了市场竞争。后一个变化，则使有的房地产企业经营不下去了，因为贷款条件的提高，使得一些企业的资金链断了。

第二个方面，竞争对手的原因。我国家电行业就经历过这样的过程。由于彩电规模最大的长虹采取了规模扩张的战略，不断在市场上发动价格大战，许多彩电企业的经营就遇到了空前的挑战，有不少企业就因为不适应这个挑战而失败了。彩电业品牌的迅速集中，主要是因为大彩电企业采取的规模扩张战略的结果。还有另一种情况，一个企业与其他竞争对手相比居于劣势，但它采取了合资的战略，引进了外国的大公司，利用外资的力量和本国企业竞争，本国企业由于竞争对手的新战略而遇到了新的风险。对于竞争对手的估计不足，常常导致对风险的估计不足，也是常见的问题。

第三个方面，自身的原因。"知彼知己，百战不殆。"既不知彼，也不知己，是最大的风险；知彼不知己，是最常犯的毛病。眼睛老是盯着竞争对手，而对自己则缺乏"自知之明"。当宏观环境变化了，当对手采取了新的战略，自己的素质和能力已经不适应了，但自己还不知道。或者由于某些原因本企业的某些好的素质已经退化了，自己还不知道，这些都会造成事先没有预测到的风险。

第四点，企业经营风险的领域

一、新产品开拓的风险。

一种新产品的出现，事先总要有很大的研发投入，然后还需要很大的生产投入，此后才能投入市场。投入市场，或者畅销，或者滞销，在没有结果之前总是存在着风险的。

著名的可口可乐改型就是一例。为了和百事可乐竞争，可口可乐公司曾一度推出了一种口味不同的新产品。但没有想到，消费者并不欢迎这种新产品，他们还坚持自己的老口味。

关键不是完全避免这种风险，而是全面预估这种风险，当这种风险变成现实的危险之后，能够及时发现和及时采取对策。

二、产品畅销的风险。

产品畅销还有风险吗？有。一种产品畅销，便刺激企业急剧地扩大这种产品的产量，扩大它的生产规模。但任何产品（起码绝大多数产品）都会过时，而现代化社会产品更新的周期更短，产品过时更快，企业往往在刚刚沉醉于畅销的胜利的时刻，就迎来了倒霉的时刻。

著名的北京雪花冰箱厂就是一例。它是我国最早的冰箱企业，原来主要是为医院提供冰箱设备的。当冰箱开始进入家庭的时候，别人没有这种产品，而它有，成了奇货可居。当时买雪花冰箱是要开条子的，要有证明信才能买。在这种需求远远大于供应的情况下，它就把自己最初的冰箱产品——158升单开门冰箱拼命扩大产量。没想到，当它的产量扩到最大的时候，别家出了新型号的冰箱，大冷冻室双开门。突然消费者像商量好似的，一起都不购买雪花的冰箱了，但它的产量已经非常大，大量产品积压在仓库里卖不出去，最后只有破产。

哲学上说，一种倾向掩盖着另一种倾向。当一种浪潮流行的时候，人们往往忽略了被掩盖着的那种倾向。畅销掩盖着滞销，如果我们没有注意被掩盖着的滞销，我们就会遭遇危险。

三、经营战略转变的风险。

究竟是多元经营好，还是专业化经营好？其实问题不在这两种经营战略本身，而在于实施过程。许多企业，为了避免单一化经营带来的风险，向着多元化经营转变，但问题却往往就发生在这个转变的过程之中，他们忽略了"转折是最危险的事情"这句格言。

首都钢铁公司实际上就是在向这种多元化经营转变中失策的。它本来是钢铁公司，但后来搞了有色冶金、电子乃至轻工等行业，而它的人员特别是管理人员并不具备管理这些行业的素质。

人们议论很多的巨人集团，也是在向着它不熟悉的领域——房地产领域扩张的时候，遭到失败的。

四、企业规模停滞的风险。

企业规模实际上是市场份额的问题。离开市场份额去扩大企业规模，是死路一条。所以，在市场竞争中，同行之间，争夺市场份额的竞争是十分激烈的。扩大市场份额，在一定意义上又要靠扩大企业规模，不扩展自己规模的企业难免会被挤出市场。因为这里存在着规模效益这一市场经济基本原理的作用。

我国许多老牌电视机厂的衰落就是这个原因。它们的市场越来越小，它们的规模也越来越小，最后只有停产。

啤酒企业的市场竞争更是规模之争。啤酒在质量趋同的情况下，销量主要靠宣传。而规模越大，宣传的成本越低。20世纪90年代后期，北京燕京啤酒的产量超过青岛啤酒，青岛啤酒出现"名大实小"的情况。从 1998 年开始，青啤实施"大名牌"战略，通过兼并其他企业迅速扩大规模，在两年之内，啤酒产量从 90 万吨扩大到 340 万吨，重新夺回中国啤酒头把交椅的位置，企业又获得了长足的发展。

市场份额缩小这种风险，是一种萎缩，而不是一种硬性损伤。开始的时候，当局者往往不那么敏感，但如果发现迟了，就难以挽回了。这就是人们说的"青蛙效应"。

五、企业扩张中的风险。

企业为了资产增值，为了追求规模效益，都要不断扩张自己的规模。但在扩张中也存在着巨大的风险。

有形资产扩张中的风险，主要是失控的问题。分店、分号的建立，特别是海外机构的建立，往往并没有带来预计的效果，反而造成了新的漏洞，特别是在失控的情况下，甚至可能造成对本企业的严重威胁。

著名的巴林银行事件就是一例。中国的许多住海外机构的状况也说明了这个问题。

利用多元化进行扩张，会遇到不熟悉的产品、产业问题，遇到多元化和专业化的关系的处理问题。这里的关键是控制能力。

无形资产扩张中也存在风险。我国飞鸽牌自行车的倒牌子并不是同行业竞争的结果，而是自己不恰当扩张的结果。20 世纪 70 年代它把自己的联营厂搞得很多，质量控制不住，于是连本部的牌子一起倒了。

六、企业合作中的风险。

这个风险在一定的意义上说是"合作对手如何"的风险。最理想的合作对手应该是"有实力、有诚意、无歹心"的对手。风险也就出在这三个方面。

有的对手没有诚意，甚至是一个骗子，那么你的风险就很大。著名的深圳华侨城在美国的失误，就是这个原因，对方利用中国企业不熟悉美国的情况，在合作之前就埋下了钉子。

无实力和无诚意又往往是联系在一起的，常常是那些无实力的家伙，靠行骗来过日子。有无歹心，也很重要。有的歹心是一开始就隐藏着的，有的歹心是合作到后来出现的。当一个合资企业搞好了之后，对方就有可能想完全控制它，许多外资正是利用利润不拿走的形式，悄悄扩股，最后达到控股企业的目的。合资企业在日常经营中其实就有风险，对任何一方来说，都有被对手坑害的危险。

七、企业宣传上的风险。

言过其实，名不符实，在消费者过高的期望之下，丧失了信誉。

务虚名得实祸，把自己说得太好，引来了各方伸手。

八、政策变化的风险。

我国房地产行业就遇到了几次这样的风险。1992 年开发区过度膨胀，中央采取了宏观调控措施，收紧了银根，使不少房地产企业破产。本世纪初，中央为了防止过热，又采取了宏观调控措施，除了加强控制土地资源之外，一方面提高了建房贷款的条件，一方面提高了买房贷款的条件和利息，没有准备的企业遭受了重大损失。

九、市场变化的风险。

这是最经常发生的风险。国内外市场变化多端，有好些不可预见的因素，往往造成经营上的失败。

这种市场的风险实际上是整个经济发展变化带来的风险，如科学技术的进步、世界经济的发展趋向、产业结构的调整等。

十、企业内部的风险。

领导人的骄傲、领导人的无能、领导者的腐败、领导班子的不团结、创业者之间的分裂、管理跟不上形势的发展等等，常常会不期而至。同时，企业也有不同的发展阶段，当应该从一个阶段发展到另一个阶段的时候，没有做出及时的转变，也是常见的事。

第五点，树立风险意识，进行稳健经营

一般地谈风险意识没有什么作用。关键是破除与这种意识相违背的观念，树立起符合防范风险的观念。

一、风险与机会同在。

看到机会，必须同时看到风险，看到利益必须同时看到代价。

还是毛主席说得好："往最好处努力，做最坏处准备"。

于是，做决策的关键，不仅在于对好处是否看得清楚，更重要的往往是对坏处是否看得清楚。这样就可以把风险至少限制在不危及生存的地步。情

况明，决心大，方法对。情况明，最重要的就是利益和风险是否明，两者的衔接是否明，防范的手段是否有。

机会越好可能风险越大，利益越大风险越大。两者成正比例。

二、决策由现实决定。

做决策，不能由愿望决定，而应该由现实决定。光从愿望出发，不审时度势，又"自不量力"，是许多经营者容易犯的错误。

三、成功是失败之母。

"失败是成功之母"，这是人们常说的鼓舞人的话。企业更常见的却是这句话的相反的表述："成功是失败之母"。

成功，听到一片赞扬，容易骄傲。成功，容易夸大自己的力量，夸大成功经验的普遍性，往往忽略自己的弱点，忽略了自己经验的局限性。成功，往往提出一些过高的要求，自己达不到的要求。成功，树大招风，困难会多。成功，在新的层次上操作，不见得适应。自己适应，整个企业也未见得适应。别人的成功往往是一种诱惑，很容易在模仿中失败。

四、正向思维和逆向思维必须结合。

只有正向思维，没有逆向思维，是最常见的思维方式的片面性。

盲目地追逐热门就是一种最常见的失败的原因。最巧妙的经营应该是在现在的冷门中发现未来的热门。

独出心裁往往是在逆向思维之中。

理想作动力，务实作车轮

——解析海尔企业文化

我曾经做过一篇副题为《悟道海尔》的讲话，讲述对海尔名牌战略的理解。今天我再讲《悟道海尔》的续篇，主要谈对海尔文化的理解。

第一个问题：海尔文化要义——结合、融合、整合

企业文化是市场主体文化。虽然这种文化的建设要吸收社会各种文化的营养，但最终必以市场主体这个核心归结起来。

理解海尔文化，首先找出它的要义和特征。

海尔文化的第一个要义和特征是"结合"。

海尔人有"梦"。为什么海尔能超过它的德国老师利勃海尔？老师说："因为海尔人有梦，我们没有梦。"梦就是理想，远大目标。有了理想，才有激情；有了激情，才有动力、凝聚力，才有把个人、企业、社会、国家联结起来的纽带。特别是当社会处于转轨期，各种利益和机会不断冲击人们头脑，各种困难和不公常常折磨人们心灵的时候，理想就是更加不可忘记的。这个理想就是"中华民族的伟大复兴"，就是"国强民富"。

仅仅有"梦"还不行。把梦变成现实，就要务实。海尔文化又同时是务实文化。海尔务实简直到了严酷的程度。"砸冰箱"是务实的"宣言"，"零缺陷"是务实的标准，"日清日高"是务实的方法，"五星级"服务是务实的追求……张瑞敏思想开阔，但对小事也绝无半点马虎。他说，"伟人是恶人"。"伟"在远大理想，"恶"在务实严格，这种严格甚至达到"残酷"、"不近人情"的程度。

有理想作动力，有务实作车轮，并把两者用结实的车身结合起来，这就是海尔翻山越岭，勇往直前的重要原因。

海尔文化的第二个要义是"融合"。

企业文化是市场文化。海尔企业文化建设，是在主观与客观的融合中实现的。所谓客观方面就是市场环境、市场竞争；所谓主观方面就是企业自身、企业经营。

海尔把握住了市场竞争的基本逻辑：

——企业生存发展的基础在于市场竞争；

——市场竞争的核心是争夺消费者；

——争夺消费者的根本是满足消费者需求；

——满足消费者需求最重要的是态度，对他们必须"真诚到永远"。

海尔把握住了企业发展的基本逻辑：

——企业发展的核心是资本增值；

——资本只能在有效、高效和安全的流动中增值；

——企业的机构、机制和经营管理都是为了高效运营资本；

——不断探求有形资本、无形资本和人力资本的综合运营最佳方式，才有可能高效。

海尔的高明之处，不仅在于能够分别认识这两个基本逻辑，更在于它能够把这两个逻辑融合起来。"市场链"管理，流程再造，以及最近提出的"SBU"（策略事业单位）的建设，其实质都是这种融合。于是形成了它的综合逻辑：

——企业生存发展的基础在于出色、快速地满足市场需求；

——这种市场压力必须转化为企业活力——市场反应能力；

——市场压力只有恰当地分解后作用于企业的每个局部以至每个成员，才能实现这个有效转化；

——必须使企业的每个局部和每个成员都直接面对市场，他们才能感受到这种压力。

正是这个逻辑指导着海尔企业管理的改进和改造。企业成员，直接面对市场的，既面对市场又面对内部的，只对内部不对外部市场的，尽量使他们都直接面对市场，于是要管理"扁平化"，内部"市场化"，成员"主体化"。于是，我们可以把海尔的管理称为"融合管理"，包括环境和主体的融合、宏观和微观的融合、理念和实践的融合等多方面的融合。这种融合的动力是市场，落实点是人，把少数人操心变成多数人、所有人操心。

海尔文化的第三个要义是"整合"。

如果说"融合"主要表现在海尔自身企业管理和自身建设上，那么在处理本企业和其他企业的关系上，则突出表现为整合文化。所谓整合文化，实际上是市场经济在文化上的反映。

整合的实质是把竞争与合作有机地结合起来，把竞争观念升华到"竞合观念"。商场不完全等同于战场和运动场。"田忌赛马"之类的"优势对抗"艺术，当然要掌握，但"优势对接"的策略有时更重要，特别是对于处于弱势地位的企业。

在许多人对"多元化"持非议态度的情况下，海尔却毅然走上了这条道路。因为它是用整合思维看问题。靠一两种产品把企业规模搞大，必然会遇到三个问题：一、市场资源有限；二、单一产品"平面摊开"，规模越大，风险越大；三、把单一产品无限搞大，必然加剧同行业竞争，竞争成本和风险成本都会增加。因此，海尔在高档次和好服务的定位之下，从众多产品的整合中寻求规模，不可谓不高明。

在分别分析了海尔文化的三个要义和特征之后，我们再来总体把握一下这"三合"的个别定位和整体定位。

结合、融合、整合，三者紧密联系，但又各有侧重。

所谓结合，就是把事物的两端结合起来，理想和务实的结合，理论和实践的结合，从而避免了任何一种片面性。这种结合主要体现在他们的精神境界和工作作风上。

所谓融合，就是把主观和客观、内部和外部诸多要素融合起来，以外部客观促进内部主观，以内部主观适应外部客观。这种融合主要体现在他们的制度建设上。

所谓整合，就是把自己的企业和自己的文化作为一个开放的体系，不断地用开放的思维把自己的资源和外部的资源整合起来。这种整合主要体现在他们的经营发展战略上。

第二个问题：海尔文化主线——创业、创新、创造

紧接着的问题是，究竟是什么把这"三合"贯穿起来的呢？我认为，海尔文化的灵魂或曰主线是"三创"：创业、创新、创造。

所谓创业，就是把做企业当作做事业来做，当作强盛国家、富裕百姓的

事业来做。

所谓创新，就是为了实现创业的目标，必须勇于开拓，坚持思维创新、体制创新、方法创新、应用创新，敢于做前人没有做过的事情。

所谓创造，就是不仅"创"，而且"造"。创新必须落实到出成果上，必须不断出崭新的成果。创造是创新的完整性的成果。

"三创"之间关系是：创业是宗旨，创新是途径，创造是归结。

最后，"三创"和"三合"又形成了一个有机的整体。"三创"是企业文化的内涵，相对于"三创"来讲，"三合"是手段和途径。"三创"是人们都在强调的追求，但怎样才能真正实现呢？海尔的"三合"给了我们深刻的启示。

就这种意义上讲，海尔文化可以称为"创合文化"。

第三个问题：海尔文化的打造——虚实循环的哲学

海尔实际上出两种成果，物质的经济的成果，精神的文化的成果。

文化成果又是海尔获得经济成果和长远发展的保证。

海尔企业文化之所以能够取得长足的进步，关键在于企业的主要经营者重视文化，善于学习。在他们的带领下，企业也逐步成为既有良好经济业绩，又有良好企业文化的学习型组织。

那么我们要问，善于学习的核心是什么？核心就是造成虚实之间的良性循环，也就是理论和实践的结合——用实践促理论，用理论促实践。人们说，张瑞敏是一个善于思考的思想者。很对。他要处理大量的实践问题，但头脑整天在务虚，企业的虚，市场的虚，中国的虚，外国的虚，传统的虚，现代的虚，这些虚在他的脑子里交汇、交融，常常会爆发出新的思想火花。其实，张瑞敏更是一个勇于实践的企业家，并不是专注于学术的学者。当然，这种实践不是单枪匹马的实践，而是集体的实践。他的好搭档、海尔总裁杨绵绵以及整个经营班子常常担任在第一线具体落实的角色。虚指导实，实落实虚，实检验虚，虚提升实——这就是他们的"虚实循环"的学习公式。就是在这样的循环中，虚实同时得到发展。

今天的海尔已是"树大招风"，一度国内外都有一些不同的议论，说，海尔在美国投资建厂，不赚钱，风险大；在意大利收购了一家不知名的企业是"愚蠢行为"……在 2002 年 12 月 21 日举行的中国企业领袖年会的闭幕式上，张瑞敏对这些质疑第一次做出正面回答。他在讲话中这样提问："如果说进入美国市场有风险，那么不进入美国市场是不是风险更大？"这是用哲学来回答问题。任何一个大企业都是多面体，都是一个相当复杂的系统，况且企业又总是在未知的领域去不断地开拓。不用哲学思维，往往难以透过纷繁的现象把握它的发展大趋势。对海尔也是一样，不站在哲学的高度，几乎难以认识、理解和说明它。

如果说到与经济相对区别的文化，那么文化就是"形而上"的东西，是寓于实体和关系之中的"魂"，是实体得以正确行动、关系得以恰当处理的"道"。搞经济，办企业，抽不出其中的魂，悟不出其中的道，终究不是高手和大家。

文化力也是生产力，好的文化，不仅造就了好的生产力，而且造就了好的生产关系，造就了生产力和生产关系的好的衔接，造就了具有高素质的人，造就了好的社会氛围。

第四个问题：海尔文化启示
——中国文化如何走向世界

中国文化如何走向世界？

首先依托中国的强盛。一个国家的文化被世界各国人们所认可，所重视，一个基础条件就是这个国家必须强盛。当年日本人为什么学习中国文化？就是因为唐朝很强盛。后来为什么日本人改学西方？因为 1840 年鸦片战争的结果出乎日本人所料，竟然是他们认为很强大的中国被打败了。他们看到了西方的强大，于是下决心学习西方，有了明治维新。中国的文化如果想要重新被世界各国所认可，必须是依托中华民族的振兴。

但是，中国的强盛，在一定意义上又是要依靠中国文化的复兴，中国文化被世界所认可。振兴文化和振兴中国密不可分。那么，如何建设和振兴中国文化呢？原原本本地恢复中国的传统文化，历史已经证明是不行的。正是这种传统文化导致了中国的落后。我们只能继承其中精华部分，而抛弃糟粕部分。况且农耕时代的文化已经远远不适应现代社会。原原本本照抄西方文化，这也是不行的。历史的不同，国情的不同，照抄照搬，只会是"食洋不化"，造成更多的问题。

马克思主义是我党确认的指导思想。但这里面存在着两个问题。一个是马克思主义也要和中国国情相结合，一个是马克思主义只是指导思想，并不等于全部文化的内容。

党的十六大要求我们的思想观念要与时俱进。我理解，这里说的中国文化，并不是原封不动的原有中国文化，而是"与时俱进"的中国文化。怎样与时俱进呢？

海尔文化的意义正是在这方面给了我们重要的启示作用。

海尔在青岛，青岛在山东。海尔文化出现在青岛不是偶然的。山东是我国传统文化的发祥地。青岛又是近代比较开放的地方，西方的文化传播进来和传统文化融合起来了。传统文化和西方文化的融合成为青岛文化的特色。传统文化的根基，西方文化的眼界，培育了这里的企业家。这就告诉我们，"与时俱进"文化的形成和发展，在很大的程度上也应该依靠"结合"、"融合"、"整合"方式形成的持续创新。中国新文化的形成，中国新文化走向世界，实际上都需要通过这"三合"来进行。

品牌思维

不能老当秘书

——为什么要重视名牌战略？

品牌、名牌、名牌战略，这几个词，现在说得越来越多，越来越响了。它反映的是我国经济生活中的一个重要的动向和重要的趋势。

邓小平在 1992 年就指出："我们一定要有自己的拳头产品，要创出中国自己的名牌，否则就要受人欺负。"江泽民在 1994 年题词："立民族志气，创世界名牌。"党的十六大报告写进了这样的句子："要形成一批有实力的跨国企业和知名品牌。"国务院批准在 2001 年建立了中国名牌战略推进委员会，此后党中央和国务院领导同志曾多次对名牌战略的实施做了批示。中央政府、政府各个部门、地方政府、社会团体、媒介等中介机构、众多的企业都动起来了。

为什么要重视名牌战略？我认为至少有以下五点理由。

第一点理由：中国经济融入世界经济全球化的需要

过去在加入世界贸易组织的时候，大家更多关心的是规则。但今后更多的是对策问题。研究制定对策，首先要认识我们自己的国情。把中国经济放到全球来看，中国经济特色就是八个字："制造大国，品牌小国。"

从制造的角度说，目前我们中国至少有 170 多种产品的产量已经占据到了世界的第一位，有的还不止是第一位，而是占一半以上份额的绝对冠军。钢铁、煤炭这些大宗产品不消说了，鞋的产量中国占世界的一半还多，服装是世界第一生产大国、第一出口大国，彩电世界第一，空调产量占世界70%，手表，过去一说就是瑞士、日本，但现在中国手表的产量占世界的75%！这个产品清单还可以列得很长。但中国有多少世界名牌呢？到现在，一个很成熟的世界名牌也没有。"海尔"在我们国内很著名，但放到全世界，还是刚刚崭露头角。

"品牌小国"至少会带来三个问题：

第一，影响到我们的经济效益。世界经济有一条微笑曲线。研发获得的效益高，制造获得的效益低，销售获得的效益高。三点连起来，两头高，中间低，像一张微笑的嘴。这个微笑曲线，对中国来说就是"苦笑曲线"，因为我们中国就站在效益低的制造的环节上。研发是弱项，因为没有自己的品牌，销售也是弱项。我们90%的出口商品是用人家的牌子。我们产品出卖的价格很低。我国出口到美国市场上的皮夹克，平均每件卖80美元，美国经销商加上他们的品牌出卖，卖到400美元一件；出口的T恤衫每件卖36元人民币，人家在市场上卖100美元；耐克在中国加工，收购价是12美元，它的市场价格是120美元……谁获得了更多的效益是很清楚的事情。

第二，影响到我们外贸的扩大。现在我们对外贸易发展的主要模式是"增量降价"，出口总量越来越大，而单位价格却越来越低。这造成了许多对外贸易的摩擦事件，外国对我国产品实行反倾销的案件越来越多。一方面我们当然要据理力争，一方面，甚至可以说是更重要的一方面，就是要反思我们对外贸易的发展模式，不要过分依赖量的增加，而主要靠提高附加值。这就要搞品牌。

第三，影响到我国经济长期发展的稳定性。现在贴牌生产（OEM）很多，这是因为你现在劳动力便宜。随着经济的发展，人们的生活水平要提高，不可能永远维持很低的工资，如果成本提高了，人家就可能不在你这里加工了。我们现在很提倡自主知识产权，但没有品牌，自主知识产权将难以着落。

融入世界经济全球化，中央提出了"三三对策"：跨国公司有三大优势——资本优势、技术优势、管理优势；中国经济和中国企业有三大优势——产业基础优势、本土市场优势、劳动力优势。我们要把跨国公司的三个优势和我们的三个优势结合起来，造成符合三个要求的制造能力。这三个要求是：拥有世界知名品牌，拥有自主知识产权，在内外市场有较强竞争能力。这里把"拥有知名品牌"放在了第一位。

第二点理由：我国经济转换增长模式的需要

中国经济发展速度，从20世纪90年代以来，一直把握得很好，在"八九不离十"的范围。但掩盖着增长模式方面的严重问题。现在我国经济发展还没有摆脱粗放的增长方式，即"三高两低"的方式——高投入、高消耗、高排放，低产出、低效益。以 2004 年的统计数字为例，这一年，中国 GDP 占世界的 4%，即 1/25，但我们消耗的钢铁占世界的 1/4，消耗的煤炭占世界的 1/3，消耗的水泥占世界的 1/2。把消耗和产出做一对比，就看出我国经济的粗放来了。

按照这种模式，我们的持续发展将遇到严重的障碍，首先是资源和能源上的障碍。如果我们的 GDP 翻两番，是现在的四倍，资源和能源的消耗也增长四倍，1/4 乘 4，就是 1，全世界的钢铁都归中国用才行，1/3 乘 4，是 $1\frac{1}{3}$，全世界的煤炭都归中国用还缺 1/3，水泥是 1/2 乘 4，是 2，都归中国用，还缺一半。我们就是能够千方百计把资源和能源搞到手，但污染也将承受不了。

现在世界上有一句俏皮话："中国在世界上卖什么东西，什么东西就贱；买什么东西，什么东西就贵。"这句话虽然有相当大的片面性，但应该对我们起到警示作用。

解决这个问题，就要转换增长方式。具体落实是两条线，一条线是"硬资源"的节约利用和循环利用。所谓"硬资源"就是物质性资源。中央已经提出了节约经济、循环经济等。还有一条线就是"软资源"的利用。所谓"软资源"就是信息性资源，包括信息、知识、科技、文化、创意等。软资源与硬资源相比有三大优势。一、硬资源在使用中被消耗，使用过程有排他性，我用了你就不能用。软资源在使用着不仅不被消耗，还在使用中增值。例如，网上的信息，你用了我还能用，使用的人越多，信息的价值越高。二、硬资源的使用过程中会产生污染，软资源不会产生污染。三、硬资源决大多数数量是有限的，软资源的数量原则上是无限的。因此，当我国经济发展到相当大的数量和规模的时候，就要更加注意利用软资源去发财。

美国的比尔·盖茨成了世界首富，并不烧多少煤和石油，而主要是靠知识这种软资源。美国还有一些企业是靠"软硬兼施"——硬资源和软资源结合利用。我在《人民日报》工作的时候，20 世纪 80 年代后期我们的经济版曾经发表了一篇记者朱剑红的文章《肯德基吃什么》。文章有四个小标题：第一个标题："肯德基吃鸡"。没有鸡大家不去买，这是硬资源。但鸡很多，为什么要吃肯德基的？于是有第二个小标题："肯德基吃快"。"快"就有

"软"的味道了，它是一种操作。但快的食品也很多，为什么非吃肯德基？于是有第三个小标题："肯德基吃派"。什么是派？美国的派头。"老子没去过美国，可老子也吃上美国饭了——开开洋荤。"这是许多人吃肯德基的想法。"派"的内涵是什么？第四个小标题："肯德基吃文化"——美国文化。所以肯德基的核心资源是美国文化。这种资源不是越吃越少，而是越吃越多。靠这种越吃越多的资源到全世界去赚钱。

肯德基这种模式是三部曲：软资源、硬资源全面考虑；创造出一种经营模式；把这种模式用一个品牌加以覆盖。于是就有了知识产权，就可以到世界各地去赚钱。

中国的企业到了应该更多地考虑使用比尔·盖茨的模式和肯德基模式的时候了。这两种模式都是充分利用软资源的模式，都是需要品牌经营的模式。

第三点理由：针对我们中国人经济思想的弱点

我们中国人经济思想的弱点就是重制造、轻品牌。前面我引用的邓小平同志的话，是两句话。但是，人们只记住了前一句话，即一定要搞好产品，但忘记或忽略了后一句话，即一定要创出自己的名牌。人们有一种误解，认为搞产品是真本事，是最难的；搞品牌是虚东西，可有可无的东西，没什么重要性。

这种思想的最集中的反映就是中国汽车（主要是轿车）产业的发展状况。中国的汽车产量已经上升到世界第三位，仅次于美国和日本。但往深里一看，绝大部分是使用外国品牌，中国并不拥有自主知识产权和自主品牌，因而实际上中国的汽车产业是被世界六大汽车集团和三大汽车公司瓜分的产业，所谓的"国产车"知识产权都在别人的控制之下。真正的民族汽车产业相当弱小，而且今后的发展遇到了自己为自己设置的障碍。

中国汽车产业干不过美国、德国、日本都是应该的，但干不过韩国不应该。无论从哪个角度说都不应该，但现在就是干不过韩国。为什么？问题就出在重制造、轻品牌的指导思想上。韩国的汽车产业战略首先是树立自己的品牌。不会制造怎么办？开始就把别人的零部件往上装，装上我还叫自己的品牌。中国引进了外国的技术，就把自己的品牌放弃了。或者弃之不用，像

"上海"牌；或者被排挤到一边，像"红旗"牌。

制造和品牌到底是什么关系？我们用写文章作比喻。写文章有三种方式：第一种方式，自己写文章用自己的名字发表。自己制造，自己品牌。第二种方式，自己写文章用别人的名字发表。自己制造，别人品牌。经常使用这种方式的是秘书，秘书写了文章，发表的时候署首长的名字。第三种方式，是秘书方式的对立面，即首长方式。自己出主意，别人写文章，看顺眼了，署上自己的名字发表。这三种方式生活里都存在，但从知识产权的角度考察，它们是不一样的。第一种方式，制造者不吃亏不占便宜。第二种方式，制造者就吃亏了，因为他创造的知识产权归了别人。第三种方式，署名者占的便宜更大了，因为他不仅占有了别人创造的知识产权，还体现了自己的意志。用这三种方式加以对照，目前我们中国的汽车产业的主体模式是最吃亏的"秘书模式"。在一定条件下，当一段秘书是可以的，但我们可以套用拿破仑的话说，"不想当首长的秘书也不是好秘书"。

我们要从世界经济全球化的角度来理解这个问题。所谓世界经济全球化就是资源整合全球化，而不是经济利益全球化。每个国家都在利用资源整合全球化争取本国利益最大化。争取利益最大化的具体方法万万千千，但理论的方法就是一条，争取拿到整合的主动权，做"整合别人者"，避免做"被别人整合者"。而要做整合别人者，最基础的条件就是要有自己的品牌。没有品牌连主体的代表都没有，怎么去整合别人？

第四点理由：地方经济发展的必然要求

各地领导最关心的是自己地方的经济发展。那么地方经济如何发展呢？我认为，这中间存在着一个"五句话"逻辑。

第一句话，"地方经济的发展取决于它的市场竞争能力"。你这里生产的东西市场上卖不出去，卖不出好价钱，经济要想发展，将是很困难的。

第二句话，"市场竞争能力取决于经济有无特色"。不是靠"大而全"、"小而全"，主要靠"人无我有"、"人有我好"、"人好我特"的经济特色。经济特色"特"到什么程度？最好形成自己的不可替代性。

第三句话，"经济特色必须落实到支柱产业"。不只是几个点缀性特色产品，地方经济的支柱产业应该是有特色的产业或产业集群。

第四句话，"支柱产业必须有龙头企业带领"。一个产业往往包含许多企业，这些企业不仅要形成产业链，而且要有龙头企业带领。龙头企业所起的作用，不仅是自身的作用，还有对整个产业的带动和提升作用。当初中国女排为什么得三连冠？除了整体水平很高以外，最重要的因素之一，就是当时有一个郎平。后来十几年不行了，不是全部队员都不行了，其实主要就是缺少一个像郎平这样的队员。大家把球救起来了，但是没有人一下子把对方扣死，还是不能得分，整个队的水平难以集中发挥出来。产业和龙头企业的关系类似这种情况。

第五句话，"只有高大名企业才有资格做龙头企业"。所谓"高大名"企业，就是技术高、规模大、牌子响的企业，就是名牌企业。

把这五句话连起来看，问题很清楚，处于地方经济发展牛鼻子地位的就是名牌战略。地方名牌战略的任务很清楚：一是扶植当地名牌的发展，一是发挥名牌的带动、整合和提升作用。

第五点理由：企业进行有效市场竞争的需要

从企业角度看，市场竞争可分为三个层面。

第一个层面是价格竞争。

这是最初级的，也是最普遍的竞争方式。这种竞争主要靠价格便宜。价格竞争的基础是成本，成本低才能价格低。中国目前企业的主要竞争手段还是价格，大多数企业还停留在价格竞争的水平上。

第二个层面是质量竞争。

质量竞争主要不是靠价格便宜，而是靠东西好，靠比较高的性能价格比（简称"性价比"），即平常说的"物美价廉"，但首先是"物美"。随着生活水平的提高，人们在购买东西的时候，越来越不把价格因素放在第一位，而是把东西好不好，即质量好坏放在第一位。1998 年北京酷热，空调卖得很快，但在大商场调查发现，价格在四五千元的高档空调反而比价格在三千元左右的空调卖得多几倍。因为北京人比较有钱，他要安装空调就来个一步到位，宁可多花点钱装好的，也不愿意少花钱买差的。我们中国过去的出口产品，价格虽然便宜，但质量不行，外国商人就把它当作地摊货，进不了主流消费渠道。

第三个层面是品牌竞争。

这是市场竞争的最高层面。这种竞争主要看牌子响不响。我们发现，质量竞争有一个障碍，经济学叫做"信息不对称"。主要是企业和消费者之间的信息不对称。卖家总比买家掌握的信息要多。俗话说："买的永远没有卖的精。"信息不对称好像对卖的人有利，他比较主动；但是买家有一条主动，钱在他兜里，他搞不清楚不掏钱。怎么解决这个问题？一条靠把信息搞得对称一些。这样做，成本高，有时也没有效果。市场发明了另一种好的办法来解决这个问题，那就是靠信用。我搞不清楚你的产品，但我信任你，也会购买你的产品。信用装在哪里？就装在品牌里。如果是一个名牌，消费者虽然不见得懂得那么多的质量知识，但他凭着对这个牌子的信任，也可以下决心购买。有了名牌，好质量才容易被确认，没有好品牌，即使有好质量，也难以被确认。所以，质量竞争常常是通过牌子竞争来实现的。

除此之外，还有一层，那就是随着人们生活的提高，文化消费越来越引起重视。人们在购买商品的时候，不仅是为了满足物质的需求，还要满足文化的需求。也就是说，消费者不仅重视商品的物质质量，还重视商品的文化含量。而商品的文化含量则主要包含在品牌之中。来了尊贵的客人，你请吃饭，就会说"喝茅台吧"。来了熟悉的朋友你请吃饭，就会说"喝二锅头吧"。品牌的选择实际上是文化的需求。

价格竞争、质量竞争、品牌竞争，这是市场竞争永远存在的三个层次。世界的市场早已发育成为了品牌竞争的市场。我国的市场也已经进入了品牌竞争阶段。在这样的情况下，企业要想获得持续稳定的发展，就必须学会高层次的品牌竞争。

名牌要有三个度

——正确认识品牌和名牌

要有效地实施名牌战略，必须把基础性理论搞清楚，首先要把基本概念搞清楚。

这里最基础的概念是两个：一个是"品牌"，一个是"名牌"。

第一个问题：什么是品牌？

品牌这个概念如今非常流行了。政治、经济、文化、地域、城市、人物等各方面都在使用这个概念。我们现在说的品牌，主要是经济领域的品牌。

所谓品牌不能解释为商品的牌子，它是有经济价值的牌子。

品牌是一种无形资产的载体，又是一种丰富的社会的经济资源。

在经济领域，对我们最重要的共有五种品牌：

第一种是商标。

商标就是附着在商品上的企业的标记。人们通过商标可以知道这个产品是哪个企业生产的。有一台彩电，上面有"长虹"的标记，这个标记就是商标。

商标里面有"驰名商标"，它是商标中的佼佼者。这个概念来源于1883年的《巴黎工业产权公约》。"工业产权"就是现在说的"知识产权"。这个公约第六条是商标，第二款就是驰名商标。商标实际上只是一企业的知识产权的载体，只有驰名之后，它才包含有比较多的知识产权。公约规定对驰名商标要特殊保护和扩大保护。所谓特殊保护，就是它享有一定的特权。比如许多国家的商标注册采取按注册时间顺序的原则，谁先注册商标就归谁所有。但驰名商标可以不遵守这条原则。到一个国家去注册，如果有人已经注册了同样商标，你来晚了，但如果你是驰名商标，也会允许你注册，而把先注册的取消。扩大保护是足以构成和驰名商标混淆的商标，虽然两者不完全相同，也不允许注册。比如中国曾经有人注册"茅合"酒。虽然不叫"茅台"，但"合"字与"台"字很容易混淆，所以也不允许它注册。

一个国家驰名商标的多少反映了一个国家的发展水平。驰名商标太少，参加国际公约，实际上会出现权利和义务的不均衡，你要保护人家许多驰名商标，而你自己要人家保护的驰名商标却很少。

驰名商标本来是一个法律语言，打官司用的。但在今天的中国，实际在意义上已经有了延伸，大家更多地是把它当作名牌来使用。

第二种是商号。

商号是企业的名称，就像人的名字一样。商标和商号是不同的。商标和产品相对应，商号和企业相对应。一个企业一般只能有一个商号，但商标可以有许多个。有的企业，商标和商号是一个，但在不同场合性质不同。例如说"海尔冰箱"，这里的"海尔"是商标。说"海尔集团"，这里的"海尔"是商号。

也有的企业商号和商标是不重合的。例如宝洁公司，"宝洁"是商号，商标有许多个，"海飞丝"、"潘婷"、"沙宣"等是它的商标。

商标和商号分离或合一，各有各的优势。分离的一般是为了突出产品，合一的一般是为了突出企业。

现在世界的趋势，越来越多的企业在逐渐突出自己的企业品牌。

服务业的品牌主要就是商号，例如希尔顿饭店、沃尔玛超级市场，就是商号作为自己的品牌。

第三种是共用品牌。

前面讲的两种品牌，都是本企业专用的，我用了你就不能用。商标和商号的专用权是受法律保护的知识产权。

共用品牌则不同，它是可以由许多企业共用的，当然要有一定的条件。有认证性的，例如国际羊毛局颁发的"纯羊毛标志"就是这样的品牌，我国皮革协会颁发的"真皮标志"、"真皮王标志"也属于这类品牌。有原产地保护性的，如法国波尔多地区的葡萄酒，"波尔多"就是原产地。我国的龙井茶，"龙井"就是原产地。有评价性的。现在，中国名牌战略委员会每年都要评定一批"中国名牌产品"，就属于评价性的共用品牌。它的内涵是：世界先进水平，中国领先水平。或者简单地说，是中国目前这方面最好的产品。

共用品牌的作用很大，打个比喻，人们出国可以坐两种飞机，一种是专机，只有最高首长有专机可坐；一种是民航机，一般人坐的是民航机。完全靠自己的品牌（专机）打到世界上去，当然很好，但能够做到这一点的，毕竟是少数企业，大多数企业最方便的办法，还是靠共用品牌（民航机）的帮助。

第四种是借用品牌。

这类品牌本身并不是经济性质的品牌，但经过借过来发挥重要的经济作用。例如2008年奥运会，是国际大型体育活动，但它的标志可以成为品牌并发挥经济作用，也可以通过类似"2008年奥运会特许饮料"、"2008年奥运会特许服装"等方法，把它品牌化。联想集团通过赞助奥运会获得了"2008年奥运会顶级赞助商"的称号，其实也是一个借用品牌。这种品牌可以达到一般品牌不能达到的功效。

我国的"健力宝"是最早懂得利用这类品牌的企业，20世纪70年代末80年代初，它赞助中国女排。中国女排获得世界"三连冠"，在日本东京开新闻发布会。一个日本记者问中国女排，你们为什么能够获得"三连冠"？一个女排姑娘回答说："因为我们喝健力宝。"于是日本记者写文章说，中国女排能够获得"三连冠"，是因为她们喝"东方魔水"。健力宝由此在国内外名声大振。

第五种是载体品牌。

所谓载体品牌，表示的是一个地区或一个范围，它们自身虽然并不完全具备品牌的全部要素，但它仍然可以发挥重要的品牌作用。例如北京的"王府井"、"中关村"、"中央商务区"都属于这一类品牌。许多地方在打造城市品牌，也属于这一类。在我们国家，很多城市注意打造自己的载体品牌。温州、晋江等城市，都取得了显著的成效。

扩大一点范围看，国家也可以成为载体品牌，甚至可以说，从世界范围看，第一个载体品牌就是国家。我们常说"意大利皮鞋"、"法国香水"、"瑞士手表"等，这里的国家名称实际上就起着载体品牌的作用。中国的消费者其实并不知道多少意大利皮鞋的企业品牌，但商店告诉你这是意大利皮鞋，然后告诉你这是世界名牌，你就会相信，因为你知道意大利。

载体品牌对我们国家的品牌战略来讲具有特殊重要的意义。对于后进的国家，打造国际品牌很不容易，因此就要注意发挥群体的作用。我提出过要打"经济乒乓球"，就是一定要搞好我们的优势产业。利用我们的优势产业去打造品牌，就容易一些。

五种品牌后面有三种主体。商标、商号的主体是企业，共用品牌的操作主体是中介机构，借用品牌和载体品牌的操作主体是政府。知道了品牌有五种，我们就要善于发挥三种主体的作用，综合使用这五种品牌，并把它有机地结合起来，形成合力。目前温州在这方面做得比较自觉。他们的企业着力打造自己的商标、商号，行业协会着力打造当地的公用品牌，政府着力打造载体品牌。他们已经获得了"中国鞋都"、"中国低压电器之乡"等十来个称号，这些其实都是载体品牌。这些品牌有机地结合起来，有力地推动着温州经济的发展。所以，多种品牌的综合使用，不仅是一个企业，也是一个地方经济发展乃至一个国家经济发展的重要思路。

第二个问题：什么是名牌？

什么是名牌？简单地说，名牌就是知名品牌。

知名品牌是一个总的说法，具体落实，又有许多具体的称呼。以商标而论，我国就有国家级的"驰名商标"和省一级的"著名商标"。直接称为名牌的，有国家级的"中国名牌产品"和省级的"某某省名牌产品"。更广义地说，"世界500强"、"世界最有价值的品牌"、"中国500强"、"中国最有价值的品牌"等，都具有名牌称呼的性质。

关键在于对名牌内涵和外延的正确理解。很多人说名牌，但并不真正懂得"名牌"。

第一个误区，是把名牌产品就当成了名牌。

"名牌"和"名牌产品"，并不是等同的概念。再好的名牌产品绝大多数都会过时，而真正的名牌是越老越值钱，它们不可能是同一个东西。区别在于：名牌产品的载体是产品，产品是不断更新的，而且产品的名称是不能专用的，因此没有自己的知识产权。名牌的载体是商标和商号，它经过注册之后便拥有法律保护的专用权，是知识产权的载体。由于对这两个概念区别不清，常常带来企业经营上的一系列失误。

例如烟台的张裕葡萄酒公司，很早就创造了一种干红葡萄酒，取名叫"解百纳"。企业只是把它当做一个干红葡萄酒产品的品种来对待。它出了名，于是其他葡萄酒厂也生产"解百纳"，冲击了它的市场。这时张裕才发现了问题，到国家商标局去注册"解百纳"商标。结果遭到全国的葡萄酒厂的反对，没有注册成，造成了难以挽回的损失。如果一开始他们就清楚这两者的区别，把"解百纳"注册成自己的分商标，就不会出现这个问题了。

现在，中国名牌战略推进委员会每年评出来的"中国名牌产品"，实际上也主要着眼于产品，并没有主要着眼于品牌。所以它有效期为三年。获得了中国名牌产品称号，也只能看做是"高中毕业"，真正打造出自己的名牌，也就是牌子真正立住了，那才是"大学毕业"。真正的名牌反而说不出它有什么名牌产品，因为在它的牌子下面的都是名牌产品。你能说出"松下"的品牌下面有什么是名牌产品，有什么不是名牌产品吗？

我们企业一定要清楚，我们实施名牌战略，最终是要打响自己的品牌，而不是某一种或某几种产品。

第二个误区，把著名地方土特产当成了名牌。

我国有许多著名土特产品，如"德州扒鸡"、"道口烧鸡"、"小站米"、"响水稻"、"金华火腿"、"云南火腿"，"龙井茶"、"灯影牛肉"等，非常多。但它们都不是我们说的名牌。不错，它们很有名，但它们不是牌子，是产品，所以只是名品。

名牌一定是品牌。"北京烤鸭"是著名土特产，不是名牌。"全聚德"才是名牌。以为有著名土特产就是有了名牌，这是不对的。

以为著名土特产品就是名牌，副作用很大。本来有著名土特产是创造名牌的一个很好条件，但如果你认为这就是名牌了，你就不会再继续做这方面的工作，就把好条件给浪费了。从另一个角度说，著名土特产由于没有品牌覆盖，就不能知识产权化，也就没有人对它的质量负责任。大家都利用著名土特产的名声去赚钱，谁都对它的质量不负责任，很快这种产品的质量就会降下来，名声也就受到损害。

第三个误区，把名牌的形成简单地看成了知名度的提高。

名牌当然要有知名度，但真正成为名牌不是只有知名度，它必须是三个"度"的有机整体。名牌构成是靠三个度——信任度、美誉度、知名度。没有前两个度，只有知名度是不实在的，甚至是危险的。

秦池酒通过夺得中央电视台广告标王，知名度大大提高，甚至可以说，一时间家喻户晓。但人们开始怀疑它，你花这么多钱做广告，怎么收回来？报纸一调查，它自己不做酒，主要靠从四川民间收购原浆酒自己再勾兑，大家感觉质量没保证。结果，知名度提高了，信任度和美誉度却下来了。秦池夺标成功却导致了它经营的失败。三株口服液也是类似的事例。靠广告把知名度打上去了，销售额达到 70 亿，非常了不起。后来湖南岳阳一位老头吃了三株口服液死了，儿子到法院起诉三株。起诉以后三个月三株就转不动了。因为它的信任度和美誉度不够，消费者听到三株吃官司，就不买这种口服液了。假如这位老头是喝了两瓶茅台酒死的，儿子会不会告茅台呢？不会。大家第一个反应：假茅台，假茅台里面有敌敌畏，老头被毒死了。茅台被假冒，也是受害者，当然不会去告茅台。如果检验结果是真茅台，也不会去告茅台，这时大家就要批评这个老头："身体不好，心脏有毛病，你连喝两瓶茅台，自己找死！"为什么无论是假茅台、真茅台都不会告茅台呢？因为它具有三个度。

第四个误区，认为名牌与中小企业无关。

名牌不是大企业的专利。中小企业同样要关心和重视名牌战略。

一、海尔就是在亏损 147 万的时候开始搞名牌战略的，它的奇迹般的发展证明，名牌战略恰正是中小企业由小到大迅速发展的催化剂。

二、上海恒源祥的发展案例证明，小企业也可以联合起来造名牌。

三、自己不打造品牌，不等于自己不利用品牌，也可以通过恰当的方式利用大名牌。品牌的创造者、所有者、使用者三者并不总是重合的。使用者未必是创造者和所有者。

第五个误区，认为名牌与搞生产资料的企业无关。

生产资料企业的产品一般不直接和消费者见面，它的买主是用户，好像知名度并不重要。但这种特殊性并不否定名牌对它们的重要性。因为：它们的无形资产也需要储存；同样的有形资产在不同的无形资产下面有不同的价值；这样的企业也往往需要利用品牌扩展自己的经营范围；信誉在与用户的交往中同样重要。世界有名的杜邦公司是化工企业，生产的是中间产品，但它同样是名牌。美国的英特尔公司生产的电脑机芯，是中间产品，也同样是名牌。我国的万向集团，生产的是万向节，也是中间产品，同样也是名牌。

第六个误区，认为打造品牌就是宣传、做广告。

不错，打造品牌必须进行宣传，也必须做广告。但是，一定要明确，企业形象是依托内而见之外的东西。如果自身不行，怎么宣传也不行。所以，真正的名牌企业必须具备六项条件：

一、持久稳定的、高质量的产品和服务。

二、相当的经济规模。

三、较高科技水平和较强的研发能力。

四、实行现代企业制度和现代企业管理。

五、有完善的品牌体系和品牌管理。

六、形成了有自己特色的企业文化。

第三个问题：需要说明的几点

第一点，品牌和名牌的关系。

在这一点上有不同的认识。

一种观点认为，名牌比品牌高，只有著名的品牌才是名牌。品牌相当于"人"，名牌相当于"名人"。

另一种观点认为，品牌比名牌高，把牌子做出名并不很难，但要把品牌做出品位，做出特色，就不那么容易了。可以称为名牌的，不见得可以称为品牌。

还有一种观点认为，名牌和品牌是两条路子，有的人做名牌，着重提高知名度，有的人做品牌，着重形成自己的特色，对知名度要求不高。

这三种说法各和各的道理。学术上可以百花齐放，因为操作上的不同，都有一定的指导性。

但我个人认为，作为一种基础理论的认定，还应该是第一种观点比较能够通用。因为与品牌相对应的概念是制造，它告诉我们，不仅要制造好，还要有自己的品牌。后两种观点，强调品牌的特色问题，强调操作的多样性问题，都是对的，但从理论的概括上可以把它们纳入"名牌的多样性"中来。

这样认识，在操作上也容易把握。你注册了商标、商号，你就有了品牌，但不等于有了名牌，把自己的品牌打造成名牌还要做大量的艰苦的工作。名牌是品牌中的佼佼者。中央文件采取的也是这样的观点，使用的概念是"知名品牌"或"著名品牌"，其实就是"名牌"。

第二点，名牌的层次问题。

名牌其实有三个层次：

产品名牌。它和某种或某类产品相对应。看见这个名牌，消费者可以确定这个产品是好的。"海飞丝"就是产品名牌，它对应的是一种洗发水。"雕牌"也是产品名牌，它对应的是洗衣粉这类产品。

产品名牌更利于促进市场销售，更利于市场细分，因为消费者直接接触的是商品，产品品牌就容易起作用。

企业名牌。它和某一个企业相对应。看见这个名牌，消费者可以确定这个企业是好的。企业是市场主体，而产品是企业这个主体的经营成果。表示主体的品牌比表示成果的品牌位置要高，内涵要丰富。

企业名牌更利于新产品问世，更利于企业开展多种经营，更利于企业进行资产运作。现在世界的趋势是更重视企业名牌的打造。

产业名牌。它和某个产业相对应。这种名牌不仅是某个企业的代表，而且是某个产业的代表。只要有这个产业存在，这个品牌就不会消亡。例如"全聚德"就是北京烤鸭产业的产业名牌。创造全聚德这个品牌的企业实际上早已不存在了，但全聚德仍然存在；现在的全聚德经营亏损了，但只要有北京烤鸭这个产业，人们还会用"全聚德"这个品牌来经营北京烤鸭。"同仁堂"也是同样的产业名牌，只要有中药产业在，同仁堂就不会消亡。

第三点，名牌是一个弹性概念。

有人曾经批评名牌这个概念不好，因为它内涵模糊。说名牌的内涵模糊是对的，但模糊有模糊的好处。它可以有包容性，由包容性又生出来了群众性和创造性。由于它比较模糊，有相当大的弹性区域，所以可以吸引众多的企业参加，不然就会出现"曲高和寡"的局面。"好人"是一个模糊概念，"五一劳动奖章获得者"是一个清晰的概念，但人们日常用得最多的却是模糊的"好人"这个概念，因为它鼓励人们上进。

就品牌的发育成长来说，它大体要经历这样几个阶段，我把它称为品牌的九段：

一段，合格品牌。法律上立得住，就是合格。

二段，当地名牌。这个"当地"，在中国是指一个地区（大约就地级市的范围）。

三段，准省级名牌。在本省内若干地区知名者。

四段，省级名牌。在我国已经有正式认定，"省级名牌产品"、"著名商标"都属于这一类。

五段，准国家级名牌。在全国若干省份知名者。

六段，国家名牌。在我国已经有正式认定，"中国名牌产品"、"中国驰名商标"属于这一类。

七段，国际名牌。在若干国家和地区知名者。

八段，世界名牌。在全世界主要国家和地区知名者。

九段，顶级名牌。在世界名牌中的少数佼佼者。像微软、可口可乐等。

分等级是为了便于企业循序渐进。

第四点，品牌的实质。

品牌是什么？

有人说品牌是质量，有人说品牌是管理，有人说品牌是形象，有人说品牌是文化，有人说品牌是特色……上述说法都是说了品牌的某一个要素，这一切要素的综合才是品牌。

品牌的实质是什么？

品牌是知识产权，是无形资产。那它是什么性质的知识产权呢？我们平常说的知识产权主要是三种，著作权、专利权、商标专用权。著作权是意识形态上的东西，出版物只是它的物质载体。专利权也主要是意识上的东西，有个好主意就可以成为专利。但品牌则不行，光是商标专用权并没有多少知识产权，一个商标注册完成了，就有了商标专用权，但其中包含多少知识产权呢？很少，因为你的品牌还不知名。品牌的运作离不开物质的东西，没有企业，没有产品，没有服务，很难有品牌。但品牌又不是物质本身，因为这些东西都具备了，不见得就能打造成品牌。品牌还有文化的东西，要有由文化要素形成的特色和消费价值。但品牌也不是这些文化要素本身。把这些要素都设计出来了，也不就等于有了品牌。品牌离不开物质的要素，但又不是物质要素本身，品牌离不开文化的要素，但又不是文化要素本身。总之，我们平常说的其实都是品牌要素，而不是品牌本身。

那么品牌本身是什么呢？品牌本身是一种关系。就是基于各种物质的和文化的要素而形成的企业和消费者的关系。什么关系？就是三度关系——信任度、美誉度、知名度关系。没有那些要素形成不了这种关系，但只有这些要素，而没有一定的空间和时间与消费者发生联系，也形成不了这种关系。品牌需要设计，但品牌不是设计出来的，必须是在市场上和社会上与消费者不断交往形成的。质量可以在企业内部造成，设计可以在办公室造成，品牌只能在市场上和社会上形成。

只有懂得了品牌的实质，才能有效地打造品牌。

冰箱砸了，牌子响了

——企业实施名牌战略要点

企业如何实施名牌战略？

名牌战略是一个系统工程。不同产业、不同企业、企业的不同发展阶段，名牌战略都是共性和个性的统一。

这里只讲企业实施名牌战略的一般要点。

第一个要点：要全面认识和发挥名牌的五种威力

名牌有五种威力，我们要全面认识和发挥这五种威力。

市场开拓力。凭借品牌的信用作用，名牌可以做到"四卖"——卖得贵，卖得多，卖得快，卖得久。

四个"卖"不可能全占了，占一条或两条就不得了。"茅台"就占卖得贵。"二锅头"就占卖得多。也有占两条的，像"可口可乐"，靠卖得多，又靠卖得久，不需要通过技术革新再推出什么新产品，节省了研发投入，带来了巨大的经济效益。

资产内蓄力。企业的无形资产存放在哪里？就存放在品牌里。品牌是企业无形资产的仓库。不仅如此，品牌还是有形资产和无形资产相互促进和转化的反应堆。我国古代的老子早就讲了，"天下万物有生于无，无生于有"，"有无相生"。在现代社会，在市场经济条件下，有无相生是最普遍的现象，也在最奥妙的现象。有形资产生无形资产，无形资产生有形资产。品牌就是有无相生的中介和纽带。不懂得这个道理，其实就不懂得现代市场经济。

资本扩张力。同样的有形资产在不同的品牌覆盖下，其质量和能量是不同的。比如银行贷款，有名牌，可以信用贷款；没有名牌，只能抵押贷款。企业在扩张的时候，拥有名牌的企业可以实现"低成本扩张"。海尔"吃休克鱼"，康佳用1000万资金控股1亿多资产的企业，其实都是因为它们是名牌。在市场竞争中，名牌还有一个特殊的功效，那就是可以无偿地占有他人的资产特别是无形资产而合理合法。在我国，这是一个大量存在的事实，只是人们没有开窍，没有认识到这个问题。大量的贴牌生产，实际上就是外国企业利用其名牌占有了我国企业创造的大量的有形和无形资产，但这是合理合法的。

企业适应力。企业适应力是被中国企业长期忽略的一个观念。市场竞争并不完全是"优胜劣汰"，完整的表述应该是"市场竞争，物竞天择。优胜劣汰，适者生存"。老虎是优者，但不是适者，所以快灭亡了。老鼠不是优者，但是适者，中国人即使把它定为"四害"，全国动员，也消灭不了它。企业必须注意自己的适应力——对市场变化的适应力。市场的变化，无非是产品的变化，产业的变化，对象的变化，地区的变化。在所有这些变化中，由此岸到达彼岸的最通用的桥梁就是品牌。海尔多元化经营的成功就证明了这个道理。

员工凝聚力。实施名牌战略，有助于企业文化的建设，有助于凝聚员工。因为名牌形成的自豪感可以有助于员工加强自我约束。

第二个要点：要抓住名牌战略的核心

企业名牌战略的核心是"名实循环"。所谓"名实循环"，就是善于以实造名，又善于以名促实。名实循环的操作，应该是根据不同企业不同情况采取多种多样的具体方式方法。

例如，要注意"以实造名"，通过实际操作，不仅造就好的产品，更注意造就好的名声。海尔"砸冰箱"的故事，就是以实造名的典型案例。按一般的质量管理办法看，"砸冰箱"是愚蠢的行动。因为当时海尔刚刚起步，经济还处于困难的境况，76台质量有问题的冰箱，并不是有很严重的问题，修理一下，还是可以卖的，砸掉了，变成了废铁，是一笔相当大的经济损失。但从以实造名的角度看，就是一个相当聪明的举动。这一砸，不仅教育了职工，而且在社会上留下了良好印象——不合格的产品必须从头来，绝不凑凑合合给消费者。冰箱砸了，牌子响了。

例如，也可以"借实造名"。TCL成为我国彩电业老三的时候，它还是自己一台彩电都不生产的。当时它看到中国彩电市场29英寸彩电非常俏销，于是决定用别人生产的彩电，贴上自己的商标尽快打入市场。它这样的经营策略也获得了成功。

例如，也可以"借名启动"。地处安徽合肥的荣事达，开始生产洗衣机的时候，怕自己的牌子不行，就为上海的"水仙"牌贴牌生产，在取得经验之后，才打出了自己的品牌，一举成功。

例如，也可以"嫁接名牌"。大家记得，有一个时期，许多厂家的冰箱都用了中外嫁接的品牌，光"阿里斯顿"就有八家嫁接，有"长风阿里斯顿"、"长岭阿里斯顿"、"伯乐阿里斯顿"、"美菱阿里斯顿"等，都在自己的商标后面，加上外国名牌的尾巴。这一方面是"屈服"中国消费者的崇拜洋货的心理，一方面也是借用外国名牌提高自己的身价。后来，到了一定时候，他们都把外国的尾巴砍掉了，自己的品牌也树起来了。

例如，也可以许多小企业联合起来，以大家的"实"造一个"名"。"恒源祥"走的就是这样一条路，并且获得了巨大的成功。

还可以举出很多这样的途径和方法，总的原则是具体情况具体分析，必须根据自己的实际进行自己的创造。

有的企业说，我现在在实施名牌战略。我问怎样操作的？听了他的回答，我说，你并没有真正实施名牌战略，只是在"说"名牌战略。为什么我可以做出这样的判断？就是因为在它的经营管理中我看不见"名实循环"这个核心。

第三个要点：找准自己品牌的主要支点

在谈到中国打造自主品牌的时候，人们往往遇到一个障碍，那就是认为中国的核心技术不行，打造世界名牌几乎是不可能的。以汽车产业而论，有人认为，如果没有我国的自主品牌，很难谈得上完整的民族汽车工业。有人则认为，现在谈论汽车的自主品牌还为时过早，因为我国没有核心技术。

这里提出了三个问题：第一个问题，是否我们完全没有核心技术。第二个问题，品牌是否只靠核心技术打造？除了核心技术，品牌还有没有别的支点？第三个问题，品牌和核心技术是什么样的关系？

对第一个问题，我们的回答是：承认差距，但不应该丧失信心。

我国企业在核心技术方面的确是差一些，甚至可以说差得很多。但不等于我们一概没有核心技术，也更不等于我们永远不可能改变这种状况。青岛的"金王"蜡烛，就是一个有说服力的例子。它先是利用劳动力的优势，以贴牌生产的方式进入国际市场，有了一定的实力和经验之后，和科研单位合作，发明了一种新的蜡烛材料，燃烧时间长，减少了污染。于是它靠核心技术成了世界知名的蜡烛品牌，它的圣诞节蜡烛已经占世界市场的70%。

对第二个问题，我们的回答是：除了核心技术，打造品牌可以有多个支点。

综合世界名牌，大约品牌至少可以有如下七个支点：

第一个支点是核心技术。

因为有核心技术，我的牌子就响了。依靠这种支点成功的，美国"英特尔"是代表。因为它掌握着电脑芯片最先进的技术，所以别人无法与它竞争。而它下游的产业也尽量沾它的光，不管是什么品牌的电脑上，都要在显著的地方贴上"INTEL INSIDE"的标记。别人之所以愿意义务给它做广告，就是因为它有世界最顶级的核心技术。

第二个支点是产品特色。

就世界汽车产业而论，几个大公司的品牌靠什么支撑呢？在核心技术层面大家相差并不多，它们的品牌确立主要靠产品的特色。"奔驰"是"老板车"，是为坐在第二排的人设计的。"宝马"是驾驶爱好者的车，是为坐在第一排开车的人设计的。"沃尔沃"则强调安全。美国的"卡迪拉克"等突出舒适豪华，日本的"丰田"、"尼桑"则注意节油。意大利的"菲亚特"、法国的"雷诺"更多地面对普通消费者，以普及型轿车树立自己的品牌。光靠技术支撑品牌，是不稳定的，因为技术在不断进步。只有靠产品特色，品牌才比较稳定，因为特色一旦形成，就成了自己的而且别人拿不走的东西了。

第三个支点是独特创意。

用一种创意把硬资源和软资源结合起来，形成一种自己的知识产权，形成一种经营模式或产品样式，然后用品牌把知识产权覆盖和保护起来。这也是品牌的一种支点。"麦当劳"、"肯德基"都是如此。

在我国的中华老字号当中也可以看到这种智慧，"全聚德"的北京烤鸭、天津"狗不理"包子就是杰出的代表。据统计，建国初期，我国有1万个中华老字号，1978年统计时只剩下约2000个。目前，其中只有20%经营得还不错，大多数没有继续发展起来。对这样一笔巨大的财富需要我们用现代化的经营理念使它们焕发青春。

第四个支点是优势产业。

借助于优势产业可以造就品牌。例如深圳的中集集团，就是借助于集装箱这个优势产业成为全世界最大的集装箱企业，世界市场占有率达到40%左右，居于本行业的全球主导地位。当然由于它的产业特点，一般消费者对这个品牌还不熟悉，但在本行业却实在是一个很有生命力的品牌。上海振华港口机械也是同样的例子，它的世界市场占有率已经达到50%以上。

第五个支点是优势环节。

在整个行业处于劣势的情况下，抓住了优势环节，也可以造就自己的品牌。在IT这个产业，中国企业处于劣势地位，但联想抓住了和消费者衔接的这个环节——起码在中国的市场上，我更了解消费者的需求——也在不长的时间崛起了。最近，联想兼并了IBM的个人电脑业务，许多人议论纷纷，但柳传志充满了信心。有人问他，IBM做电脑赔了钱，你拿过来就能够赚钱吗？他是这样回答别人的问题的：IBM是穿着西服卖油条，当然要赔钱，我现在是穿着便服卖油条，有可能赚钱。他这里说的是这样一个道理：IBM做PC之所以赔钱，是因为它利用高成本的企业操作低利润产品；联想之所以有可能赚钱，是因为它利用低成本的企业操作低利润的产品。"低成本"就是联想的优势环节。第一年的财务报表已经出来了，已经赚钱了。

第六个支点是优质服务。

靠优质的有特色的服务同样可以造就自己的品牌。

服务更多的不是依靠技术，而是靠经营，靠企业精神和企业管理。"国美"一开始就提出并实行了这样的口号："家用电器北京最低价"。靠低价特色，它取得了成功。国美成功告诉我们，服务行业的成功模式之一，就是在诸多指标优良的前提下，有一个指标特别优异。为了保证低价位，必须保证低成本，为了保证低成本，它在起步阶段，店铺选择的地点都不是在繁华地带，以降低租金；店面陈设不豪华，工作人员也不那么多。但最低价是必须全力保证的。

靠服务造就自己品牌的，第二产业的企业也不乏成功的案例。"海尔"就是出色的代表。海尔产品的质量当然是好的，但它最超出别人的地方，是它的"五星级服务"。消费者从它的星级服务中不仅得到了放心、方便，而且得到了一种精神上的满足。

第七个支点是文化内涵。

品牌的文化支撑，可以有三个层次。

第一个层次是大文化层次。美国的"仙妮蕾德"公司是华人在洛杉矶兴办的。它卖的保健品所用的原料是中国产的枸杞子、麦冬，但它为这种保健品注入了文化含量：中国传统文化。它用"阴阳五行平衡就是健康"这样一个中国的文化理念来造就它的品牌形象，竟然能够在对中国文化很不了解的美国这样一个国度也获得了成功。我国剑南春酒在打造自己品牌的时候，集中在一句广告语："唐时宫廷酒，盛世剑南春。"唐朝是中国的盛世，在世界上，中国人被称为"唐人"，中国人集聚的地方被称为"唐人街"。它注入的也是中国的大文化。

第二个层次是具体的文化遗产。江苏的"红豆"制衣就是利用了唐朝诗人王维的一首诗："红豆生南国，春来发几枝，劝君多采撷，此物最相思。"关键是最后一句"此物最相思"。为何相思？因为有情——乡情、亲情、友情、恋情。而衬衣是贴身的，一个情字很重要。一个小姑娘和小伙子谈恋爱，有话说不出，就送一件红豆衬衣作礼物。品牌说话了：此物最相思——我天天想你。山东的"孔府家酒"、"孔府宴酒"则是直接利用了孔子的名声和文化。

第三个层次是创造一种文化消费价值。我国的"红塔山"卷烟曾风靡一时，年产量达到100万箱。它主要靠物质要素支撑。因为储时健明白一个最简单的道理——好烟是用好烟叶卷出来的。于是他在全国率先引进美国好烟叶品种，并利用云南的自然条件加以种植。全国的烟民知道了：要抽好烟就要抽好烟叶，要抽好烟叶就抽"红塔山"。后来"红塔山"掉下来了，产量不足20万箱。因为好烟叶越种越多，其他烟厂也用好烟叶卷烟了，抽好烟叶不必非抽"红塔山"了。它的曲折是因为品牌没有文化要素支撑。美国"万宝路"为什么不会掉下来呢？因为它有文化要素支撑。它通过广告等手段，造就了"阳刚之气"、"男子汉"之类的文化内涵。一个男人觉得自己阳刚之气不够怎么办？请抽"万宝路"！品牌的文化要素一旦形成，就是别人代替不了的。我们可以发现，外国许多大品牌都非常重视造就自己品牌的文化消费价值，并用一句通俗的语言把它表达出来。像"耐克"的"想做就做"，就很适合年轻人的胃口。

上面说的这些，无非是要说明品牌的支点是多种多样的，我们要重视核心技术，但不能在核心技术这一棵树上吊死。

对第三个问题，我们的回答是：核心技术和品牌是互相依托互相促进的关系。

品牌和技术的关系是双向的。核心技术是品牌的重要支点，同时品牌也是企业形成和发展自己核心技术的不可缺少的平台。对中国企业来说，由于技术起点比较低，就更应该重视品牌这个平台的能动作用。

我国汽车产业中奇瑞、吉利的道路很值得重视。还有另外两家——黑龙江的"哈飞"和辽宁的"中华"走的也是这样的道路。"中华"的口号说得好："中国的品牌，世界的智慧。"

在世界经济全球化的今天，我们发现一个最大的趋势，那就是资源正在世界的范围内进行着新的整合。在这个整合中，有的是"整合别人"，有的是"被别人整合"。关键是掌握自主权和主动权。这中间的规律是：只会制造，没有品牌，即使制造得再好，技术再好，也只能被整合在别人的平台上，会失去自己的自主权和主动权；如果有了自己的品牌，即使自己的技术一时落后，也可以把别人的好东西拿来，整合在自己的平台上，加快形成自己的核心技术和竞争力，从而掌握自主权和主动权。不了解这一点，我们就没有真正了解世界经济全球化给我们带来的机遇和挑战。

客观地说，我国作为一个弱势经济国家，不可能在一切领域都去整合别人而不被别人整合，但起码我们应该明白这个道理，在可以争取的领域不放弃自己的努力。贴牌生产是要做的，借用别人的品牌也是可以的，但我们努力的重点，应该放在打造自己的品牌上。

第四个要点：品牌管理的九个环节

品牌管理有三个层面、九个环节：

品牌管理的第一个层面——品牌品质。包括三个环节：

品牌设计。包括单个品牌设计和品牌体系设计。

品牌设计有许多要求，最重要的要求是两条：

一条是要有特色。品牌在市场上的作用是要容易辨认，容易记忆。什么样的品牌容易辨认、容易记忆呢？就是有特色的品牌。这就像人一样，有的人有特点，看一眼就记住了，有的人没有特点，看十遍也记不住。前一种人适合当演员，后一种人适合当间谍。品牌就是类似当演员的那种"人"。为了有特色，许多商标设计采取了出奇制胜的办法。"酒鬼"这个品牌一出来就被大家记住了。因为它有特色，骂人的话成了商标，含有了褒义，并且做了一个广告语："酒鬼喝酒鬼，酒鬼不醉"，很妙。"黑五类"是文化革命中的一个政治术语，结果被用做黑芝麻糊产品的商标，也很快流传了。吉林的一家药厂原来的名字怎么宣传人家也记不住，后来老总修来贵突发奇想，改为"修正药业"，很快被消费者记住了，因为"文化大革命"时期批判修正主义很多年，这是一个大家都很熟悉的词汇。

一条是要明确品牌覆盖方式。品牌有两种基本覆盖方式，一种是特覆盖，一种是泛覆盖。特覆盖方式，品牌的个性有很强的产业和产品的针对性。它的好处是从品牌特色人们很容易和产业或产品产生联想，缺点是覆盖面太窄，不能用于其他产品。"十里香"可以用于饭店，不能用于药店。"活力28，沙市日化"，是洗衣粉的品牌，后来它们搞大了，要做矿泉水，就不能用这个品牌了，"活力28"矿泉水，人们会怀疑里面有洗衣粉。一种是泛覆盖，品牌没有产业或产品的特指性。"海尔"、"SONY"等等都属于这一类。明白了这两种覆盖方式，我们在设计品牌的时候就要选择好。如果你想主要搞专业化经营，那么你就可以设计特覆盖品牌。如果你想搞多元化经营，你最好设计泛覆盖品牌。

品牌体系的设计是更重要、更复杂的问题。我在我的《名牌论》一书中，把品牌体系归纳为四大类12种，这里就不再重复了。下面有三个品牌体系的案例值得特别说一说。

一个是海尔的家族式品牌体系。"海尔"是老爷子，下面有子子孙孙，一大家子。冰箱是王子系列，空调是英才系列，洗衣机是丽人和神童系列等。这种体系的好处是同时获得了"老朋友"和"新话题"的好处。人和人之间什么关系最好？老朋友。朋友越老越值钱。"海尔"这个总商标就起"老朋友"的作用。但如果只是"老朋友"也有缺陷，如果见面没有新话可谈，"老朋友"也会感到乏味。于是，不断出现的子商标就成了"新话题"，可以使"老朋友"的关系不断加深。

一个是青岛啤酒的经营战略性的品牌体系。青岛啤酒在扩张的时候采取了"船舱式"的品牌体系，兼并了一个企业，保留原来的商标，但用两行字把这个商标连接到青岛啤酒的大船舱上，上面的一行字是"青岛啤酒系列"，下面一行字是"青岛啤酒集团监制"。这样的品牌体系，获得了"效应是整体的，风险是局部的"的效果，保证了企业大规模扩张时的安全。

一个是"五粮液"的"品牌联盟"的品牌体系。"五粮液"除了自己原有的"五粮液"、"尖庄"品牌之外，又吸收了"浏阳河"、"金六福"、"京酒"等别人注册的品牌加盟到五粮液集团里面来。这些品牌都作为五粮液的分品牌存在和运行。这些分品牌都是五粮液给它们装酒，而品牌的宣传和这个品牌产品的总经销则又由这些品牌的拥有者来做。这种互相依托的共赢方式，使五粮液和加盟的品牌都受益。这种品牌体系成了资本运作——包括有形资产和无形资产运作的纽带，取得了巨大的成功，使五粮液成为我国白酒业的绝对冠军。目前五粮液的年销量达到 48 万吨，排行第二的不足 10 万吨，说明了这种品牌体系的威力。

质量战略。我们要从质量管理上升到质量经营。质量管理是把好东西造出来，质量经营不仅要把好东西造出来，还要把好东西卖出去，卖出好价钱。这里最关键的是：把满足消费者的需求放在第一位，不断进行市场需求的细分，要有具有竞争力的性能价格比，把文化含量也当作产品质量来运作等。

市场定位。定位根据三个坐标——档次、对象、地区。产品卖给谁，即对象要明确。产品是高档、中档、低档要明确。产品卖到哪里，是中国，是外国；是中国哪个地区，是外国哪个地区，要明确。许多品牌没有市场定位的概念，有的还把市场定位搞错了。例如云南曲靖烟厂把"福牌"定位为高档烟。这就是定位不准。因为信福文化的主要是农民，而农民是不抽高档烟的。

品牌管理的第二个层面——品牌形象。包括三个环节：

文化内涵。要把与经营相匹配的文化内涵注入到品牌中。前面已经讲过的，"仙妮蕾德"注入了中医药文化，"红豆"注入了唐朝诗人王维作品的内涵，"孔府家酒"、"孔府宴酒"注入了孔子的文化，都是这样的事例。

消费价值。这里说的是区别于物质消费价值的文化消费价值。前面我们把中国烟草品牌"红塔山"和美国烟草品牌"万宝路"做过一个比较，问题已经说清楚了。

目前我国大多数自主品牌还没有形成自己的文化消费价值。

企业文化。品牌要形成企业品牌，企业名牌，必须注入自己的企业文化。企业文化是内容很丰富的东西，全部都包括进去是做不到的，也没有必要。关键是要把企业的理念文化，特别是核心价值观融进自己的品牌中。消费者认识企业和我们认识人是一样的，认识人最重要的是了解他的核心价值观。《三国演义》怎样刻画曹操呢？为什么大家认为他是奸雄呢？就是作者塑造了曹操的这样一个核心价值观：宁可我负天下人，不让天下人负我。"海尔"的品牌深入人心，与它宣传的核心价值观有关，消费者都可以说出他的这句口号：对消费者"真诚到永远"。

品牌管理的第三个层面——品牌传播。包括三个环节：

销售网络。销售网络是以"实"为主的传播体系。人们接触一个品牌并留下印象，日常的大量的渠道是企业的销售网络。销售渠道是卖产品的，是卖服务的，但实质是卖声誉的。小天鹅就清楚地要求它的销售网络和销售人员明确这一点：卖的不是产品而是信誉。

销售网络要解决的中心问题是处理好产品销售和品牌销售的关系。许多企业把产品销售放在第一位，把品牌销售放在可有可无的地位，结果出了问题，最终也会影响产品销售。一件西服卖2000元，很畅销，结果就多生产，生产多了卖不动，就销价成500元一件处理。产品是处理完了，品牌也贬值了。花2000元买的人会骂你，花500元买的认为你是低档货。

宣传沟通。三个主渠道：广告、新闻、公关。

大多数企业都重视广告。广告是一门大学问。企业要有人专门研究广告问题。广告最主要的问题是效果问题，是投入和产出的关系问题。谁都知道，在全部广告费用中，至少有一半是白花的，但谁也难以确定我花的哪些钱是属于白花的那部分。广告有个最基本的规律，那就是下线和上线。下线就是起这样作用的那一条线。比如某一种产品广告的下线是500万，你打广告花了450万，市场还没有动静。你觉得广告不起作用，不再打了，也就永远不起作用了。你再继续打50万，也许市场就有变化了。有了变化你继续投入，一般说，投入越大效果越明显。但有个上线，到了这个上线，你再投广告也不起作用了，再继续投，市场效果甚至会掉下来。上线和下线是一个潜在的规律，究竟某一个产品的上线和下线在哪里，是需要在实践中解决的问题。

广告有不同的战略和策略，这需要根据不同企业、不同产品，具体问题具体解决。

与广告相比，企业对新闻渠道重视得不够。原因恐怕是三条：一条，没有认识到新闻宣传的重要性；一条，认为新闻宣传是新闻媒介的事情，主动权不在企业手里；一条，不懂得新闻规律，想做不会做。

如何认识和利用新闻，我有专门的讲话《谈企业的新闻策划》。这里就不多说了。

保护评价。国家、政府、社会各种中介机构对品牌会有各种评价。这是对纷繁复杂的市场信息的筛选和提炼，可以帮助消费者对品牌进行自己的评价。这种评价的实质是市场文化，既不是自然科学，也不是社会科学，就是市场经济发展需要的产物。凡是郑重的、具有权威性的评价，企业应该积极参加。

名牌保护很重要。名牌的最大敌人是两条，一条是自己的停滞，一条是别人的假冒。"假作真时真亦假"。

第五个要点：地方如何实施名牌战略

各地越来越重视名牌战略的实施。有个很有意思的现象，我国地方政府重视名牌战略的地方，有些是原来假冒伪劣比较严重的地方。可能是反面教训使他们更深刻地认识到实施名牌战略的重要性。如温州和晋江，就是这样的地方。

从省级来看。最早重视名牌战略的是四川省，它在 1994 年就成立了省级的名牌战略领导小组，由一位副省长挂帅，有各方面的代表参加。后来各省都学习了他们的经验，建立了类似的领导机构。进入到 21 世纪之后，各省就更加重视名牌战略了。从目前评定"中国名牌产品"的结果看，广东、浙江、山东、江苏是获得此称号最多的省份。

地方如何实施名牌战略需要抓住如下几点：

第一点，地方政府要把名牌战略当作经济工作的牛鼻子来抓。名牌是改革和发展的结合部，是宏观和微观的结合部，必须放到应有的地位上加以重视。

第二点，地方名牌战略的重心是支持本地名牌的发展。在政策和规划等方面应该对此予以重视。青岛在这方面为我们提供了成功的经验。

第三点，利用名牌整合、提升当地经济。政府要注意通过产业结构的调整、城市品牌的打造以及产业链的形成，充分发挥"城市载体效应"、"产业聚集效应"和"名牌外溢效应"。

第四点，实施名牌战略是综合工程。任务包括：创造名牌，宣传名牌，发展名牌，保护名牌。工作包括：名牌理论，名牌舆论，名牌法制，名牌战略，名牌活动。

第五点，必须建立相应的工作机构。政府要建立主要领导同志挂帅的名牌战略实施领导小组。要建立综合社会各种力量和方面的专门实施名牌战略的社会团体。目的是综合发挥企业、政府、立法执法机关、舆论机关、社会团体、中介组织等多方面的力量的作用。同时还要注意培养品牌管理和实施名牌战略的人才。

大鱼进大海

——向世界名牌进军

与 20 世纪谈品牌和名牌不同，本世纪更加强调从世界经济全球化的高度来看品牌问题。于是，人们提出了"向世界名牌进军"的口号。我主持的"品牌中国产业联盟"相关活动，更提出了"品牌，让中国更受尊敬"的口号。

怎样认识和操作这件重大的事情？

第一个问题：向世界名牌进军的提出

一、关于这个口号。

最早明确提出"世界名牌"（不仅创中国名牌，而且要创世界名牌）的问题，是江泽民总书记。1994 年他在视察黑龙江省牡丹江市的时候，在著名的桦林橡胶厂题词，就写道："立民族志气，创世界名牌。"1998 年给小天鹅题词时，又写了这句话。

在这前后，中国的一些名牌企业已经把争创世界名牌作为自己的努力方向。1995 年在合肥召开的全国名牌大会上，长虹集团的代表就以"做中国人，创世界名牌"为题发表了自己的观点和呼声。海尔集团则在进入 90 年代中期把创"国际名牌"和"国际化名牌"作为自己的战略目标。

2001 年国务院批准成立了中国名牌战略推进委员会，我国工业界的前辈林宗棠担任主任。他提出了"让中国名牌响遍全世界"的口号。中国工业经济联合会在 2002 年成立了中国名牌培育委员会，让我担任主任。2002 年 9 月 1 日至 2 日在北京人民大会堂召开了"2002 中国名牌论坛"。在这次活动的准备过程中特别评选出了"具有国际竞争力、向世界名牌进军"的 16 家优秀企业，请它们的代表到会亮相，并把"向世界名牌进军"作为中国名牌战略新阶段的口号明确地提出来。全国 16 家向世界名牌进军、具有国际竞争力的中国名牌企业在介绍了其经验之后，共同发表了《向世界名牌进军》

的宣言。

随后于 2002 年 9 月召开的党的十六大的报告中，明确提出："要形成一批有实力的跨国企业和著名品牌。"这是在党的最高的文件中第一次明确提出名牌战略问题。这里的"著名品牌"也主要是指世界名牌。

2005 年，中国名牌战略推进委员会第一次评出"中国世界名牌产品"，海尔的冰箱、洗衣机和华为的程控交换机入选。

2006 年 8 月 8 日，以我为主席的"品牌中国产业联盟"在人民大会堂发布改革开放 25 年中国品牌总评榜，大会的主题定为："品牌，让中国更受尊敬！"

二、"世界名牌"的标准是什么。

名牌是一个弹性很大的概念。我曾经把品牌分成九段。其中七、八、九这三个段位的名牌都属于大范围的世界名牌范畴。

七段是"准世界名牌"，也可以称为"国际名牌"。它覆盖一个或几个地区的若干国家，但并没有能够覆盖全世界，所以称为准世界名牌。八段是"世界名牌"，是产品和名声覆盖世界主要国家的名牌。九段是"顶级名牌"，是世界名牌中的佼佼者，在世界名牌中排名前百名或前十名的品牌，它们享有最高声望，同时具有最高品牌价值，所以称为顶级名牌。

评价世界名牌，主要可以采取两类标准。

一类是名实结合的定性标准。之所以用产品覆盖和知名度覆盖这样两个角度考察，是采取了名实结合的标准。例如我国的"红塔山"，在我国过去若干年中一直是中国品牌价值最高的。1998 年我访问英国的时候，曾经问英美烟草公司总裁，红塔山是不是世界名牌？他回答说，不是。他说，他到过红塔山烟厂，工厂的设备、管理、产品都很好，但它的产品覆盖面还只限于中国范围之内，所以很难谈上世界名牌。够上世界名牌这个段位的，在我国目前我认为只有青岛啤酒和海尔这两个品牌。它们大体在七段（准世界名牌）这个段位上。青岛啤酒有上百年的历史，在世界上的名气不小，但产品的规模方面存在严重不足——太小。海尔发展得比较快，但年代还比较短。段位需要有一个巩固的时间。我们宁可把自己的段位评价得低一点，这样我们更可以看到自己生长的空间。

但外国有的评价机构也不用这样的覆盖来衡量，而主要是用经济指标来衡量。例如《金融时报》2006 年发布的英国明略行的评价结果，世界十大强势品牌，中国的"中国移动"品牌价值排到第四位。按照产品和服务覆盖，中国移动主要在中国，但它认为，中国移动的用户有3亿之多，是世界上其他任何移动通讯公司难以比拟的，所以就把它的价值排在十强之中，而且仅次于"微软"、"通用"、"可口可乐"，居于第四位。

这也说明，名牌是一个模糊的概念，有不同的评价方法。但总要有特别突出的地方才能成为名牌。世界名牌也是如此。

三、为什么在当前提出"向世界名牌进军"的战略口号。

第一条理由：中国经济更好地融入世界经济全球化的需要。

中国要改变"制造大国，品牌小国"的状况。

第二条理由：我国经济转变增长模式的需要。

实施名牌战略，可以促进物质性资源（硬资源）的节约利用和循环利用，也可以促进信息性资源（软资源）的充分利用，有利于转换增长方式。

第三条理由：我国经济发展已经具备了这个条件。

由于新中国建立以后近60年的发展，特别是改革开放近30年的发展，中国已经由一个"贫穷中国"变成了一个"温饱中国"，而且已经由一个"落后中国"变成了一个"制造中国"。经济总量达到世界第四位，外贸总量达到世界第三位，已经有170多种产品的中国制造占据世界第一位。"中国制造"已经成为世界关注的品牌。同时，中国名牌事业迅猛发展，已经出现了一批具有国际竞争力的企业。这就是说，无论从宏观看，还是从微观看，中国都已经具备了提出"向世界名牌进军"口号的基础条件。

第二个问题：向世界名牌进军基本途径

一、向世界名牌进军，要具备"三心"：决心、信心、耐心。

决心，就是要充分认识到实施名牌战略的必要性和重要性。中国要强大起来，实施名牌战略是必由之路。

信心，就是要充分认识到我国创造世界名牌的各种优势和有利条件。既然我国可以成为"制造大国"，我国就有可能成为"品牌大国"。

耐心，就是要有做长期努力的精神准备，不浮躁，不急躁，做切实的、韧性的、持之以恒的努力。

目前，在这"三心"方面都有不足之处。一部分人决心不够，一部分人信心不够，一部分人耐心不够。三心少一心，都不能达到我们预期的目标。

二、向世界名牌进军的总的途径是发挥优势、对接优势。

我们研究世界名牌，它们能够成功，从国家层面来看，都是依靠国家的优势和国家产业的优势。

首先，整个国家的形象对该国名牌的成功起很大的作用。美国的"可口可乐"成为世界名牌，并不在于这种饮料有多么好喝，而在于它代表了美国生活方式。美国发达，美国现代化，人们羡慕美国，就会追逐美国生活方式，就会崇拜美国的品牌。

同时一个国家的优势产业也会有力地支撑本国品牌的成长和发展。在世界的范围内，人们首先记住的往往并不是某一个企业的品牌，而是某一个国家的某一个产业。而后由于信任某一个国家的某一个产业，导致信任这个产业的企业品牌。

根据上述情况，我国打造世界名牌也要注意这两个方面。首先要注意提升整个国家的形象。既然"中国制造"已经出了名，那就要继续提升中国制造的档次，要改变"劣质品"、"低档次"的形象，树立优质品、高档次的形象。这方面已经有了很大的进展。同时要注意培养自己的优势产业，以优势产业支撑中国品牌的成长。

光发挥中国自己的优势还不行，还要善于把中国的优势和外国的优势对接起来。发达国家有三个优势：资本优势、技术优势、管理优势。这些我们都要学习，都要对接。这是提高"中国制造"水平的必由之路，也是打造中国品牌的必由之路。中国家电品牌怎样起来的？其实就是优势对接之路。如果我们只有本土市场优势、劳动力优势、基础产业优势，而没有从国外引进先进技术和先进管理，就不会有今天中国家电品牌的可喜局面。这还是在本土市场上，如果走到国外市场上，这个问题就更突出了。"优势对接"应该成为我国世界品牌成长和发展的重要途径。

三、我国实施名牌战略应该是多方协同的"总体战"。

就名牌战略的内容来说，它应该包括：创造名牌，宣传名牌，保护名牌，发展名牌。就名牌战略的工作方面来说，它应该包括：品牌意识的确立，品牌理论的研究，品牌法制的建立，名牌战略的制定，名牌战略的实施。就品牌的种类来说，它应该包括：商标、商号、共用品牌、借用品牌、载体品牌等多种品牌。就实施名牌战略的主体来说，它应该包括：政府、中介机构、企业。政府又有中央政府和地方政府。其实还应该包括立法和司法机构。

中国是一个赶超型的国家，要在不太长的时间内走完人家在几十年甚至几百年走过的道路，就必须实行多主体、多方面互相协同的战略，大家在实施名牌战略上形成合力。

最简要的分工合作的模式应该是：

政府全面协调名牌战略的实施，并主要着眼于创造名牌在国内外市场上成长和发展的良好的法制、政策和社会条件。同时要在创造借用品牌和载体品牌（产业品牌）方面发挥不可替代的作用。

企业是创造名牌的主体和母体，也是实施名牌战略的主角。名牌战略的出发点和落实点都在企业身上。

中介机构，包括各种协会、社团、媒介、咨询策划机构等，要在政府和企业的中介层次上充分发挥作用，要在市场活动层面充分发挥作用，要在品牌和消费者的联系方面充分发挥作用。

实施总体战，就要克服部门观点、垄断思维，把政府的行政思维逻辑和轨道，与企业的经营思维和轨道，与中介机构的社会思维和轨道这三方面衔接起来，不仅让它们并行不悖，而且做到相得益彰，为了中国名牌事业有机地联动起来，这样我国名牌战略的实施，就能够获得更好的效果。

第三个问题：努力探索，总结经验

打造世界名牌的具体操作，不可能是一种模式，一种方法，应该是多种多样的。不要简单地肯定一种方式或模式，否定另一种方式或模式；更不要用自己的方式否定别人的方式。同时也不应从眼前一时的得失论英雄，应该提倡认准方向，大胆探索，允许在实践中失败，重要的是在实践中不断总结经验，把局部经验变成大家的财富。

从目前已经有的实践中，大体有这样一些方式和途径：

一、把握全局，选准方向，抓住机遇，当仁不让。

中集集团之所以成为集装箱产业的世界绝对冠军，就是因为这个企业的经营者早在 20 世纪 80 年代就全面地分析了世界集装箱市场，认准了集装箱生产基地不可避免地要向中国转移这个大趋势，确立了"世界行业主导战略"。依托战略的正确性,"中集"成了世界级大品牌。

二、利用本国优势养大鱼,大鱼才能进大海。

首先利用我国的本土市场优势和成本优势,把企业做大,然后再进入国际市场参与竞争。家电业在改革开放初期并不是我国的优势产业,那时日本的家用电器在中国畅行无阻。但为什么现在发达起来了,成了世界上第一家电大国?就是充分利用了"本土市场优势"。20世纪80年代中期之后,中国兴起了家电消费的热潮,托起了中国家电产业,优秀企业也随之崛起。

事实证明"大湖养大鱼,大鱼好进海"。这有一个基本策略问题,不要一提世界名牌、国际化战略就一门心思地想到国际市场。要知道,中国市场也是充分国际化了的,在国内先成长起来,也有国际竞争的意义。如果有优势的本土市场没有站稳,就急于到国际市场上去,常常会导致国外没有成功,国内已经失败,这是很失策的。

三、建立自己的经销渠道"走出去"。

温州康奈皮鞋集团,在外国建立了许多自己的专卖店,专门销售自己品牌的商品。或者和外国经销商合作,专门销售自己的商品。例如康佳曾经和澳大利亚一家华人公司合作,专门销售中国品牌的彩电获得了成功。销售渠道是我国企业走向世界的一大难点。应该努力在这方面实现突破。

四、在国外建立自己的生产基地"走出去"。

海尔的国际化战略提出三个1/3的目标:1/3国内生产国内销售,1/3国内生产国外销售,1/3国外生产国外销售。它在国外包括美国建立了十多个生产基地,因为可以解决就业问题,受到了当地的欢迎。

五、收购外国品牌,开拓国际市场。

用自己原有的品牌打出去,是一种方式;收购外国品牌,把外国品牌变成自主品牌再打出去,也是一种方式。例如杉杉服装,就收购了一些外国名牌,再利用这些外国名牌出口。

六、收购外国的品牌、相关业务或企业。

例如TCL收购法国"汤姆逊"的彩电业务,联想收购IBM的个人电脑业务,都加快了走向国际化的步伐。这样做当然也会有风险和困难,但应该说方向并没有错误。

七、善于竞合,实现优势对接。

国际竞争中,在注意到优势对抗的同时,更应注意实现优势对接,这是打造中国世界名牌的重要途径。

八、破除迷信，解放思想，建立自己的核心技术。

核心技术我们是弱项，但不等于根本不可能有所作为。只要我们认清自主创新的重要性并付出切实的努力，这方面同样是可以有所作为的。例如河南安阳玻壳厂从技术输入到技术输出，现在成了世界第二大同类企业。例如青岛金王蜡烛公司，使用了我国发明的新的蜡烛材料，燃烧时间长，污染低，它就成了世界最大的蜡烛公司，它生产的西方用的圣诞节蜡销量居于世界第一位。

九、发挥自己优势，一个一个环节突破。

一个品牌的打造，需要三个环节：研发、制造、销售。广东名瑞公司的战略就是制造站稳脚跟之后，重点突破设计这个环节。突破设计环节，主要依靠两点：一点是人才成本低的优势，它建立了世界同行业最强大的设计队伍；另一点是当地文化资源优势，它把潮绣的传统运用到设计中去，做到了中外元素的结合。有了制造和设计两个优势之后，它就可以更好地利用外国的销售渠道，争取到了更多的发言权和主动权。

十、向世界名牌进军，要注意发挥产业集聚效应。

我国大企业少，中小企业比较多，就要注意进行团体比赛。我国许多地方已经形成了规模很大的产业集群，要发挥这些产业集群的作用，用载体品牌托出企业品牌。

浙江的义乌是小商品的集散地，不仅国内驰名，国际也驰名。这就是集聚效应，"义乌"成了当地产业集群的载体品牌。温州的皮鞋和低压电器也是同样的事例。

我国这样的地方很多，一定要想办法把产业集群品牌化。其中有两个是关键性环节：一个是首先建立良好的企业生态，当地企业之间减少恶性竞争；二是选择恰当的品牌联盟方式，把众多的小品牌联合起来，共同打造大品牌。

时尚是风，品牌是帆

——漫谈服装和品牌

一、中国服装业的特点

第一个特点：大而不强。

生产总量居于绝对优势。中国服装、棉纺织、毛纺织、丝绸、化纤生产能力居于世界第一位。中国服装出口居于世界第一位。但中国不是服装强国，主要表现在产品结构上，中低档占的比重大，高附加值产品占的比重小。中国产品出口价格只相当于法国和意大利的1/4。

目前，发达国家借助技术和资金的优势，加大了对服装纺织品行业的改造力度，不仅巩固了原有的地位，而且和发展中国家的差距拉大了。它们以高技术、高附加值、时尚性为竞争手段。一种是高档，像意大利的呢绒面料。一种是技术含量高、价格低，像韩国的化纤产品。2001年美国公布的服装进口数字表示：来自欧洲的服装为12.37美元/平方米，来自日本的为6.33美元/平方米，来自香港的为4.59美元/平方米，来自中国的为4.72美元/平方米，来自墨西哥的为3.41美元/平方米，世界平均值是3.51美元/平方米。

第二个特点：实而不名。

名牌在国内的集中度不够，没有世界知名的品牌。虽然我国出口的最终产品已经占到2/3，中间产品、初级产品降到30%，但不能不看到最终产品出口中，加工贸易占50%。

第三个特点：跟而不领。

设计能力比较弱，没有领导时尚和潮流的能力，创新设计能力不足。有的机构为各国的设计能力打分，中国2.4，日本4.6，台湾地区4.5，韩国、美国4.3，泰国、印尼2.8。中国最低。

我们要注意，光凭劳动力成本低是不行的。因为自由贸易区的保护政策所起的作用越来越大。目前北美贸易区内的贸易额已经占到全部贸易额的38%，欧盟的区内贸易额已经达到总额的52%。其他发展中国家，尤其是我国周边国家，与我国竞争激烈，目前一些粗加工的产品竞争力已经超过了我国。这些国家劳动力成本比我国低，产品结构又与我国大体相同。

第四个特点：广而不聚。

企业多而散，企业管理水平不高，行业组织水平也不高，企业规模偏小。以涤纶为例，西欧是我国的3.5倍，美国是我国的12倍，日本是我国的13倍，韩国是我国的30倍，台湾是大陆的35倍。

二、中国服装业发展战略要点

根据上面的四个特点，我国服装行业发展战略可以得出以下要点：

1. 调整产品结构，实现保大争强。

2. 创造世界名牌，实现名实相符。

3. 发挥文化优势，实现跟领结合。

4. 发挥聚集效应，实现重点突破。

总结起来，可以归纳为"四突破"：产品档次突破，自有品牌突破，引领时尚突破，聚集地区突破。

品牌的劣势实际上反映了我国服装企业"规模小、水平低，历史短（指进入国际市场）"的现状。任何人都只能在现实的舞台上跳舞。因此我们应该采取符合现实的多种方法和途径来解决这个问题。

1. 大力培植龙头企业的品牌。

要解放思想，中国有可能出现这样的企业。最近在北京召开的"2002中国名牌论坛"上向社会推荐的向世界名牌进军、具有国际竞争力的16家企业，就有一家服装企业——波司登集团。它不仅销量连续保持国内第一，而且占世界的份额也是第一。

2. 围绕大的名牌建立良好的企业生态。

大企业不是以消灭小企业为目的，而是团结小企业一起发展。小企业要认识到品牌是社会资源，创造者、所有者、使用者不是同一的。可以通过辅助大名牌来提升自己，获得更好的效益。过去"盛锡福"的经验，现在"五粮液"的经验，都可以借鉴。

3. 中小企业可以联合创名牌。

上海"恒源祥"是一个成功的经验。它原本是上海南京路上的一个小羊毛店，但通过众多企业以加盟的方式联合打牌子，十几年的时间就发展成为销售额 50 多亿元的大企业、大品牌。

4. 以设计为龙头创名牌。

我们应该调理机制、发掘人才，鼓励像恒源祥这样的品牌运营商的发展，也应该鼓励设计产业化，形成大设计师的品牌系列。西方的许多服装大品牌都是依托设计师发展起来的。"阿玛尼"、"皮尔·卡丹"等等都是这样。

5. 鼓励行业共用品牌的发展。

中国皮革行业协会创造了"真皮标志"、"真皮王标志"的共用品牌。服装行业协会可以有这方面的创造。

6. 鼓励地区品牌发展。

流派也是品牌。我建议温州建立"瓯派服饰"的共用品牌。还可以有"海派服饰"、"鲁派服饰"等流派。

7. 继承发展我国的服装文化。

亚太经合组织上海峰会上，各国首脑穿上唐装，使唐装流行一时，这给我们以启示。中国服装不是注定不能流行的。中国服装文化中有许多宝贵的东西需要我们挖掘，并在这个基础上创新。如果中国服装不能在全局上引领世界潮流，首先在局部区域引领世界潮流是完全可以做到的。

8. 学习借鉴和收购外国品牌。

对外国品牌不应排斥，而完全可以借用，通过给外国名牌加工，我们可以学到知识和经验。有实力的可以收购外国品牌。杉杉集团已经这样做了。

三、走出品牌认识误区

有人提出：有品牌的赚钱难，没品牌的反而赚钱容易。他们的结论是搞品牌没有必要。

首先，我承认有这种现象，做品牌做亏了甚至做倒了，没做品牌的却赚了一些钱。但如果根据这种现象就做出应该不打品牌的结论，恐怕是片面的，因为实际情况应该是四种：

1. 做品牌赚钱难。

2. 做品牌赚了钱。

3. 不做品牌也赚钱。

4. 不做品牌没赚钱。

如果做品牌的都不赚钱，那么就没有中国一些著名的品牌了。像"雅戈尔"、"杉杉"、"报喜鸟"、"美特斯邦威"、"七匹狼"、"以纯"、"罗蒙"等都是成功的服装品牌。

我们还可以有另一个带有绝对性的结论：

凡是做大做强做成气候并能够持续发展的，都是做品牌的。

那么，有人要问了，终究还是有做品牌不赚钱的情况啊，这又是为什么？我看应该做具体分析。

1. 长期效应和短期效应的问题。

做产品好像种庄稼，一季一收。做品牌好像种果树，几年之后才有大的收获。"桃三杏四梨五年"。一个品牌的真正树立，没有五年十年甚至更长时间是不可能的。

2. 品牌投入和品牌效应的衔接问题。

做品牌是要投入的，市场越是发达，新起的品牌所需要的投入就越大。有人统计，现在要做一个世界品牌，至少要2亿美元的投入。做一个国家级的品牌，至少要几千万的投入。有的投入太急躁，品牌效应还没有出来，投入已经支持不下去了。

3. 目标和能力不协调的问题。

有人虽然立志做品牌，但素质水平都远远跟不上。以为做品牌就是舍得花钱做广告，不知道这是一个系统工程，是需要相当高的管理水平和操作水平的。有的企业经营者怎么也具备不了品牌经营的管理思维。

在品牌经营的操作上，常见的问题有：

1. 品牌做得不实。

品牌的基础不牢固，没有差异化的经营，产品没有特色。这样打牌子是很困难的。做品牌的第一个要点是"以实造名"，你的"实"没有特色，"名"也就不鲜明。北京卷烟厂的"香山"、"北海"、"八达岭"都倒了，为什么"中南海"立住了？就是因为它有焦油低的特色。服装业做品牌，我看最难的是把产品做出特色来。

2. 品牌做得不全。

名牌是三个度，除知名度之外，还必须有信任度和美誉度。许多做品牌的人，往往只做知名度，不注意做信任度和美誉度。离开信任度和美誉度的知名度，它的实际效果往往是要打很大的折扣的。甚至由于名声大，信任度低，树大招风，带来了风险，导致了经营的失败。

3. 品牌做得不虚。

我说的"虚"，是指理念、文化、价值。现在做品牌就是做广告，做广告又是花很多钱做明星广告。企图利用明星的知名度和吸引力，这是可以理解的。但这个明星会给你的品牌什么样的文化内涵呢？并不清楚。企业花了巨资，但消费者除了明星之外，并没有记住属于你企业的比较深刻一点的东西。品牌一定要有企业自己的文化。

4. 品牌做得太急。

基本功不够，总想一口吃个胖子，想一天造就一个名牌。所以往往是单项突进，特别是广告单项突进，最后支持不下去了。我赞成循序渐进的方法。品牌是分九段的，要知道自己在哪一个段位上，根据自己的情况做出实施的决策。中学没有毕业，就一下子念博士的书，那是很困难的。

四、如何认识服装的时尚

1. 什么是时尚？

能够引导消费潮流、具有一定的社会性的审美价值取向，即为我们说的时尚。

在市场上，市场是海，质量是船，品牌是帆，而时尚好像是风向。不能离开需求、质量、品牌空谈时尚，但它又不是需求、质量、品牌本身，而是一种更加升华的东西。

时尚是一个总概念，流行的时尚又是分范围、档次、方面的。包罗万象的时尚是不存在的。

2. 时尚的实质是社会文化。

一切时尚都是社会文化，服装的时尚尤其如此。这是因为：

第一，服装直接决定着人的外在形象，同时表达着人的内涵，影响着人的内涵。如果形成了一定的时尚，那种内涵不仅是个体性的，而且是群体性的。服装文化就必然成为社会文化的重要组成部分。

第二，时尚和款式的关系要搞清。款式是音符，时尚是乐曲；款式是文字，时尚是文章；款式是色彩，时尚是图画。时尚是内容，款式是表述的手段。款式主要是技术性的，那么时尚总有一定的社会性。

第三，服装时尚是服装专业性和社会性的结合部，在很大程度上是社会性影响了专业性。服装的时尚，特别是大的时尚，常常包含着社会内容甚至时代内容。服装是人的服装，人又是社会的人、时代的人，所以，服装又是社会的服装、时代的服装。唐朝的文化和唐朝的服装一起传到了日本。西方的文化和西装一起传到了中国。人们羡慕那种生活方式，就往往穿相应的服装。青年人在"文化大革命"期间穿军装和改革开放之后穿牛仔裤，都是社会潮流使然。目前中国的经济和社会在飞速发展，我们能不能创造出适应这个时代并代表这个时代的服装呢？从这种意义上说，服装时尚的研究，与其说是对服装本身的研究，不如说首先是对社会时代的研究，对新时代美的冲动、美的凝聚、美的追求的研究。只是在服装的表面款式上做文章，不会有重大的突破。

3. 时尚也是一种市场文化和商业运作。

时尚是怎样形成的？具体途径多种多样，但理论上，主要是主观和客观的结合，是社会趋势和商业运作的结合。

第一，时尚是一个弹性的领域。有大时尚，也有小时尚。有全局性时尚，有局部性时尚。全局性的大时尚，是以社会趋势为客观依据再加上主观提倡形成的。局部性的小时尚，则是以商业运作为主形成的。

第二，时尚是一种流行，也是一种变换，是创新和变新相结合。以经典和时尚两个概念相对立，经典主要是稳固不变，而时尚则是随时而变。所以时尚也可以解释为"正在流行的一种变化"或"现时崇尚的一种变化"。这种变化，可能是由于创新出现的，也可能是由于变新出现的。现在的唐装比原来唐朝的服装有所创新。但服装业的创新大多是变新，并不是从头至尾的原创。裤子先是时兴肥的老板裤，后又时兴瘦的瘦腿裤，后又时兴下边肥的喇叭裤，后又时兴上面肥的萝卜裤，如此等等，围绕着肥瘦反复变换。变换也可以成为一种时尚。

第三，时尚是一种营销手段，是一种提倡，是一种主观影响客观的东西。现在的许多时尚，特别是局部性的时尚，大部分是通过某些主体的炒作形成的。在服装大国，每年都由权威的服装组织、服装公司、服装设计大师发布流行的款式，包括流行色，于是全世界就跟着他们走。对这种历史形成的优势我们自然应该尊重，但不应该迷信。

时尚是市场文化的一部分。没有市场就没有时尚，没有文化也没有时尚。中国人要加深对市场文化的认识和操作。跟上时尚，也要创造时尚。开始不能创造大的时尚，但可以尝试创造小的局部性的时尚，可以利用我国的文化优势创造自己的时尚。久而久之就会被世界所认可。但首先要解放思想，自己先认可。如果自己都不认可，别人谁会认可？中国是一个大国，一个文化悠久的大国，更是一个发展很快的大国，我们应该做到这一点。

4. 如何创造时尚和引领时尚。

从世界角度看，引领时尚首先要有实力为基础。一个落后的国家，很难引领时尚，因为大家看不起你，你做的事情别人不愿意跟着学，还有什么时尚可言？所以，引领时尚的宏观基础是国家的强大。但光说这一点，就会导致悲观论。所以还要看到，在某一方面拥有强项，在某一方面做得成功，也可以引领时尚。法国和意大利都不如美国发达，但意大利的皮鞋、法国的服装就引领世界的时尚。作为我国这样的发展中国家，更要从自己的强项突破。比如，丝绸是中国的强项，能不能在丝绸服装上我们先有突破呢？

具体操作，恐怕应该具备一些条件：(1) 洞悉社会潮流。(2) 了解文化动向。(3) 善于款式整合。(4) 研究推展方式。(5) 利用社会资源。(6) 善于抓住时机。

时尚是有时间性的，时尚又可以借助时机。2008 年奥运会就是大好的机会。中国人完全有可能在紧跟世界潮流的同时，解放思想，大胆创新，在某些领域引领时尚。

5. 关键是提高服装行业的文化素质。

我国的服装行业即使是大企业也是从手工作坊起家的，有的至今还停留在手工作坊的水平。文化水平低成为这个行业的重要特点之一。所以，我们应该提出："给服装以更多的文化"，"给服装业以更多的文化"。不仅要在服装业培养更多的文化人，同时也要吸收更多的文化界人士参与服装业的活动。

6. 注意解决文化的融合问题。

在文化问题上有一个如何认识民族文化的问题。平时我们谈到这个问题，常常引用一句现成的话："越是民族的，越是世界的。"就文化来说可能是这样的，但是就经济来说，就产品来说，可能并不是这样的；起码有的是这样的，有的不是这样的。基于世界经济全球化的趋势，世界交往越来越密切，世界通用的东西越来越多，有些民族的东西成为世界的东西，也是在频繁的交往中被世界认可之后。时尚这个东西会不会越来越多地包括世界通用的内容？这是需要我们认真考虑的问题。因此我认为，民族文化可以成为元素，多种民族文化元素构成世界通行的东西，也就是说，基于民族文化元素的融合文化，应该是时尚追求的文化内涵。就中国来说，就是要把我们的民族文化元素和外来文化元素融合起来，让它成为"既是民族的，又是世界的"，可能更容易成为时尚性的东西。这是很深刻的问题，需要我们中国人、中国服装界人士以及社会上的学者共同研究解决的问题。

五、时尚和品牌的关系

时尚是一个时期甚至是一个很短暂的时期的潮流。

品牌是恒久的，大名牌可以生存很长的时间，甚至是永恒的。

单从时间的角度看，两者是矛盾的，但从实践中看，时尚和品牌不仅不矛盾，而且两者是互相依存、互相促进的。

1.时尚的形成和推动要靠品牌和名牌。谁是时尚形成的最主要的推动力？毫无疑问，是品牌和名牌，特别是大名牌。这里所说的名牌，包括产品名牌，企业名牌，也包括人物名牌。因为它们拥有最广泛的社会影响，同时也具有推动时尚的实力，离开名牌去推动时尚简直是不可能的。服装方面的时尚实际上都是大公司、大品牌、大设计师们策划出来的。

2.时尚的载体是品牌和名牌。时尚有自己的独立的内容，但这些独立的内容不是独立存在，而是依附在商品上的。在市场经济条件下，人们到哪里去寻找时尚？到商品上去寻求时尚。到哪些商品上去寻求时尚？到品牌商品上去寻求时尚。品牌是有文化含量的。只有通过品牌的文化含量才能把时尚凝固起来，推展开去。

3.许多品牌的形成是靠时尚的。引领时尚是品牌成功的重要途径。许多品牌简直就是时尚的代名词。通过时尚打造品牌可以说是一种捷径。从大的产业来说，IT产业成为一种时尚，凡是最早从事这个产业的就最容易成功。我国的唐装成为一种时尚，那么，最早觉悟的企业抓住这个时尚，它的品牌就容易成功。借助时尚打造品牌，应该是一条重要经验。

4.品牌的维护和发展靠时尚。当一个品牌形成自己的特色之后，它并不是一成不变的，它要在特色的基础上不断变换自己的时尚内容。以汽车而论，所有大的品牌，都是在保持自己特色的基础上，不断推出更加时尚的款式。我们看看奔驰车，它的特色是明显的，但现在的奔驰车和若干年前的奔驰车已经有了很大的变化，它不断推出新的时尚产品。一个品牌，一种特色，不断变换的时尚——"老牌子，新时尚"，这就是品牌和时尚关系的公式。

六、流派也是品牌

服装品牌似乎有一个悖论：从打造品牌的角度看，企业的规模应该是越大越好；但从服装产品的走势看，则是"多品种小批量"、"个性化，时装化"，与此相适应的服装企业的规模和结构，并不是越大越好。况且服装业的门槛很低，不打牌子的企业可以用低价位和打品牌的企业进行竞争。

温州的服装业形成了"群星灿烂"的特点，"报喜鸟"追求文化品味，"美斯特邦威"主打休闲。"男人时尚，庄吉主张"，"法派品牌，融合东方西方"，"仕登西装，中高档职业装"，"雪歌，面向女性，如风、如雪、如歌"，"拜丽德和森马——奔跑在休闲的系列中"，"骊谷，20 到 30 岁年轻女性之谷"……每个品牌都找到了自己特殊的定位。

在服装业打造品牌，从长远来看，我认为是"特"字第一，规模第二。没有特字的规模，可能走不远。在特字基础上才能走远做大。做大的方式可以是"一特做大"，也可以是"多特做大"，但基础都是"特"。

在"特"字的基础上，把品牌做大，还有一个方法，那就是认识和操作"流派也是品牌"这个原理。

"流派也是品牌"这句话是我想出来的。

"群星灿烂"和把名牌搞大有一定的矛盾。怎么解决这个矛盾？把大家都统一到一个企业，会走向单调，不统一又搞不大。我认为可以搞一个流派品牌。这个流派品牌可以把众多的企业品牌、产品品牌覆盖起来。

中国有四大菜系，川菜、鲁菜、粤菜、淮扬菜，其实这都是流派品牌；每个流派品牌下面又有许多著名的饭店品牌。但菜系成了它们第一层次的品牌。

中国京剧有各种流派，光是老生中就有马派、谭派、余派、高派，旦角就有梅派、程派、尚派、荀派等，这都是流派品牌。每个流派都有许多著名演员，但流派对每个演员的品牌都起着很大的推广和提升作用。旦角演员张火丁很有名，除了她本人唱得好之外，"程派传人"是一个金字招牌。

例如温州服装也可以搞一个流派品牌。这个流派品牌似乎已经有了，那就是："瓯派服饰"。"瓯"是瓯江的"瓯"。瓯江穿过温州，可以把它作为整个温州的一个大品牌来经营。当然不光是名称问题，还要研究和形成瓯派服饰的特色，有了特色就容易立住了。就像不同的菜系都有自己的特色一样。

这会有知识产权问题。我认为，可以组织一个囊括全温州服装企业的以品牌为旗帜的企业集团，也可以由地方服装协会来负责流派品牌的操作，经过这个中介组织的批准才可以使用这个流派品牌。这样可以使流派品牌和企业品牌相得益彰。

七、发挥优势，对接优势

中国服装企业如何打造国际品牌？

广东潮州名瑞股份有限公司的经验很值得我们借鉴。

名瑞是世界婚纱晚礼服最大最老的企业。同行的美国五大公司、欧洲三大公司都排在它的后面。与它最接近的还不到它的产量的一半。名瑞努力扩大自主品牌出口，大约占出口总量的20%—30%。对东欧、俄罗斯、北欧、澳洲等地，坚持使用自己品牌直接出口。在设计方面也拥有越来越大的引领时尚的"话语权"，出口的产品主要都是自己设计的。2006年9月，中国商务部开展"品牌万里行"活动期间，在世界服装之都——意大利米兰举办了一次"中国时装展"。压轴出台的名瑞服装引起了轰动。意大利EEDAYK公司把名瑞展示的样品全部下订单。还有一家美欧合资公司，米兰时装展之后，立即赶到潮州，提出双方合作推出一个由中国设计师"张伟国"命名的品牌。

为什么名瑞可以在设计和品牌方面有所突破呢？

第一条，认识自己优势，发挥自己优势。

中国经济和企业的优势主要是三条：本土市场优势、劳动力成本优势、基础产业优势。其实还有一个文化资源优势。名瑞的突破首先是依托文化资源优势和劳动力成本优势。开始为什么名瑞老总蔡民强敢于接晚礼服的外国订单？就是他认为当地有潮绣的传统，干这种高级服装应该没有问题。后来为什么名瑞能够建立 110 人的强大的设计队伍，成为世界同行业中的绝无仅有？因为外国一个设计师的工资就很高，如果再配上七八名辅助人员，人力开支就更大了，他们支撑不起。但我们中国的人力成本比较低，完全有可能建立这样强大的设计队伍。

第二条，对接外国优势，融合外国优势。

名瑞认识到，婚纱晚礼服毕竟是源于西方而且主要是销往发达国家的产品，西方企业拥有制作和经营婚纱晚礼服的历史经验，了解西方文化和西方人的生活方式。拥有和掌握发达国家的销售渠道。名瑞采取的战略是，不和西方同行企业搞优势对抗，而是努力和它们的优势对接。

为了实现优势对接，名瑞实行了"开放设计，融合设计"和"销售设计一体化"的方针。所谓"开放设计"，就是"走出去，请进来"。多年来，名瑞总要安排设计师每年有两三次出国机会，考察西方市场、西方文化，并和外国设计师一起交流切磋。同时把外国设计师请到名瑞来，在名瑞进行设计，或者和名瑞的设计师合作设计。在设计思想上，提倡把西方元素和中国元素融合起来。他们为美国一家大公司老板设计的婚纱，打破传统，大胆创新，借鉴潮绣工艺，使用了近 30 种带颜色的线作刺绣。样品送到美国，那位老板一看，婚纱既有现代时尚，又有欧洲古典，还有中国概念，连说："太好了，太好了！"立即提议："这样好的东西，用一次就完了，太可惜了，太浪费了。应该把它投放到市场上去。"根据他的意见，名瑞为他们做了这样的婚纱在美国出卖，一共卖了 18000 件。在婚纱产品只适应小批量多品种的今天，这是一个了不起的数字。

名瑞是从做贴牌起家逐步走上自主品牌国际化道路的。它在中国自主品牌国际化方面给了我们许多启示。

冬枣为啥不甜了

——农业品牌和区域经济

第一个问题：怎样认识农业品牌？

一、农业品牌多年被忽视。

搞农业，搞与农业相关的产业，首先要认识品牌的重要性。到目前为止，也是少数人重视，多数人还处在麻木阶段。他们不明白，无形资产在农产品生产和经营当中同样重要。

品牌是重要的无形资产，名牌具有市场开拓力、资产内蓄力、资本扩张力、企业适应力。在市场经济中处于弱势的农业，要想发展，尤其要借助名牌的这四种力。

二、对农业品牌许多人认识不清。

最常见的误区就是把地方著名土特产当成了我们说的名牌。有许多人认为，龙井茶、普洱茶、小站米、响水稻、德州扒鸡、北京烤鸭等就是名牌。其实它们只是著名的特产，而不是著名的品牌。

这样的误区造成了不良后果。

一是还没有名牌却认为已经有了名牌，这就必然忽略了造就名牌需要做的一系列工作。

一是造成了一些不必要的知识产权的纠纷。一些著名特产的地方不重视品牌，结果被外地把品牌注册去了，造成品牌和产地的脱节，形成了多年解决不了的纠纷。例如金华火腿就被杭州注册去了，两地的官司多年解决不了。龙井茶也发生过类似的问题。

一是由于知识产权没有得到应有的保护，实际也影响了地方土特产本身的进一步提高和发展。地方著名特产的好名声大家都可以用，但如果没有品牌，那么就会出现谁都不对这个好名声负责任的情况。于是质量伪劣的现象就会大量存在而且难以制止，最后导致这种著名特产名声的倒台。前几年每年都有人给我送冬枣。第一次吃山东东营的冬枣很甜，觉得以前从没有吃过这么好的水果。第二年再吃冬枣就没有头一年的甜了。第三年再吃,觉得和一般的枣没有区别了。第四年再吃,甚至连一般的好枣都不如了。为什么质量会下降得这么快?原因就是没有品牌进化,谁都说自己的是冬枣,但谁都对冬枣的质量不负责,因为没有品牌无法追究责任。

三、品牌的基础是企业化经营。

一家一户的农民很难打造品牌,因为品牌产品必须有批量,必须采取企业经营的方式。现在,我国农村正在推行农业产业化经营战略,这个战略解决了千家万户农民和千变万化市场相衔接的问题。这个战略也为农业品牌的打造创造了基础条件。农业品牌的打造主要是依靠龙头企业来进行的。但是许多龙头企业忽略了这个最重要的工作。例如山东有一些经营肉鸡的龙头企业,它们只是把农民饲养的肉鸡收购上来,然后卖出去,或者出口,但都没有自己的品牌。

四、农业品牌的种类。

主要是两大类:

一类是企业品牌,包括企业品牌和产品品牌,也就是商号和商标。

一类是原产地保护标志。自然条件往往决定了农产品的质量和特点,而自然条件又和产地密切相关。因此,原产地保护标志对农业品牌工作来说就是一个大问题,必须加以特殊的重视。在我国,这件事情是由国家技术监督检验总局来管理的。

五、已经有了好的开端。

我国已经有一些企业打造农业品牌并且获得了成功。例如湖南的金健米业,就是大米品牌。1997 年开始打牌子的时候,我在《经济日报》当总编辑,我具体指导了关于他们的报道,并亲自撰写了评论,肯定中国第一个农业品牌的诞生。由于有品牌,他们经营得不错,后来企业又成了上市公司,获得了进一步的发展。

第二个问题:打造农业品牌的难点

打造农业品牌的难点主要是:

一、我国农村体制的局限。我国农村实行的是家庭联产承包经营,以一家一户为生产单位,即使有的地方向农业大户集中,总的看生产规模都很小，不容易形成较大规模，也不便于统一管理。

二、农产品的标准化很难。农产品的质量很难标准化。即使都称为"小站米"，其间的差异也是很大的。由于农产品是"天工加人艺"的产物，自然条件的变化又是人们难以控制的，所以质量和标准的控制是很难的。

三、打造品牌的投入难。农产品的价格比较低，附加值也比较低，一般经济效益也比较低，所以难以靠它支持创造名牌所需要的投入。即使成为名牌之后，单纯靠名牌也难获得较高的经济效益。

四、农业品牌的知识产权难以保护。合格产品和假冒产品的界限在这里不容易区分。

虽然这些难点不应该成为农产品不能搞品牌的原因，但在打造农业品牌时确实必须切实地解决这些问题。

第三个问题：怎样实施农业的名牌战略？

关于如何实施农业的名牌战略，我有以下建议：

第一条建议，对当地著名土特产品进行调查、筛选、提升和培育。

著名土特产品虽然不就是名牌，但它们无疑是经过长久历史的检验而形成的，是根据当地优势形成的，是有比较强的竞争力的。它们应该是造就当地农业名牌的重要的根据和素材。

这里说的土特产品并不仅仅限于狭义的农产品，应该包括林牧副渔，有时还应该包括手工业品和某些特殊产品。

首先是调查，通过调查发现它们，了解它们。

其次是筛选，选择那些最有发展前途的，争取重点突破。

再者是提升，对选中的产品根据经营的要求做进一步提升。

最后是培育，就是把自然发展状态的产品改造成适于经营状态的产品，并把优良品种予以推广扩大。

第二条建议，依托农业产业化和龙头企业。

现代的农业品牌只能以企业为主体，不能单纯靠农户为主体。同时它又离不开农户。因此它必须靠连接企业和农户的农业产业化来解决，特别是要靠龙头企业来解决。农产品的名牌应该是龙头企业拥有的品牌。但要把品牌保护和农户的利益联系起来。

第三条建议，重视农产品基地的建设。

有了基地才能最大限度保证品牌覆盖的农产品的质量、标准和特色的稳定性。基地建设是一项非常艰巨的工作。解决好体制、技术、标准、规模和分布等复杂的问题，才有可能取得成功。

第四条建议，实施二产、三产和一产的联动。

产品变成商品，农产品变成工业品，这是形成农业品牌的基础和突破口。

因此要研究这两个转变。要抓住以农产品为主要原料的工业品，把这些工业品的品牌创出来，作为这些工业品的原料的那些相应的农产品也就跟着树起品牌来了。北京填鸭——北京烤鸭——"全聚德"，就是这样的发展链条。"北京填鸭"是农产品。"北京烤鸭"就是经过加工以后而成的食品，进入了食品工业或第三产业——服务业的范围了。有了这样的基础，才有"全聚德"品牌的出现和形成。

这种一、二、三产联动可以是很灵活的。例如，有一家鱼饲料企业，生产的饲料很有特色。我就建议他们定点供应养殖户，把用他们饲料养殖出来的鱼起一个名字，并作为品牌在市场上出售。把饲料品牌和鱼产品的品牌连接起来，这样两个品牌互相支持，都可以打响。这里关键是形成一个产业链条，并用第二产业品牌、第三产业品牌来带动第一产业的品牌发展。

第五条建议，把土特产的生产转变成品牌经营。

土特产的"名"是产品的名，不是品牌的名。

土特产的"名"是共有的名，没有经营主体作为归属的名。

因此必须做这样的事情：一是要让合适的企业在土特产的基础上注册自己的品牌。也就是说，在"北京烤鸭"的基础上必须有"全聚德"的创立。龙井茶，由于历史原因已经是著名的特产，但本身并不就是名牌。但注册"西湖龙井"，"西湖"就是它的品牌。然后利用龙井的知名度把"西湖"品牌打响，用"西湖"品牌保证龙井茶的品质。

第六条建议，要找到进行农业品牌经营的赢利点。

与工业品相比，特别是与高附加值的工业品相比，农业品牌经营遇到的最尖锐的问题可能是品牌经营的效益问题。说得通俗一点，工业品花一定的代价造出好的品牌来，它们一般能够获得较好的品牌回报。而农业的品牌花比较高的代价造出来，获得相应高回报的可能性则要小得多——农业品牌的知识产权保护起来也比较困难。

这是一个难度比较大的问题，但不是不能解决的问题。全聚德北京烤鸭的成功，肯德基的成功都是重要的借鉴。前者侧重于提高档次，后者则侧重于标准化、规模化和工业化。

多元化也是一种选择，这样可以用其他方面的赢利来带动农业品牌起步。

第七条建议，注意实施原产地保护。

"原产地标志"也是一种重要的品牌。我国土特产比较多，更应该注意利用原产地保护标志的工作。法国的葡萄酒就非常注意原产地保护的问题。"香槟酒"已经被认为是原产地保护的名词了，中国再不能随便使用，而只能使用"汽酒"这个词了。

第八条建议，地方政府要重视创农业品牌。

政府对农业品牌的创立和发展要注意加以扶植。因为这是加强农业的问题，是扶植弱势产业的问题，政策上应该有所倾斜。同时也要注意发挥行业协会等中介组织的作用。

例如，原产地保护标志的工作需要政府来做，一个一个企业难以操作。再如，政府可以打造"载体品牌"，可以把自己的著名特产品牌化，即打造"某某产品之乡"之类的品牌。

第九条建议，重视品牌的宣传和营销策划。

品牌的打造需要宣传，地方政府和企业在这方面的误区甚多。往往花了比较大的成本和代价却收不到预期的效果。

营销也有很大的学问。不同的农业品牌应该有不同的营销方式。

第十条建议，重视利用外脑。

请外边的策划机构帮助当地进行策划。利用外脑不是没有本事的表现。善于利用外脑是符合现代社会经济发展规律的行为。

悟道海尔

——借鉴一个企业实施名牌战略的经验

我在这里不是全面评价海尔，而只是谈谈自己对海尔实施名牌战略的感悟。所以题目就叫做"悟道海尔"。

海尔是什么

海尔是奇迹。从 1984 年亏损 147 万元的小厂，经过 20 年的奋斗，发展到全球营业额超过 1000 多亿元人民币的大企业，年增长率平均达到 81%，而且继续保持着良好的发展势头，当然是一个奇迹。

海尔是大海。海尔人的胸怀是海。他们从国家和世界的广度来确立自己的抱负和目标。海尔的经营是海，它的多元化的经营和多样化的产品，给人海的感觉。海尔的状态像海，它仿佛蕴藏着无穷的能量，又总是表现着层出不穷的创新。

海尔的经验、海尔的企业文化是海。

基础管理层面，它有 OEC——日清日高、市场链、企业经营过程重构。战略管理层面，它有名牌战略、多元化战略、国际化战略，以及相关的"吃休克鱼"战略、"先难后易"战略等。企业理念层面，有对消费者"真诚到永远"，有海尔成功的九大秘诀：

- "要么不干，要干就要争第一。"——追求卓越的理念。
- "明天的目标比今天更高。"——日清日高的理念。
- "人人是人才，赛马不相马。"——关于人才的理念。
- "先谋势，后谋利。"——关于品牌的理念。
- "否定自我，创造市场。"——不断创新的理念。
- "卖信誉而不是卖产品。"——市场营销的理念。
- "内有文化，外有市场。"——企业文化的理念。

- "国内无名牌。"——国际化的理念。
- "80/20 原则。"——领导是关键的理念。

海尔是作家。它用自己的行为作笔，写了许多广为流传的故事。有起步时期向农民借钱的故事、初期砸冰箱的故事、能洗红薯的洗衣机的故事、小小神童的故事、消费者自己设计冰箱的故事、摘牌检测进入德国市场的故事、德国政府补贴海尔冰箱的故事、曲线小酒柜风靡美国市场的故事、质量事故领导首先接受处罚的故事、张瑞敏到哈佛和洛桑讲课的故事……

张瑞敏说他是一个布道者。今天我作为一个经济学者，只想从名牌战略的角度悟一下道。

第一个问题：海尔对名牌战略认识得最早，
　　实施得最认真最持续最有成效

研究海尔的发展历史，我们发现，早在 1985 年，也就是海尔还刚刚起步、还处在困难阶段，就明确地提出了创造名牌的目标。想想看，那个时候，许多企业连商标意识还没有树立起来，更何谈名牌意识？而海尔当时就明确了这个目标，这是多么难能可贵！

为什么这样说呢？有事为证。那就是 1986 年的砸冰箱的故事，张瑞敏把 76 台不合格的冰箱放在一起，自己带头，加上责任人，抡起大锤把它们砸烂。如果把这看成是抓质量的决心，有道理，但并不到位。因为抓质量可以订制度，可以处罚人，但不一定非要把冰箱砸烂，何况那些冰箱大都是小毛病，修修补补仍然可以卖，对亏损 147 万元的海尔是一笔大财产啊。但这一砸，采取的是一种特殊的极具冲击力的行为，就引起了争议，新闻界报道之后，引起了社会的关注。消费者从砸冰箱故事中得到了什么印象呢？原来海尔这个企业抓质量不仅"动真的"，而且"玩邪的"——海尔的牌子打响了。

——目前仍然有许多企业认为，自己的企业很小，企业还没有更多的富余资金，所以没有能力实施名牌战略。他们不明白，企业不是等大了再搞名牌战略，而是应该利用名牌战略搞大。它清楚地告诉我们，名牌战略是企业从小成长到大的重要桥梁，而不是等到大了之后才能收获的成果。

是否把名牌战略放在重要的地位，现在仍然是我国企业和我国整个国民经济没有解决的问题。中国必将成为世界制造基地，这一点几乎已经没有人怀疑，但是成为怎样的制造基地，仍然有两种可能。一种是没有自己知名品牌、没有自主知识产权的纯粹的加工基地，一种是拥有自主知识产权、拥有自己国际知名品牌的制造基地。这两种结果是大不相同的。

第二个问题：海尔的名牌战略遵循了 循序渐进逐步提高的原则

海尔一直持续实施名牌战略，大体经历了这样几个阶段：

1984 年到 1991 年，确立名牌阶段。发生在 1986 年的砸冰箱事件是这一个阶段开始的标志，1991 年获得驰名商标是这个阶段结束的标志。海尔成长为国内著名的企业和驰名的品牌。

1992 年到 1998 年，迅速扩张阶段。这个期间以"吃休克鱼"为理论根据，先后兼并了 18 家亏损企业，使海尔企业规模得到了空前的扩张。而且这个时期大力开展了多元化经营，使海尔从一家冰箱企业变成了生产各类家电产品的企业。由于实力的扩展，海尔品牌的名声进一步提高，海尔集团成了本行业的主导企业之一。

1999 年到现在，国际化提升阶段。海尔不失时机地进入新的国际化经营的新阶段。用张瑞敏的说法是"国内无名牌"。对自己品牌的要求，也由"品牌国际化"到"国际化品牌"。这个阶段的主要特点，是不仅把自己的产品打到世界市场上去，而且要在世界各地建立自己的经销和生产机构。海尔提出的目标是实现"三个三分之一"：三分之一国内生产国内销售；三分之一国内生产国外销售；三分之一国外生产国外销售。海尔从 2003 年开始，在"中国最有价值品牌"中排行第一。海尔初步成为国际知名品牌。2005年，海尔的产品获得中国名牌战略推进委员会评定的"中国世界名牌产品"称号。

我们可以看到，海尔品牌的成长并不是一蹴而就的，在每个成长阶段都有适合当时情况的恰当的目标和战略方针。

——目前有些企业在认识到名牌的重要性之后，又犯了急性病，企图在一个早晨就把自己打造成名牌。这些企业或者迷信广告，认为只要把广告做得震天响，甚至发明了"地毯轰炸式"的广告方法，就可以在短时间内成为名牌；或者过分迷信策划和点子，认为只要有哪位高手指点，来一个什么绝招，就可以在几天之内成为名牌；或者花钱买荣誉，对这个奖牌、那个奖杯过分感兴趣，过分迷信，认为这些东西一到手，名牌也就到手了……事实证明，这些办法最好的结果也就是出现一些所谓"流星式"的"名牌企业"，更多的则是花钱打了水飘。

海尔告诉我们，名牌像一切有生命的东西一样，是逐步生长起来的。真心搞名牌战略的人，必须安下心来，准备并实际做持续的努力。

第三个问题：海尔在实际操作中
　　深刻地把握了名牌的实质

名牌的实质是什么？这是许多人都在思考的问题。

名牌就是知名度高的商标。名牌就是质量。名牌是文化。名牌是企业的名声和信誉。其实，这些都只是名牌要素，而不是名牌本身。

那么，名牌的实质究竟是什么？让我们看看海尔的三句话：

第一句话，"真诚到永远"。对谁真诚到永远？对消费者。对消费者真诚到永远换取的是什么？换取的是消费者对海尔的永远的信任和喜爱。这就抓住了名牌最基本的实质，那就是企业和消费者的关系。不是一般的关系，而是以心换心的关系，是用企业对消费者永远不变的真诚换来的消费者对企业持久的信任和喜爱的关系。

——许多人不明白，以为名牌就是知名度。不错，确实有相当一些企业用一些绝招在很短的时间就大大提高了自己的知名度，但后来又怎样呢？不是很快又下去了吗？企业和消费者的良好关系是靠三个度来建立和维系的。第一个度是信任度，消费者认为你真诚、你可靠。第二个度是美誉度，不仅认为你可靠，而且认为你干得好。第三个度才是知名度，这是在前两个度基础上的广度的概念。

第二句话，"追求卓越"。对"追求卓越"海尔有一个简明的解释："要干就要争第一。"后面这句话可能是借鉴了美国通用电气公司的 CEO 韦尔奇的观点。他认为 GE 在选择产业的时候，必须选择可以做到第一第二的产业，否则就不要做。这话是不错的。但我考虑到中国的特色和目前市场竞争的特点，曾经建议海尔把这句话改为"要干就是一流"。因为根据市场竞争的原理，最好是多赢或双赢，"第一"有排他性，而"一流"则没有排他性。

现在把"要干就是第一"改为"要干就要争第一",加了个"争"字,也很好。

这句话说明了名牌包含的第二个关系,那就是企业和企业之间的关系,特别是和同行企业之间的关系。名牌企业在各个企业之中不是普通一员,而必须是佼佼者、领先者、出类拔萃者。

当然,所谓的领先是一个相对的概念,一切都会随着时间和地点的变化而变化的。我国过去曾经有过的自行车的八大名牌,碳酸饮料的八大名牌,那是在对外封闭的条件下认定的,但改革开放之后,外国的品牌进入了,我国原来的这些名牌就在技术和经营等方面失去了领先性,也就很快衰落了。所以,在对手竞争中间领先是很重要的,即使不是各方面都领先,但至少有一个或几个重要方面领先。不然,你最多叫一个运行着的企业,但不能叫名牌企业。

——目前,中国企业在这方面存在着两种误区。一种误区是还没有做到领先的企业,就企图成为最有名的企业。他们不是靠把企业做成佼佼者,而是靠炒作,甚至靠不正当竞争,贬低别人抬高自己。另一种误区是把"第一"变成了"唯一","老子天下第一"还不行,还要"老子天下唯一",不分青红皂白,妄想消灭一切竞争者。结果闹得众败俱伤,自己的目的也没有达到。

第三句话,"先造势,后谋利"。这是海尔在实施名牌战略中的一个重要原则。什么是"势"?很难解释得很清楚。势者,态势也。态势者,状态和走势也。其实质也是一种关系。不仅是现在呈现着的关系,而且呈现着关系变化的趋势。自身的状态,自身的位置,会形成一种势。外界的名声,外界的评价,也会形成一种势。势,在张瑞敏的眼中是那个可以生成"有"的"无"。所谓"无"在这里不是不存在,而是看不见——它是存在的,只是看不见。

我的哲学著作《中介论》讲三种存在,一种是实体存在,一种是意识存在,一种是关系存在。实体存在大部分是可以直接看见,一部分也是直接看不见的,例如物质的基本粒子都是直接看不见的。另外两种存在,意识存在和关系存在,都是看不见的,但它们都是存在的。

我们综合海尔的做法和经验,集中到一点,那就是名牌必须具备有形资产和无形资产之间良性循环的关系。既善于用有形造无形,又善于用无形造有形。没有这个关系的正确处理，前两个关系都很难处理好。名实关系是企业实施名牌战略的核心所在。

——海尔的经验启示我们，在实施名牌战略时要防止三种偏颇。一种是只造实，不造名。一种是孤立地造名，用空洞的言辞造名。一种是造了名，有了名不会用，不会转化为有形。

分析了海尔的三句话之后，我们可以看出名牌的实质是关系，是三个关系：企业和消费者的关系、企业和企业的关系、企业内部有形和无形的关系。海尔用第一句话解决第一个关系；用第二句话解决第二个关系；用第三句话解决第三个关系。这些话既抓住了名牌的实质，又通俗易懂，所以，它们敲到了点子上，获得了很好的效果。

第四个问题：海尔在实际操作中坚持了 "实至名归" 的方针

打造名牌的途径和方法很多，托尔斯泰说，"幸福的家庭总是相似的，不幸的家庭各有各的不幸。"我们反过来套用——"失败的企业大体总是相似的，成功的企业各有各的道路。"那么海尔的成功之路是什么呢？纵观海尔打造名牌的做法、策略和进程，我们发现一个最大的特点，那就是始终坚持"实至名归"的方针。

"实至名归"的第一层含义是"实"字领先。首先是要实实在在地做，并且做出成绩来，用做出来的成绩去获得名声。而且必须是名实相符，不能是盛名之下其实难符。海尔不是不要名，而是不图虚名，更避免图虚名得实祸。

"实至名归"的第二层含义是"实"要转化为"名"。"实"可以转化为"名"，"实"必须转化为"名"。但"实"转化为"名"可能是自发的，也可能是自觉的，两者结果大不相同。这里的关键是要有正确而全面的品牌意识。

"实至名归"的第三层含义是"名"应该是企业经营的重要甚至是最终的归宿。"名归"而不是"实归"。最终的归宿是名而不是实，这一点是许多人没有认识到的。他们之所以重视品牌，是因为品牌可以帮助他们卖产品，可以帮助他们获得更多的利润，这都是无可厚非的。但从名牌战略的角度看，就有这样的问题发生：如果一些举措对品牌的成长和塑造有利而对于眼前的利益并无多大意义，究竟要不要做呢？企业的经营最重要的成果是表现在把自己的钱存入银行，还是表现在最终把"三度"名声存入品牌呢？

有几个事例可以说明海尔的思维。一个是研制能够洗红薯的洗衣机。仅仅从销售的角度看，不会有多少人买这种洗衣机，投入和产出不成比例。但他们还是研制了这样的洗衣机。其实更主要的目的倒不是为了从这种洗衣机上赚多少钱回来，而是为了塑造自己的品牌形象。再一个事例就是进入国际市场采取了先难后易的方针。其目的也是为了造名（海尔说"造势"）。德国市场即使准入了，也不可能一下子就卖很多冰箱。但海尔的冰箱能够进入德国，而且有那样一个令人信服的故事，这就增添了海尔品牌的名。

无形资产越来越重要的今天，市场竞争已经进入了品牌竞争的今天，文化力已经深深介入经济活动的今天，企业的最终业绩的表现已经发生了很大的变化。在这方面人们的认识经历了三个阶段的发展变化。第一阶段，明确企业必须获取利润。第二阶段，与获取利润相比更重要的是占领市场。因为谁占有了市场谁就能够永久地获得利润。第三阶段，认识到只有树立了自己的品牌形象才能占领市场。利润是财产，品牌价值本身也是财产，而且是更重要的财产。企业家的经营业绩最终体现在品牌的成长上。他赚多少钱都可能很快流失，但如果真正地树立了品牌，那它将会长期起作用。

"实至名归"的方针，也在很大程度上影响了他们的宣传方式。海尔名气的形成，主要不是靠广告，它从没有做过铺天盖地的广告；也不是靠类似价格大战之类的大策划和大动作；更多地是靠新闻宣传。有人说，这是因为海尔重视公关活动，和新闻单位的关系搞得比较好。确实，海尔是重视和各种媒体搞好关系的——这是现代大企业必须具备的一种意识。但为什么能够搞好关系呢？搞好关系为什么就能够发挥作用呢？其中有一个关键所在是人们没有充分意识到的，那就是海尔出新闻。如果海尔没有新闻事实发生，想宣传报道也是困难的。

海尔具有新闻价值的事实比较多，主要是因为：一、海尔这个大企业在中国的地位和作用往往引起人们对它的特别关注。二、海尔的创新意识比较强，一些具有导向意义的事情往往首先从这里做起。张瑞敏到哈佛讲课，这件事情如果发生在美国，一般不会引起什么特别的关注，但对中国来说，这是"第一个到哈佛讲学的中国企业家"，代表着中国企业和中国企业家的面貌和水平，为中国企业家争了光，这就是新闻了。三、海尔的一些具体操作往往具有新闻色彩。有人说，海尔善于"编故事"（这话带有一些贬义），我想，它的故事不是文字编出来的，而首先是行为做出来的。进入德国市场的故事，难道是编出来的吗？但海尔的高明之处在于他们总能找到比较恰当的表现方式。这不是缺点，这是市场经济意识的表现，是优点。四、张瑞敏是一个善于思考的企业家，所以在海尔发生的故事中往往具有比较深刻的内涵。五、海尔负责宣传工作的人善于捕捉这样的故事，并把它们及时总结出来提供给新闻界。他们的宣传工作做得不错。

说穿了，能够做到海尔这样，无非是必须具备三个条件：一是本身有新闻；二是本身善于发现新闻；三是和新闻界的良好关系可以及时传播这些新闻。

——大企业建立起健全的"舆论联络体系"是非常重要的。有了好的题材，可以通过这个体系及时、准确地宣传出去。遇到了风险，可以通过这个渠道及时把自己的意见传播出去。信息是市场的重要组成部分，宣传不是吹牛和张扬。

第五个问题：海尔非常重视品牌管理
并创造了自己的品牌体系

品牌既是一个覆盖整个企业经营管理的领域，又是一个有专门业务的领域，因此必须掌握品牌管理的本领。海尔在以下几点上有很成功的经验。

一、借用国际名牌起步，但到一定的时期摆脱拐棍，自己独立行走，独立发展。

海尔最初的品牌叫做"琴岛—利勃海尔"。"琴岛"是青岛的别称，"利勃海尔"是它的老师的名字。海尔是从德国利勃海尔公司引进的技术。海尔这是借名起步的策略。因为中国人一开始不相信中国的企业可以自己造出好冰箱，嫁接上一个外国的名字便于开拓市场。后来随着企业的发展，这个名字逐渐缩短，先是缩短为"琴岛海尔"，最后是"海尔"，这就成为完全独立的品牌了。

——我们提出要拥有自主知识产权的品牌，是就最终的追求目标说的，并不是一概不承认发展过程，包括嫁接外国品牌。

二、不断从丰富提高品牌内涵的角度发展自己的品牌。

首先他们把它铸造成"产品品牌"。这是从冰箱开始的。"海尔冰箱"——"名牌产品",做冰箱的海尔——产品名牌。

第二步把它铸造成"企业名牌"。海尔不只是冰箱,而是生产家电产品的企业。让消费者知道和记住海尔这个企业好。

第三步把它铸造成国际品牌。先是"品牌国际化",后来又提出"国际化品牌",让国内外的消费者知道和记住海尔这个品牌好。

"产品品牌"—"企业品牌"—"国际品牌",任何一个成功的大名牌都要经历这样的三个成长阶段,海尔正是自觉地按照这个规律发展的。

三、与经营发展战略相配套,建立和发展自己的品牌体系。

在建立和发展自己的品牌体系方面,海尔是目前中国企业当中做得最好的企业之一。海尔品牌体系可以称为"家族式品牌体系",海尔这个总商标是家长,下面有各个分商标,如同子子孙孙。冰箱是王子系列,洗衣机是神童和丽人系列,空调器是英才系列等等。这样的品牌体系和海尔的多元化经营比较好地衔接起来了,收到了"老朋友,新话题"的双重效果。

第六个问题:海尔用名牌战略形成
自己的核心竞争力

海尔初期有什么呢?从有形资产角度看,条件是很差的。但为什么迅速发展起来了呢?我认为海尔创造了一种发挥品牌优势实现结合和综合,进而造就自己核心竞争力的战略。海尔的战略其实可以称为"名牌综合优势战略"。

开始的阶段,海尔并不具备资本优势、技术优势和管理优势,但它具有劳动力成本的优势和本土市场优势。于是它引进技术,把德国利勃海尔的冰箱技术引进来,并学习国外的先进管理,这就造成了技术、成本、本土市场和企业管理四个优势的综合,并首先在本土市场和外国企业竞争,并获得了成功。

在这个过程中,海尔利用这种综合树立了自己的品牌,并利用品牌扩展和提升了这种综合。品牌的信誉和企业的实力同步增长。

尤其可贵的是,在本土市场和外国企业的竞争中,它找到了自己的强项，并尽情地发挥了这个强项——那就是以"星级服务"为口号建立起来的销售和服务网络。

现在，在国际竞争中，海尔要做的是如何进一步利用品牌形成的综合优势，进行新的综合，并造就新的优势。张瑞敏在加入世界贸易组织时回答记者时说的用自己销售服务网络和外国大企业网络的结合，其实也是利用品牌的综合。

需要把名牌综合优势战略的内涵再稍微详细地说一下。

第一点，现实的市场竞争力都不是某一个单独的孤立的要素可以形成的。就是我们常说的中国劳动力成本低优势，但如果管理不好，效率很低，单位产品的劳动力成本也会很高。所以，不仅要注意形成竞争力的某些"必要条件"，还必须注意形成竞争力的"充分条件"。这就是要对相关要素进行综合，平常我们说"整合"。

第二点，要进行整合、综合，必须首先发现和发挥自己的已经有的优势，以此为立足点和人家进行各种形式的合作。

第三点，这种综合和整合是有方向的，关键是谁主导综合和整合，或者说，综合和整合之后谁成为主导。

第四点，能够成为主导的依托是多种要素，包括资本、技术、管理、市场和资源等，但最重要、最有发展潜力、最有主动性的依托是品牌——自主品牌。

第五点，自己的品牌只能靠自己创造。一定情况下，品牌是可以引进的，但最终品牌是"引而不进"——用别人的品牌，用一百年，品牌还是人家的。有志气的企业家，应该着力于创造自己的名牌。

善于用品牌整合资源以形成自己的核心竞争力的是最高明的企业家。张瑞敏就是这样的企业家。

以上是我对海尔名牌战略的粗浅理解，说出来，就教于海尔的经营者和诸位。

素养思维

万军之中取上将首级

——你会学习吗？

一个全民学习的热潮正是中国兴起。

过去，"越是需要学习的人，越认为自己没有时间学习"。这指的是居于领导岗位的人，现在这种情况已经有了扭转。

你会学习吗？

如果有人向你提出这样的问题，你可能会觉得"太看不起人了"。其实，面对学习中的三个困惑——"学不完"、"学不懂"、"学不起"，我们在职人员，特别是居于决策岗位的经营者，应该首先向自己提出这样的问题。

第一个问题：我们应该学习什么？

讲学习，首先遇到三个困惑。

人们说，"学习就是掌握知识"，"必须用人类全部知识武装自己"。

现在是知识大爆炸时代。谁要想把浩如烟海的知识全部装进自己的头脑，那就是如同想用一个水壶把整个大海装起来。就以 WTO 而论，光是"乌拉圭回合"的文件就是厚厚的一大堆，一般人要把它读完、读懂，就非常之难了。

——于是有了学习的困惑之一：知识太多，学不完。

还有一部分知识，例如许多科学技术的理论和发明，只有少数乃至极少数人懂得，一般人连门都摸不着。原子弹爆炸这么多年了，多数人还是不懂"相对论"。我们学不懂的知识占很大比重。

——于是有了学习的困惑之二：知识太深，学不懂。

还有一部分知识，掌握它需要付出的代价太高，而自己使用的机会并不那么多。例如法律知识，与其自己学会它们，还不如遇到打官司时请律师来帮忙。

——于是有了学习的困惑之三：并不划算，学不起。

为了解决这三个困惑，首先根据这些情况对知识做一个分类：

第一类，需要精通的。

第二类，需要熟悉的。

第三类，需要涉猎的。

第四类，可以忽略的。

作为总裁，战略管理是应该精通的。一般管理是应该熟悉的。与管理相关的文化是应该涉猎的。许多专门的业务和技术是可以忽略的。

结论：学习内容的选择是学习的首要问题。

第二个问题：我们应该学到什么？

"学习就是掌握知识。"多少年来人们就是这么说的。其实这个说法并不完全到位。学习的根本目的是学本领，本领的基础是素质。

那么，对于经营者来说，怎么认识素质，怎么提高素质呢？

让我们分析一下人的思维活动。

人的思维活动可分为五个层面。

信息层面。信息是思维的原料，就像工厂没有原料不能生产一样，没有信息，思想是不能有真正意义上的活动的。

知识层面。知识是事物规律的反映。知识越多越能够把握事物的规律。

观念层面。信息和知识进入到头脑之中，和他的社会地位相结合，就形成了某种观念。观念是主客观的融合物，它的特点或者核心内容是价值取向。什么是对的，什么是错的；什么是好的，什么是坏的；什么是可取的，什么是不可取的，等等，都是观念要解决的问题。自己的观念要靠自己形成，但观念又是互相影响的，社会流行的观念往往成为一种强大的文化力量。例如审美观念，就是它决定着人们对美的判断。现在女人都认为瘦最美，越瘦越好，其实很多人也说不出道理来，只是大家都这样认识，我也就这样认识。

理论层面。观念的理性化和系统化，就成了理论。每个人都要讲道理，每个人都有理论。理论家只是专门从事理论研究并卓有成就的人。

智慧层面。智慧是解决实际问题的高超的思维能力。智慧是人类意识活动的最高层面和最高成果。智慧包括三个要素，第一个要素，解决实际问题。满口理论其实并没有智慧的人并不少见，人们通常把他们称为"书呆子"或"空谈家"。第二个要素，"高超"。"超难"，别人解决不了的问题，他解决了。"超先"，科学技术的领先，市场竞争的独占先机。"超快"，速度快，变化快，行动快。还有"超大"、"超小"等等。第三个要素，方法和策略的巧妙。"四两拨千斤"、"牵一发而动全身"、"想常人之所未想"，都可谓是智慧之表现。

学习目的，与其说是为了长知识，不如说是为了增智慧。

我们研究一下智慧问题。人们常说，智慧取决于人的智商。对，但是不全面。因为有的智商很高的人也会犯错误，做蠢事。从后天来看，决定智慧的是人的观念。一个人的观念如果出了毛病，即使他获得了足够的信息，拥有丰富的知识，因为选择错误，也不能形成正确的理论，更谈不上高超的智慧。毛泽东同志的智商是最高的，那他为什么会犯文化大革命这样的错误？就是因为他有一个观念"造反有理"。他说，共产党就是"和尚打伞，无法无天"。"从来都说，造反无理，共产党来了，就把这个道理翻过来了——造反有理。"这个观念帮助他发动群众，取得革命成功。但成了执政党了，观念应该变了，他造反没过瘾，仍然提倡造反有理。造谁的反呢？就把一些党的高级干部定为"走资本主义道路的当权派"，造他们的反就是了。于是有了"无产阶级专政下继续革命"的理论，于是有了"无产阶级文化大革命"。毛泽东 1966 年 8 月 18 日在天安门检阅红卫兵的时候，大家喊的口号就是"革命无罪，造反有理"。

知识和观念相比，知识不懂，然后用着了，可以问别人，观念装在自己的头脑里，别人不能代替；具体知识往往只是在一个具体问题上起作用，但观念会在许多问题上长期起作用。

所以，学习的最终落脚点或最终成果，应该是自己观念的转变和思维方式的调整。

第三个问题：我们应该怎样学习？

学习方法很重要。我主要讲企业经营者或一般领导者的学习方法。

第一点，要明确"谁学习"。

学习的主体不同，方法也不同。首先搞清：是学生的学习，还是在职人员的学习；是被领导者的学习，还是领导者的学习；是一般人员的学习，还是专业人才的学习，等等。

企业经营者——特别是总裁这样的人物，不是一般的学生，不是专业人员，更不是被领导者。第一，他们有丰富的实践，但没有充裕的时间。第二，他们是责任者和领导者，他们首要的责任是搞好自己的企业，企业不仅不能停下来学习，而且要在学习中获得明显的效果。第三，他们的学习必须很快能够转化为企业管理的操作，而企业管理的操作不是一个人的事情，是全部员工的事情，起码是整个管理层的事情。

第二点，要学会"分类学"。

知识有四种：

一种是记忆性知识。这种知识主要是靠记忆，甚至可以说没有记忆就没有这种知识。例如外语就是如此。

一种是技能性知识。这种知识光知道还不行，主要是必须会操作。像弹钢琴就是这一类，主要是练习。

一种是理解性知识。许多自然科学、社会科学特别是哲学的基本原理，都要靠理解才有意义，死记死背不能解决问题。

一种是综合性知识。这种知识实际上是学习者本人的素养。这种层面的知识，需要理解，也需要记忆和练习。像一个人的写作水平，就是这样的一种知识的体现。

作为领导者主要是掌握第三种和第四种知识。

第三点，善于"框架式的学习"。

对任何问题，首先要着眼于宏观的把握，把问题或理论的大框架搞清楚。这就好像生疏的人到北京，首先应该买一张北京市的地图，知道市中心在哪里，知道二环路、三环路、四环路、五环路、六环路是怎样分布的。这样，你就不会到二环路之外去找天安门。至于每个小胡同，每个小院落如何，不是你了解的任务。例如，搞改革，你要知道"一个方向，三个任务"构成的中国改革的总体框架。例如搞好企业，你要知道"舞台"（所有制和资本结构）、"演员"（经营者）、"剧本"（企业经营发展战略）三个基本要素。例如战略问题，你就要知道它包括正确的战略目标、恰当的策略和途径以及充分的实施的条件这三个方面。等等。

第四点，善于抓要害。

善于打仗的是"万军之中取上将首级"。这就是抓要害。学习也是一样，不管问题多么复杂，总有最要害的部位。我们在学习时一定要把要害找出来，并且抓住。考察是否抓住了要害，就是看你能不能用最简单的语言把这个问题阐述清楚，把复杂的问题简单化。

第五点，"下围棋，不下象棋"。

象棋需要把 32 个子儿摆好了才能开始走，而且走的时候程序性也很强，不拱卒，马就不能过河。这样按部就班的学习，适合学校里的学生，不适合处于第一线的经营者。"下围棋"的方法则不同，看好了地方，就先放上一个子儿，再看好另外地方，再放一个子儿，放多了就可以成一个眼，有两个眼这块就活了。企业经营者，特别是主要的经营者，要紧密结合业务实践，企业管理当中最紧迫的问题是什么，自己企业的薄弱环节是什么，就要首先学习什么。带着问题学，活学活用，急用先学，立竿见影，在用字上狠下功夫，对企业经营者特别是总裁来说，这样的方法还是有参考价值的。下围棋当然也是贵在坚持。"坚持数年，必有好处。"

第六点，重视知识的交流和共享。

一定要把学习和交流结合起来，把个人的学习和集体的学习结合起来。在讲授"学习型组织"这一管理原理的时候，老师总爱举这样的例子：一个人有一个苹果，你把你的苹果给我，我把我的苹果给你。一人还是一个苹果。但知识不同，你有一个知识，我有一个知识，你把你的知识给我，我把我的知识给你，每个人就有了两个知识。现在有了一个反映这种情况的语言，叫做"信息共享"、"知识共享"。这就是知识和苹果不同的地方，它可以共享，而苹果你吃了，我就吃不成了。通过交流达到知识共享，对一个人、一个单位来说是最合算的事情。在企业内部，应该建立多种信息和知识交流的形式。更应该把日常的工作交流变成知识和信息的交流。

第七点，善于利用"外脑"。

自己的知识和智慧不够，就需要利用外脑——别人的知识和智慧。能够利用别人的资本发财是大本事，同样，能够利用别人的知识和智慧是更大的本事。企业经营者要学会"查字典"，社会上有种种的外脑机构，经营者知道遇到什么问题去找什么样的外脑来帮助就行了。

从星期日工程师说起

——学会利用外脑

所谓"外脑"，是指别人的智力。

外脑一般是指企业之外的专家、学者，也包括专门的智力机构，推而广之，也可以包括一切有智慧的人。

这里我想谈这样几个问题：

为什么要重视利用外脑；

外脑有几种类型；

怎样更好地利用外脑。

第一个问题：智力是"灵魂资本"

为什么提出利用外脑？首先是因为智力在今天的经济活动中的作用越来越突出了。

请注意，我用了"智力"这样一个词。智力应该是知识和智慧的总成。知识是对事物客观规律的认识，智慧是解决实际问题的高超的思维能力。知识是智慧的基础，没有知识不可能有真正的大智慧。但知识本身并不直接等于智慧，必须经过人们通过自己的思考和实践，才能形成一定的智力。

现在大家都在谈知识经济。知识经济的第一个特征就是：智力成为资本，而且成为主导资本（灵魂资本），在某些领域甚至可以成为主体资本。

这里要说明几点：

第一点，资本在市场经济中担负着双重身份。一重，它属于生产关系范畴，主要是从它和劳动的对立统一的角度来研究生产关系。另一重，它属于生产力范畴，因为没有资本就不可能有生产工具和生产原料以及生产资金等。

第二点，资本具体存在是多种形态的。资本的数量虽然可以折合成资金的数量来表达，但资本绝不仅仅是资金的一种形态，运营中的资本都是多形态资本的组合。土地、厂房、设备、原料、技术、管理等都是资本的具体形态。于是人们按照最直接的形态把资本分成有形资产（有形资本）和无形资产（无形资本）两大类。

第三点，不同形态资本在不同经济形态下，地位作用不同。在农业经济形态下，土地是最重要的生产要素。在工业经济形态下，资金是最重要的生产要素。而在知识经济形态下，知识成为最重要的生产要素。知识不仅成为资本，而且在诸多具体形态的资本中它起着主导的灵魂的作用，在有些情况下，甚至可以成为主体资本。也就是说，主要靠知识就可以赚钱，最著名的事例当然就是比尔·盖茨。在许多情况下知识简直就是起着决定性的作用。所以现在有了"财智时代"、"财智双赢"、"知本家"等说法。

第四点，只有能赚钱的知识才可以直接变成资本。基础科学领域的知识对人类来说是重要的，但它们并不能直接成为资本，只有那些可以转化为技术和管理即能够直接促进生产力发展的知识，才能成为资本。

第五点，只有"动态的"知识才能成为资本。那些可以直接转化为生产力的知识，也不是在任何情况下都可以成为资本。一本技术书籍，写得再好，也不可能直接转化为企业的股份。只有掌握这些知识的人在现实的经济活动中投入这些知识，才可能成为资本。正因为如此，才有了"人力资本"的说法。

智力资本这样重要，所以有人把今天的时代称为"财智时代"。

第二个问题："三大困惑"决定必须利用外脑

智力资本这样重要，我们自己智力不够怎么办？最常见的办法是自己努力学习，不断增加自己的智力。

但光凭这一点是不行的。因为前面我们已经讲过了，学习有"三大困惑"：学不完，学不懂，学不起。所以还有另一种聪明的办法，那就是利用外脑。

要正确解决对人才问题的看法。

现在大家都说，"市场竞争说到最后是人才竞争"。但怎么解决人才问题呢？许多人首先强调的是"引进人才"和"留住人才"。这种看法并没有最后到位。因为"引进"也好，"留住"也好，主要着眼点是人才的"所有"。对于人才的第一层考虑，不应该是"所有"，而应该是"所用"。使用人才，不仅是"自己所有"的人才，更应该包括不是"自己所有"的人才。有人说"越是高级的人才我越要引进"。气魄可佳，但并不科学。其实，所谓高级人才是要解决高级问题的，一个单位高难度的问题，并不是天天发生的。例如战略问题是大问题，三五年解决一次就够了，你非要把这样的人才放在企业内部有什么必要呢？越是尖端人才，就一个单位来讲使用频率越低。这样的人才应该"社会化"——没有一个单位"所有"他们，他们属于社会，为社会服务。20 世纪 80 年代初期，苏南乡镇企业崛起的时候，他们最缺的是技术人才，但他们很聪明，并没有千方百计地去"引进"人才，而是充分"利用外脑"——他们称为"星期日工程师"。只把上海的工程师在星期日这一天请来，解决问题就走。就一天的时间来说，他们给的报酬是很高的，但与把人调进来相比，费用只是零头，却完全可以解决问题。

总之，利用外脑是必然的，因为谁也没有那么多的知识，可以在任何情况下不求人。利用外脑又是最划算的，它可以支出最低的成本，使用到最好的人才。利用外脑又必将使外脑和外脑事业得到发展，这对宏观经济和微观经济都是有好处的。

谈人才竞争，不谈利用外脑，其实还没有真正懂得人才竞争。

第三个问题：学会查字典

谁也不能掌握那么多的汉字，但如果学会了查字典，那么就意味着你把汉字全部都认识了。

现代社会早就有了这样的"智力字典"，那就是咨询策划业。

这个"字典"分为上中下三"册"，分别解决三个层面的问题：

第一层面，主要解决知识层面问题的咨询。如律师事务所、会计事务所等，他们并不能发明创造，必须原原本本地告诉你相关的法律知识和会计知识。

第二层面，主要是解决模式层面问题的咨询。例如建立 ISO9000 的质量管理体系，就是这样的咨询，它不单纯给予你知识，还有若干操作性的事情帮助你去做。

第三层面，主要是解决战略和策略层面问题的咨询。一般把这个层面的咨询称为策划。第三个层面与前两个层面不同，前两个层面主要依靠的是已有的普遍认可的知识，但第三个层面则必须靠独立的特殊的创意才能解决问题。不是说策划不需要知识，而是说光有知识不行，必须有一种灵感思维才可能出奇制胜。

你需要解决哪个层面的问题，就去查哪个层面的"字典"。

第四个问题：策划业就是出点子吗？

中国人认为策划业是靠点子起家的，把策划业看成点子行业。

把点子和策划等同起来，是一个好坏参半的评价。我不赞成全盘否定点子，也不赞成因为"点子大王"出了问题就全盘否定点子。当然，策划和点子并不简单等同。

那么，什么是策划呢？策划是大咨询业的组成部分，它是以软科学为理论武器，以社会各种信息和知识为原材料，为解决某个或某些主体的战略和策略问题提出可操作性方案，而进行的具有创造性的思维和实践活动。

无论从这个定义看，还是从实际工作看，策划业都是一个很难的行业。做好策划很难。难在哪里？

其一，从思维角度看，它是咨询业的高层部分。咨询业一般是解决难度高的战略和策略问题。正确的战略和策略是企业的生命，战略和策略又是最难解决好的问题。

其二，策划者需要坚实的多方面的理论功底。所谓"软科学"是一门新兴的科学，它是融合了自然科学、社会科学和哲学形成的一种主要解决决策问题的理论体系。

其三，进行策划必须占有大量的丰富的足够的各种资料。策划机构应该拥有或能够获得这样的资料，策划者应该能够消化和应用这样的资料。（我国策划业在占有资料方面与外国的咨询机构相比有比较大的差距。）除了资料之外，还要求策划者具有丰富的社会经验和社会知识。

其四，它面对的是不断变换的服务对象。服务对象不断变换，没有现成答案可以照抄照搬。策划者说的是自己生疏的单位的事情，还要比熟悉该单位事情的人说得更好，岂不是很难？

其五，策划的成果不是理论形态，而是方案形态。所以，它既要说出"应该怎样看"，更需要找出"需要怎样办"。观点是看法，点子是做法。把看法落实到做法，其实是最难的。这就是我们常说的理论和实践的结合。空洞的议论不是策划，一孔之见，一个小动作，在这里也不行。

其六，企业管理的特点增加了策划的难度。策划的对象主要是企业，解决的主要是企业管理方面的问题。而企业管理的特点是科学加艺术。科学是普遍规律，艺术是个性特色。所以，策划也同样是科学加艺术。就科学来说，方案是有确定性的，非此不可。就艺术来讲又是最没有确定性的，一个师傅一个样。所以策划又总是面临着众多方案的选择的困难，面临着与实际操作者（被策划单位的首领）衔接的困难。

说了这些难点，是为了策划业同仁们更加努力提高自己，也是为了社会各界特别是企业界更好地理解策划业。

第五个问题：正确认识和对待策划成果

策划成果是一种知识产品，而且是一种特殊的知识产品。

正确认识和对待策划成果需要解决以下三个问题：

一、怎样要求策划产品？

对知识产品来说，质量不仅是核心，甚至是全部，数量完全服从于质量。一万句废话也不能和一句有用的话相比。

在现实中，我们发现许多策划文案中有许多废话，其原因是企业对文案的不恰当的要求所致。一个策划，真正有用的精辟的话，不可能很多的，但如果只写这些话，文案就会很薄，"这么薄的东西就要我这么多的钱？"于是策划者就只能把文案搞厚，办法就是加进一些正确的废话。企业界和企业家不要逼着策划者说废话。

中国历史上最好的策划是一个字的策划——赤壁之战的"火"字策划。诸葛亮和周瑜写在手掌心的这一个字值多少钱？曹操的83万人马。如果说，这么重大的问题，写一个字不行，一定要写一个百万言的专著《论联合破曹之战略与策略》，恐怕专著没有写完，曹操就打过江了。

策划不是理论，策划的目的是实用。要求实用而不是要求体系是策划成果的最关键的标准。策划成果的价值，主要不表现为文字长短，而表现在它的实用价值——能够解决问题。

二、怎样认识知识产品的价值和价格？

怎么认识知识产品的价值和价格呢？

对于物质产品的价值，马克思发现了价值规律。生产某产品所需要的社会必要劳动决定了某产品的价值。而产品的价格则由于供求关系影响围绕着价值上下波动。

知识产品具有物质产品所不具备的独特性和独占性，所以很难说造就这种知识产品的社会必要劳动。例如齐白石画的大虾，只有齐白石画的才是"齐白石大虾"，别人画的"齐白石大虾"都是假冒产品。那怎样确定知识产品的价值呢？我的研究结果是：

社会认同决定知识产品的价值。

某种知识产品，社会对它的认同度越高，认同的范围越广泛，那么这种知识产品的价值就越高。范曾的书画在日本的认同度比较高，所以他的画在日本就有比较高的价值。但法国对范曾的书画认同度不高，所以在法国，它的价值就不那么高。这种社会的认同，并没有严格的可以量化的具体标准，更多的是社会历史的产物。在一些情况下，产品的稀有性也起着很大的作用。画家的代表作，要更有价值；画家去世后，作品价值会更高，都是这个原因。

那么知识产品的价格怎样确定呢？我的研究结果是：

交易认可决定知识产品的价格。

价格是价值的量化的体现。知识产品价格的形成，是交易双方认可的过程。卖者愿卖，买者愿买，达成一致，"周瑜打黄盖，一个愿打，一个愿挨"，就是知识产品的现实价格。现在流行的拍卖会，就是具体的交易价格形成的形式。

策划也是一样，对策划者和策划机构的社会认同程度，决定着策划产品的价值。策划者和被策划者双方的认可，决定着策划产品的价格。

三、怎样检验策划产品的质量？

实践是检验策划成果的标准。但策划业的实践是分两个阶段。第一阶段是策划文案的完成。第二阶段是策划文案的实施。无论哪一个阶段，策划成果都包含着策划者和被策划者的共同实践。只不过第一阶段以策划者的实践为主，第二阶段以被策划者的实践为主。因此，策划的成果最终取决于双方的理解和配合。

有几种情况：

策划的主意好，企业落实执行好。

策划的主意好，企业落实执行不好。

策划的主意不够好，企业落实时做了修正因而执行还好。

策划的主意不好，企业落实执行不好。

这四种情况，只有第一种情况有好的结果。第三种情况虽然可能有比较好的结果，但已经不是策划的功劳了。这就说明，在策划中，两个好缺一个好就不行，任何一方的任何问题都对策划成果有否决权。

这就是说，策划的结果取决于双方，仅仅依据策划的结果付给策划者的报酬是不科学的，因为这就完全取消了企业这一方的责任。简单地让策划者保证经济效益也是不科学的。就我个人的经验，被策划一方往往起到更重要的作用。

由此得出的结论是三条：

第一条，策划成果的落实，最重要的是策划者和被策划者的互相理解和配合。

第二条，从目前的情况看，要解决好这个关系，必须避免脱离实际的"高"字：企业策划当然要找"高手"，但不能期望值过高；策划人不要把自己的本领说得太高，以至事后难以兑现。

第三条，不仅策划成果取决于企业界和策划界的合作水平，而且中国策划行业的发展水平，在很大程度上也取决于中国企业的发展水平。从根本上说，没有成熟的企业，就很难有成熟的策划业。

第六个问题：利用外脑和利用外嘴相结合

在重视利用"外脑"的同时，企业也要重视利用"外嘴"。"外嘴"就是别人的嘴，特别是那些专家学者的嘴。

外脑是一种特殊的资源，外嘴也是一种特殊的资源。

外嘴不仅可以用来做宣传，而且可以用来解决企业管理当中的问题，特别是企业发展中遇到的难题。

"外来的和尚会念经"，这句话本来是贬义词，但它确实是一个现实，而且是有道理的。为什么同样的经外来的和尚一念就会有不同的效果呢？这是因为外嘴有三个特点：

一是客观性。同样的话，虽然企业经营者说了，但由策划者说，社会专家学者说，就会有不同的效果。因为这些没有直接利害关系的人的话更有客观性，说服力就不同。

一是超脱性。有些话，身在其中的经营者自己不好说，但处于超脱地位的策划者、学者、专家却可以说。

一是权威性。有些策划者、学者、专家由于其身份的特点，不仅在外脑方面具有权威性，而且在外嘴方面具有权威性。

鄂尔多斯的事例：

1987年夏天，鄂尔多斯羊绒衫厂厂长王林祥通过朋友介绍找到我。他说，你是新闻界的老人，能不能帮助我请一些报纸的总编辑吃顿饭。我问吃饭干什么？他说交朋友。我又问交朋友干什么？他说没有别的了。我说，那我不管给你请。大家都很忙，来了只是吃顿饭，没意思。他问，那怎么才能请到？我说，新闻界的头儿最愿意吃的还是新闻。如果你能够"喂"他们一些新闻，他们就会愿意来。他说，我有没有新闻自己也不知道。我说，你说说，我听听。他说，全世界60％的羊绒产在中国，中国60％的羊绒在我的企业加工。这两句话说完，我就说，等一下，请问内蒙古还有比你大的羊绒衫厂吗？他说没有。又问，中国有比你大的羊绒衫厂吗？他说没有。再问，全世界有比你大的羊绒衫厂吗？他说英国有一家比较大的，产量也只有我的三分之一。我说好了，新闻有了，这个新闻就是"全世界最大的羊绒衫厂在中国内蒙古伊克昭盟"。我让记者按照这个主题写了一篇新闻稿，然后请了几家中央大报的总编辑吃饭，每人发一篇新闻稿。第二天许多报纸都登了，很快他们的企业就以"全世界最大的羊绒衫厂"的形象出名了。

1988年，王林祥又来北京了。他说，我们出了名，但遇到了麻烦。盟里成立了一个纺织集团，把我们的原料采购权和产品销售权都收上去了，我厂实际上变成一个车间了。我明白了，如果说第一次来，是借用了我的外脑的话，那么这次来，主要是想借用我的外嘴。于是，我邀请了几位著名的专家，来到内蒙古的伊克昭盟，在那里召开了一次"鄂尔多斯现象研讨会"。名为研讨，实际上是利用我们这些外嘴为企业说话。大家围绕企业的自主权都说了不少很鲜明的意见。我主要说了"两个没想到"：第一个没想到，在内蒙古这样一个经济落后的地区，竟然有一个全世界最大的羊绒衫厂，实在是令人惊叹；第二个没想到是，这样一个好的企业居然没有原料采购权和产品销售权，实在令人惊讶。根据我们这些专家的意见，最后形成了一个座谈纪要，上送给盟领导和自治区领导。后来自治区领导做了批示，把两权还给了企业。这就是借用外嘴的成功。

青岛啤酒集团的事例：

1998 年我主持了我们《经济日报》经济研究中心为青岛啤酒集团"大名牌"战略所做的策划，并依托策划成果召开了一次研讨会。这次研讨会被青啤人称为"青啤 20 世纪最重要的会议"。这次策划和研讨会，主要解决了两个关键性问题。一个是实施快速扩张战略过程中品牌体系如何确立；一个是当时新建立的领导班子的稳定问题。

第一个问题主要是利用了我们这个外脑。我提出了构建品牌体系要根据"船舱战略"的原则。船舱的结构是蜂窝状的，这种体系的好处是效用是整体的，风险是局部的。船舱联合起来，形成了自己的排水量，但如果船体某一部分受到破坏，只是最临近的分舱进水，其他部分因为有间隔，不会进水，整条船仍然是安全的。后来的青岛啤酒在兼并时采取的品牌体系就是按照这样的原则构建的，使得扩张能够放手进行。

第二个问题的解决主要是利用了我们的外嘴。当时，以李桂荣和彭作义为首的经营班子刚刚建立，有人以他们不熟悉啤酒行业为由，对这个班子提出了质疑。在研讨会上，一位国务院发展研究中心的专家做了一个语惊四座的发言。他说，我看青啤搞不好！大家都在研究如何搞好青啤，他却说青啤搞不好，自然格外引人注目。他接着说出了自己的解释：这样大的一个集团，四年换了三套班子，什么企业能够搞好？他以特殊的表达方式，说出了企业经营班子稳定的重要性。当时参加会议的有省市的主管领导，这无疑是为企业的经营者说出了自己很难说出的话。这就是利用外嘴的特殊作用。

这两个问题的解决，为青岛啤酒集团的扩张扫除了关键性的障碍。此后两年多的时间内，青岛啤酒获得了空前的发展，通过兼并扩张，生产能力迅速由 90 万吨提升到 300 多万吨。

似是而非最可怕

——为什么要重视观念更新？

　　20 世纪 90 年代，我们提出中国经济要实现"两个根本性的转变"：体制上，从计划经济到市场经济的转变；经营上，从粗放经营到集约经营的转变。为了顺利实现这两个转变，我认为最重要的是"第三个转变"——人的观念的转变。没有这个转变，那两个转变将是十分困难的。

观念在思维活动中占据重要位置

　　说观念更新的重要，首先要搞清楚观念在我们思想活动中居于重要位置。

　　事情是人干的，人是靠思想支配的。那么思想是怎样活动的呢？

　　在《万军之中取上将首级——你会学习吗？》这篇讲演中，我已经谈到人的思想活动分为五个层面：信息层面，知识层面，观念层面，理论层面，智慧层面。而且谈到，这五个层面，观念是居中的，它对能否形成正确的理论，能否形成智慧起着重要的作用。

　　毛泽东从辩证法的角度，讲事情都有两面。他说："穷看来是坏事，实际是好事，穷则思变，要干，要革命。"经过人们用形而上学理解，把它变成了"穷是好事"的观念，而后又延伸到"富则修"的观念。毛泽东批判马寅初人口论时倡导的"人多是好事"的观念也是片面的。他说，人多看来是坏事，其实也是好事，人多，热气高，干劲大。这些错误的观念都导致了一系列的错误理论、路线和政策，给社会主义事业和中国的发展造成了严重的损失。

　　我们特别强调观念的作用，还因为观念一旦形成，它发挥作用往往是以本能的形式出现。也就是说，人们按照自己的观念想事办事的时候，是自然而然的，并不需要某种故意。所以，观念的作用往往在这种情况下，被掩盖起来了。所以，如果我们不特殊加以注意，我们就发现不了观念上存在的问题。

观念在工作中起决定性作用

一个领导班子为什么总是议而不决？并不是班子里有坏人捣乱，而是观念不一致。而观念不一致又不会直接说出来，只是反映在对问题的具体看法上。所以，观念问题往往成为一个班子工作能否有成效的关键所在。班子有了决议了，要贯彻执行，实际上遇到最大的困难仍然是下面的工作人员和领导班子的观念是不是一致。如果不一致，贯彻的时候，一定会走样。

我对众多企业的发展历史做过观察，我发现这样一个规律：企业的兴衰成败取决于企业的经营发展战略，而企业经营发展战略的选择又往往决定于企业主要经营者的观念。

制订战略的过程，实际上首先是一个选择过程。在多种可能采取的战略中确定实施哪一个战略，选择才是最重要的。有多种因素影响战略的选择，但实际情况证明，最重要的因素就是主要决策者的观念。因为这是他的价值取向。

例如如何认识企业的发展目标，首先就遇到了观念的问题。"做大做强"是许多人的目标。但什么是"大"，什么是"强"？理解上就有很大的分野了。有一个家电企业，很早就做成了名牌。但名牌的观念没有搞清楚，主要决策者认为，"名牌"就是"王牌"，"王牌"就是"霸牌"，"老子天下第一"还不行，还要"老子天下唯一"。于是，他选取的战略就是拼命扩大单一产品的产量和产品的市场占有率，以为这样就可以把其他同类企业挤垮。结果，产品的产量上去了，但却造成了产品的大量积压，使企业的发展出现了挫折。

企业主要经营者的观念是以潜在形式存在的，平常难以发现。而且由于主要决策者所处的地位，企业内部的其他人很难发现，即使发现了，也很难纠正。这里要特别提醒的是，主要决策者一定要自觉、及时地审视自己的观念，特别是在成功时期形成的观念。我们说"成功是失败之母"，往往就是因为决策者在成功时期形成的观念，或者是导致决策者成功的观念，在事业成功之后，得到了进一步的强化和扩大化。这样，决策者往往会夸大这种观念的适用范围和适用程度，情况变化了，没有及时加以调整，因而导致了失败。成功者很难有调整观念的自觉，而别人来纠正成功者又是最难的事情——因为他成功了，下级更多的是歌功颂德，外人又没有纠正他、说服他的事例。

转型期社会观念的特征：似是而非

观念更新之所以特别重要，还与我国目前社会的特征密切相关。

对中国目前社会的特征，国内外有一个通行的说法，那就是"转型期社会"。

经济体制在转型，由计划经济转型为市场经济。在此基础上，社会结构在转型，政治制度也在转型。这种转型，是通过改革开放的转型，是一种渐变的转型。老的体制正在消亡，但在相当长时间内，老体制仍然在起作用；新体制正在生长，但在相当长时间内，新体制还很不完善。

既然是过渡性的变化，那么必然在相当长的时间内，会是两种规则并存，两种规则交织，两种规则同时起作用。

这种社会现实反映到人们的头脑中，那就是似是而非的观念特别多。似是而非这种特征应该引起我们特别的注意。我曾经写过一篇文章，题目就叫做《似是而非最可怕》。

所谓"似是而非"，就是你认为它对，它又有些不对；你认为它不对，它又有些对。或者，从这个角度看，它是对的；从另外的角度看，它又是不对的。为什么"似是而非"最可怕呢？因为完完全全对了当然好。完完全全错了虽然不好，但容易发现，容易纠正。唯独似是而非，既不容易发现它的错误，发现了也不容易纠正，因为它还有对的部分。

比如说，"工人是国有企业的主人"，这个观念对不对呢？从大的政治逻辑看，这当然是对的。国家是国有企业的主人，而工人又是国家的主人，那么说工人是国有企业的主人就是理所当然的了。一个企业，工人是绝对多数，是企业的人员主体。如果说这个主体都不是主人，谁又是主人呢？但是从市场经济的理论和逻辑看，这种说法又是有问题的。从市场经济的角度说，企业的主人是出资者，国有企业是全民所有制，它的出资人是全民——13亿人。而你这个企业的职工即使是10万，对13亿来说，也是一个很小的数目，13亿人的资产，怎么会成了你们这很小一部分人的了呢？显然这是说不通的。实际上，工人也没有主人的权利。厂长谁来干，挣了钱怎么处理，上什么新项目，都是政府说了算。随着改革的深化，这个观念在实际生活中所起的消极作用越来越大了。我们无非是想用"主人观念"来引导工人关心自己企业的发展。但工人用实际状况来对照这个观念，感到自己越来越不像主人了，下岗的国有企业职工会这样问道：为什么"仆人"还稳稳地在位，而我这个"主人"却下岗了!?

新课题需要新观念

进入新的世纪，中国经济发展面临着一个中心任务和四个新的课题。一个中心任务是全面建设小康社会。四个新课题是：应对中国经济进一步融入世界经济全球化；实施西部大开发战略；加快城镇化；振兴东北老工业基地。顺利地完成中心任务和解决好这些新课题，需要做许多工作，但首要的条件就是要有新的观念。

中心任务：全面建设小康社会。

要全面建设小康社会，基础性的任务是到2020年我国经济的GDP要翻两番，达到2000年的四倍。完成好这个任务，最重要的是解决观念问题——树立科学发展观。

为什么这样说呢？那是因为我国经济现在的增长方式还没有摆脱"三高两低"的粗放增长方式——高投入，高消耗，高排放；低产出，低效益。2005年我国的GDP大约占世界的4%，即1/25，但我国消耗的钢铁占世界的1/4，消耗的煤炭占世界的1/3，消耗的水泥占世界的1/2。如果增长方式不改变，GDP增长四倍，消耗也要增长四倍，把上述的比例乘上4，钢铁的消耗量是1，就是说我们就要消耗全世界所有的钢铁。煤炭消耗量是$1\frac{1}{3}$，全世界的煤炭都由中国消耗，还缺三成多。水泥的消耗量是2，全世界的水泥都归中国消耗，还缺一半。这样的增长方式，显然会遇到资源和能源的严重制约，即使我们利用国外的资源实现了翻两番，那么由此造成的环境污染，能不能承受？

所以，在党的十六大提出全面建设小康社会的任务之后，紧接着党的十六届三中全会就提出了树立科学发展观的问题。科学发展观的要点是：以人为本，天人合一，全面、协调、可持续。具体体现在中央提出的"五个统筹"上。在此之前，中央特别强调走新型工业化道路，其要点是五个：科技含量高，经济效益好，资源消耗低，环境污染少，人力资源优势得到充分发挥。最近又提出了"循环经济"的概念。这一切都是解决科学发展观的问题。

建立科学发展观有一个"扣"必须解开，那就是"增长"不等于"发展"。

这个问题，从世界的角度看，应该说在20世纪70年代已经解决了。当时有个罗马俱乐部，提出了"增长的极限"，把环境污染问题尖锐地提到人类的面前。我们虽然也注意到了，但感受不深。因为中国多年来是在短缺经济条件下进行建设的，既然是短缺，所以就总认为多了总比少了好。"发展是硬道理"就成了"增长是硬道理"。各地各级政府都最关心增长，特别是比增长的速度。一定要看到，现在到了一个新的转折的时期了。如果一味地追求增长，不仅难以持续增长，而且即便增长的目的达到了，也不见得是好事。我们应该汲取1958年"大跃进"的教训。那时为了实现年产1070万吨钢铁的任务，全民动员大炼钢铁，在错误的所谓"小土群"的观念指导下，不仅钢没有真正炼出来，把许多树木都砍光了，造成了严重的后遗症，损失难以弥补。在我国，党和政府组织动员能力很强，如果观念错误，又动员13亿人开足马力，后果是不堪设想的。

第一个新课题：融入世界经济全球化。

加入WTO以后，如何使我国经济融入世界经济全球化？我认为基础性的工作，首先是要端正我们的观念。过去几年，一提加入WTO，就说"狼来了"。那么我们要问，"狼来了"这种观念对不对呢？我看也有点似是而非。你说狼没有来，外国大企业进来以后肯定会对中国企业形成强大的压力。你说就是"狼来了"，人们就会迷惑不解，难道我们费了13年的努力，就是为了让外国的"狼"更方便地吃中国的"羊"吗？

当年讨论中国加入WTO的多哈会议，中央电视台是直播的。一锤定音，中国被通过之后，主持人白岩松在电视上马上采访了三位中国企业家。其中一位就是张瑞敏。白岩松问张瑞敏："加入世贸，面临着跨国公司更直接的竞争，请问海尔有什么优势？"张瑞敏说："资本没优势，技术没优势，管理也没有优势。"白岩松问："那你什么优势也没有吗？"张瑞敏说："我想了，只有一个优势，那就是在中国市场上我们的销售服务网络比它们好。"白岩松问："那你们怎样利用自己的优势和它们竞争呢?"如果按照老观念，恐怕应该这样回答："我要利用我的网络，好好卖我们的东西，不卖外国公司的东西。让跨国公司的东西进到中国来也卖不动。这样我们的竞争就胜利了。"但张瑞敏的回答不是这样，甚至是相反，他说："我要让外国的跨国公司利用我们的网络卖它们的东西，不过有个条件，在外国我要利用它们的网络卖我的东西。"10天之后，海尔就和日本三洋签订了这样的协议。在中国，三洋利用海尔的网络，在日本，海尔利用三洋的网络。

对于张瑞敏的回答，我是这样归纳的：在国际竞争中，不仅要实施优势对抗，更要注意实施优势对接。这就是全面把握竞争与合作的观念。

所以，不用简单的"谁吃谁"的观念，而用竞争与合作结合的"竞合"观念，用"整合"的观念来看待加入世界贸易组织可能更恰切、更全面些。万向集团董事长鲁冠球说过一句很精彩的话："如果你有跨国公司可以利用的资源，你就可以利用跨国公司的资源。"这就是一种新观念，用资源整合来看待市场竞争与合作。加入世界贸易组织，当然不是为了让你打败我，也不是为了我来打败你，而是两者优势的结合。用这样的眼光来看加入世界贸易组织，我想就不会那样紧张了，也可以找出许多新的对策思路。

第二个新课题：实施西部大开发战略。

顺利实施西部大开发战略，前提同样是观念的问题。有两个观念要树立好，一个是开发的核心是资本，一个是开发的基本模式应该是大跨度组合。

开发的核心问题是"资本"，不是"资金"。资本是和你共担风险的，资金不管你赔钱还是赚钱都是要还钱的。

围绕着资本是三个问题：资本的流入、资本的流动、特色产业的形成。这里面都有观念问题。

资本的流入，大家注意到了。但怎样才能造成资本流入呢? 现在用得比较多的办法是两个，一个办法是优惠，一个是"哭穷"。光是优惠是不行的，用优惠把人家招来了，但软环境不好，甚至外资来了搞"关门打狗"，更是断了外资的路。"哭穷"更多，说我们是"老少边穷"，说西部开发是因为"东西部差距拉大了"。他们不知道资本是"嫌贫爱富"的，你本来就很穷，现在差距又拉大了，谁敢来? 几年前我做延安政府经济顾问的时候，就跟当地领导说，"老少边穷"跟中央说就行了，无非是给你一些照顾和优惠，向社会宣传就不能这样说了，要把你的优势告诉人家。我说，还有你们的歌曲，唱什么"我家住在黄土高坡，大风从门前刮过，不管是东北风还是西北风都是我的歌"。好家伙，天天刮风，还把刮风当歌，这是什么地方，谁敢来？延安的绿色植被已经很不错了，大约占到70%，还有30多万亩苹果园，已经到了盛果期。我建议他们把歌词改一改，"我家住在黄土高坡，坡坡挂满红红的苹果……"后来他们接受了我的建议，在西安开交易会的时候，把我写的文章放大成广告牌，又用大喇叭播放"坡坡挂满红红苹果"的歌曲，结果第二年的苹果一下子就预订出去了。

相对流入来说，更被忽略的是流动。资本是在流动中增值的，这是马克思在《资本论》中提出的基本原理。资本来了，但不能流动，造成的问题会更大。西部开发的吸引力不会超过当年的海南岛，海南岛当初吸引了多少投资！但是资本到了那里都固化在房地产里面了，造成的后遗症很长时间处理不好。

怎样既流入又流动呢？那就是形成与国内外市场有密切联系的特色产业。

西部开发还有一个基本模式问题，那就是西部开发并不是一个劲地向西部投资，往西部放项目，人才也都要到西部去。而是必须采用"东中西一体化"的模式来促进西部大开发。

国务院提出的第一个西部大开发的项目就是"西气东输"。说它是西部项目，说它是中部项目，说它是东部项目都可以，因为它横跨东中西。也只有这样，把西部的气一直送到沿海，西部开发才有意义和可能。如果只是把气送到乌鲁木齐，并不能开发西部。

北京缺电，但不需要自己建电厂，用内蒙古的就是了。提升了自己，也促进了西部的发展。内蒙古的"白"（羊绒、羊毛、牛奶）、黑（煤、电）、红（肉类）只有打开国内和国际市场，才可能大发展。黄河的问题也是这样。水天天从上游往下游流，但资金没有从下游往上游走，于是形成了问题。黄河断流了，一个原因是青海注入黄河的水少了。但搞人工降雨，青海自己没有钱。而山东因为黄河断流，花几十亿在打井。如果把打井的钱放到青海投资搞降雨，不就皆大欢喜了吗？不用无私援助，用降雨后增加发电的收入就可以还钱了。长江的开发和治理也有类似的问题。

第三个新课题：加快城镇化。

我们"工业化"的观念很强，但城镇化的观念在我们许多人的头脑里很薄弱，甚至可以说是一个"负观念"。长期以来，许多人不仅不重视城镇化，还存在着害怕城镇化的观念。最怕农民进城，还用极大的力气把城里人往乡下"轰"。

我们不管自觉还是不自觉总是有这样的一个观念——重视工业化，害怕城镇化。但我们不懂得，没有城镇化，就不可能有完全的工业化。对城镇化重要性的认识，恐怕应该说是1997年之后的事情了。当时我国经济发展遇到了"内需不足"的问题。这并不是市场经济周期"繁荣—萧条—危机—复苏"出现的现象。我对这个问题的解释是："产品过剩是因为城市短缺。"

什么是城市短缺呢？就是城市的数量太少，城市的容量太小，城市的事业不发达。我国的城市化水平，往高里估算也就是40%左右，但世界的城市化平均水平已经达到47%。

逻辑很简明：产品过剩是因为购买力不足——购买力不足主要是农民购买力不足——农民购买力不足主要是两个原因：农民手里钱太少，农村的基础条件限制了他们的购买力——只有城镇化才能同时解决这两个影响购买力的问题。

农村的基础条件对农民消费的制约，过去我们是忽略的。其实这有很大的影响。比如，农村没有上下水设备，他们买洗衣机没法用。从井里打水放到洗衣机里，洗完了肥皂水往哪里放？放一院子总是不行的。所以农民有钱也不会买洗衣机。有的农村大姑娘要出嫁，非要洗衣机作嫁妆，过了门她也不用，就装粮食用了。不光是洗衣机，许多产品都是如此，因为现在的以家用电器为代表的日用品，都是以城市的条件为依托的。

增加农民的收入，我们喊了很多年，但始终没有解决好。什么原因？还是观念问题。增加农民收入靠农产品涨价不行，因为农产品涨价了，工业品的成本提高了，也跟着涨价，又把农民增加的钱收回来了。再说，加入世界贸易组织后，如果农产品涨价太多，人们就会从国际市场买农产品了。所以增加农民收入的根本途径是提高农民的劳动生产率。

中国农民劳动生产率＝农民干的总活/农民总人数。分子是农民干的总活，分母是农民总人数。要增加这个分数值，有两种方向性的办法。一种，分母不动，增加分子；一种，分子不动，减少分母。过去我们选择的主要是第一种办法，农民总数（分母）不动，增加农民干的活（分子）。但农产品增加很难，比如粮食，能够增产3%—5%，就是历史上少有的大丰收了。更重要的是粮食增收了，但大家的肚皮并没有跟着增大。粮食卖不出去，就要库存，就要耗损，粮价就要降低，农民可能落个增产减收。粮食是如此，其他的农副产品也大多如此。农产品和工业品不一样。彩电我从25英寸变成29英寸，产值可以大幅度增长，而农产品就不可能，因为大家的肚皮是一个常数。所以增加农民收入的主导性办法，应该是第二种途径——减少分母。

增加中国农民收入的唯一办法是减少农民。

减到哪里去？减到城市里面去。一定要把农民变成城市居民。只增加农民工还不行。

中国的城市化有一个特点，那就是农村的人口很多，都进到大城市，容纳不了，小城镇的发展就具有战略性的地位。所以，我们把"城市化"这个概念改为"城镇化"。

总之，为什么要重视观念更新，至少有以下四条理由：

观念在思维活动中居于重要位置；

观念在工作中居于重要位置；

中国转型期社会特征决定了观念的复杂性；

解决新课题首先需要新观念。

以道御术

——如何成为卓越领导者

关于企业卓越领导

第一个问题，为什么现在提出做企业的卓越领导？

随着市场经济的发展，总会出现一些优秀的企业家，他们成为众多的企业经营者的领头人物、标杆人物。从国际竞争角度看，中国也需要一批能够在世界市场上叱咤风云的人物，被世界企业界认可的人物。他们继承了中国文化的优良传统，又借鉴了西方现代化的管理，有自己的创新，代表中国企业的水平，参与世界范围内的较量。没有这样的人物，中国经济还不能在世界上真正站立起来。这样的企业家，我们称之为"企业的卓越领导者"。

从国家的宏观层面看，改革开放的一个最伟大的成果就是企业家阶层的出现和成长。目前，中国企业家阶层还是处在从"自在阶层"向"自为阶层"过渡的过程中。成为"自为阶层"需要三个条件：一、形成了这个阶层的独立意识和理论；二、形成了比较完善的企业家阶层自己的组织；三、出现了一批企业家阶层的代表人物或领袖人物。

企业家阶层，实际上可以分为三个层次：第一个层次，一般的企业经营者。第二个层次，有显著经营业绩和较高水平的，可以称为"企业家"。第三个层次，企业领袖级人物，企业家阶层的代表人物。这个层次的企业家我们把他们称为"企业卓越领导者"。

第二个问题，卓越企业领导者需要具备什么条件呢？

我们概括为"五有"。

有文化。不能只是懂得赚钱，还要懂得文化，懂得中国文化，懂世界文化。如果作为一个中国人连孔子、孟子都不知道，是说不过去的；如果走向世界，连西方的最基本的文化都不知道，也是很困难的。所以要有文化素养。

有品德。企业家的品德是最重要的无形资产。做生意就是做人，做人做不好，生意很难做好做持久。李嘉诚最近在一些场合讲他怎样经营企业，他没有讲什么具体的诀窍，而主要是讲了如何做人的问题。做小事可以靠才，做大事一定要靠德。没有品德，消费者、用户不买账，合作者也不买账，政府和社会不买账，你怎么发展起来呢？品德的内容很多，但最重要的就是两条，一条是诚信，一条是社会责任感。

有思想。大企业家一定是有自己思想和见解的思想者。有正确的思维方法和独到的思维能力。

有能力。企业家不是理论家。理论家说完了，他的任务就完成了。但企业家不同，他必须把理论转化为现实。因此他必须有实践能力，有领导能力。

有影响。这个影响不仅是在本企业有影响，而且在社会上有影响。不仅在经济上有影响，而且在政治上、在社会上有影响。支撑这个影响力的不仅是企业的实力和业绩，更要靠本人品格的魅力。

第三个问题，为了做到"五有"，企业家怎样学习？

除了理论和实践结合的基本原则之外，我提供四句话：

开阔视野。提出"有文化"首先是为了开阔视野。企业家要有宏观视野。要了解国家和社会的基本走势，要了解世界和世界经济的基本走势。企业作为一个市场主体是微观的，但产业是宏观的，市场是宏观的，国家和世界经济动向是宏观的，不了解这些宏观，企业就像睁眼瞎子一样，很难做出正确的战略决策。

多维思考。世界是连通的，政治、经济、文化、社会，只是一种相对的抽象，实际上它们都是一体化的，孤立地看某一个领域的事情往往看不懂，至少是看不深。所以必须善于多维思考，善于透过经济看政治，透过政治看经济，透过经济看文化，透过文化看经济，透过经济文化看社会，透过社会看经济文化。事物都是多维的，只有能够多维思考，才能把握事物的本质，找到解决问题的办法。

以道御术。这个问题我下面专门讲。

追求卓越。不要满足于一般化，要追求不断提高，追求出类拔萃。

关于以道御术

什么是"道",什么是"术"?

简言之,"道"就是基本原理,"术"就是操作方法。

中国文化的特点是重视道,西方文化的特点是重视术。(这是一般说的,当然也不那么绝对。)"天人合一"这个环境保护的基本原理,中国早就提出来了。"有无相生"这个有形资产和无形资产相互作用的原理,中国也早就提出来了。但现代企业管理的整套方法,还主要是西方提出来的。我们现在要把中西方文化结合起来,其中很重要的思维方法就是"以道御术"。

所谓"以道御术"就是基本原理和具体操作的统一,不变的规律和万变的应用的统一,内在和外在的统一,根干和枝叶的统一。

"以道御术"包括三个环节:

第一个环节,悟道。对学习者来说,也是重点环节,就是从万变的术中悟出不变的道。这就可以透过现象看本质,从眼花缭乱的大千世界中抓住最重要的东西。

第二个环节,御术。懂得了道就可以更好地驾御术。即使是学习别人的术,也知道它的实质和根本,才能消化吸收。毛泽东同志说,感觉到了的东西,不见得能够理解它,理解了的东西就能够更深刻地感觉它。

第三个环节,创新。把握了道就更有利于创新,创造别人没有的术。创新是一个民族的灵魂,也是一个企业的灵魂。但创新的基础在于对道的深刻的理解和把握。

我们可以悟哪些道?

就我国传统文化中的一些道举例做一些分析。

一、易经说的道:变易、不易、简易。

易经这部伟大的著作,可以说是异常博大精深,对于它是仁者见仁,智者见智,似乎成为最神秘而永远理解不透的东西。对于我们现代人来说,学它不是为了用来占卜算卦,而是为了把握其中的基本道理。这中间,把握这三个"易"——"变易"、"不易"、"简易",可能是把握易经之道的一个重要角度。

所谓变易，就是事物永远在不停地变化，唯一不变的是变化。企业面对的市场是这样，企业自身也是这样。《谁动了我的奶酪》这本书，与其说是经济管理的书，不如说是通俗哲学书。

所谓不易，就是变中有不变。市场的基本规律是不变的。企业的基本追求和基本理念应该是不变的。企业成功的诀窍在于"目的是不变的，手段是多变的"。企业失败的原因往往是"目的是多变的，手段是不变的"。

所谓简易，就是解决问题的方法要简便易行。化繁为简，化难为易是最重要的方法。邓小平的"摸着石头过河"就是化繁为简，化难为易。如果改革开放一开始就让人们从理论体系高度把改革开放说清楚，这是不可能的。企业管理要有效地实施，办法也要比较简单。过分复杂的办法，写成文字的制度就是几百万字，肯定是难以执行的。

我们的头脑里有了这三易之道，看问题处理问题就有了一个基本的思维方法。

二、老子说的道："天下万物生于'有'，'有'生于'无'"，"有无相生。"

从直观的现象看起来，天下万物都是有生于有。有种子，才能生出庄稼，有小猪崽才能育肥猪，有机器才能造产品，有钱才能办企业等等。但从另一个角度看，又是有生于无。初看起来，有生于无是荒谬的，"无中生有"等于造谣，等于胡说八道。其实，现在世界上存在的东西，有许多是世界原来没有的东西，人类社会上的诸多事物更是如此。大的说，社会主义原来是没有的，中华人民共和国原来是没有的，现在都有了。小到你的企业，原来是没有的，现在也有了。许多都是从无到有的东西。有生于无，是一个世界运行的基本规律。"有生于无"的道就是发展的道，创新的道。我们知道现存的许多东西都是从无到有创新创造出来的，那么为什么我们不能继续创新，继续按照从无到有的规律办事呢？

"有无相生"，即有生于无，无生于有，有无之间互相循环、相互转化。这更是现代企业经营管理中最需要理解的道。企业的有形资产是企业的躯体，企业的无形资产是企业的灵魂。没有健全的躯体，灵魂要受到很大制约，但没有高尚的灵魂，即使有健全的躯体也不会做什么好事，最后健全的躯体也会垮下来。在现代市场经济中，我们看到更多的是无形资产决定着企业的命运。不认识"有无相生"之道，不认识无形资产的重要性，是目前中国企业经营者最大的弱点。反过来说，成功的企业大都是领悟了"有无相生"之道的企业。海尔自觉实施名牌战略，就是悟出了有无相生的原理。

重视从无到有的创新，

重视无形资产的作用，

重视有无之间的循环。

——这是我们对老子这句话的悟道。

三、老子说的道："道生一，一生二，二生三，三生万物。"

老子说的这句话可以说是辩证法的全部内容。

首先是"一生二"。世界万物都是对立统一体，矛盾双方对立斗争和统一转化决定着事物的发展。

接着是"二生三"。我们在实践中发现了一个问题，为什么我们用"一分为二"这个正确的理论有时会把事情做错呢？以致小平同志在1992年南巡谈话时还要出来纠正说"不要老是抽象地争论姓资姓社"。为什么老是争论"姓资姓社"呢？就是因为按照一分为二的思维方式，社会上的事物不是姓资就是姓社。所以一定要分清这个问题。问题在哪里呢？从哲学上说，就是缺少了"一分为三"的思维方式。即没有认识到老子说的"二生三，三生万物"之道。不是"二生万物"，而是"三生万物"。

我在1992年写了《中介论》就是阐述这个问题的，受到了广泛的重视。我认为，"一分为二"是研究事物基本性质的基本思维方式。"一分为三"是研究事物存在状态和解决实际问题的基本思维方式。一切存在都是"三"的存在。上中下，左中右，大中小，过去、现在、未来，正电、负电、不带电，固态、液态、气态，我、你、他，敌、我、友……都是"三"。

世界万物是极其复杂的，但既然三生万物，那么我们就可以用"三"把"万"概括分析清楚，把复杂变得简单。用三生万物的思维来研究我们的企业，也是充满了三，可以把一切归纳为三，于是容易发现要害和抓住关键。

四、老子说的道："无为而治。"

老子"无为而治"的思想可以说贯穿其《道德经》全篇。

在第三章讲："为无为，则无不治。"其中心的意思是说"使民无欲，使夫智者不敢为也"。就是使老百姓没有欲望，使自作聪明的人不敢妄为。以这样的态度去治理，就可以治理好。

在第三十七章讲："'道'常无为而无不为。"道——基本规律并不说话，似乎并不作为，实际上没有一件事情可以违背这个规律。

在第五十七章讲："我无为，而民自化；我好静，而民自正；我无事，而民自富；我无欲，而民自朴。"

第一段讲的是文化理念这种无形东西的重要。企业管理中我们应该特别重视企业文化的建设，用企业文化去管理，才是高层次的管理。

第二段讲的是道的重要性和特点。道是无形的，平常是并不直接说话的，但它是无处不在的，违背了是不行的。

第三段讲的是领导表率作用的重要。能够做到无为而治，必须是领导以身作则。

"无为而治"这个道在现代企业管理中可以延伸。现代企业都讲"做大做强"。但做大了往往会发生"大企业病"，内部关系复杂松散，外部反应迟缓低效。之所以提倡把"垂直管理"改变为"扁平管理"，其中要义就是发挥"无为而治"的作用——企业内部运转不需要都到最高领导层去决策，而是主要靠各个部门自己解决。从最高层看，这就是无为而治。我还说过，大企业的治理结构和机制应该学习"钱串子"这种昆虫。"钱串子"有很多节，每节上有四条腿。如果把它切开，如果每一段有一个完整的节的话，它这个单独的节不仅能够活下来，还能够逐渐生长成一个完整的多节的"钱串子"。这就告诉我们，大企业的每一个组成单元都需要有单独的生存和发展的能力，这样，大企业就有了强大的生命力。

五、儒家说的道："以和为本。"

儒家学说很丰富，其经典著作就是人们常说的《四书》、《五经》，主要是《四书》——《论语》、《孟子》、《大学》、《中庸》。经过两千多年的演绎，中间又加入了许多儒家学者的增添和阐述，其内容要义归纳为"仁、义、礼、智、信"，"忠、孝、仁、爱，信、义、和、平"。那么这些字的核心又是什么呢？我认为就是一个"和"字。现代儒家提倡"和合学"，我认为是有道理的。所谓"仁义礼智信"、"忠孝仁爱信义和平"都是处理各类人际关系以达到和谐的原则。

中央最近提出的科学发展观其实质也是以和为核心的。其中包括了中国古代的"天人合一"的思想。最近提出的建立和谐社会，更是以和为核心的。

搞市场经济，讲求市场竞争，是不是"以和为本"呢？实际上，市场经济发展到今天，和的问题越来越突出了。人和自然的和，在20世纪60年代就提出来了，有所谓"环境保护"和"循环经济"。市场竞争同时更重视合作的观念提出来了，有所谓"资源整合"、"企业竞合"的问题。加入世界贸易组织，有所谓优势对接的问题。

济南钢铁集团的企业文化就是"和顺文化"——以和求顺，它的企业管理就是"和顺管理"，讲求人和、物和、利和、心和。

六、儒家说的道："和而不同。"

孔子说，"君子和而不同。"其直接意思是，君子和别人和谐相处，不见得完全同意人家的观点。或者也可以反过来说，和别人的观点不同，君子也要能够和别人和谐相处。

我现在把这句话加以引申，单独取出这四个字："和而不同。"它的意思就要广泛得多，成为构建各种和谐关系的一个重要原则。它的含义是：需要承认不同，允许不同，并协调不同，才能建立和谐关系。

承认不同，就是承认任何事物、任何社会、任何单位、任何企业都是客观存在着不同。没有单独存在的共性，一切共性都存在于个性之中。我们不能离开一个一个具体的人去找"人"。

允许不同，我们不应该总是想办法消灭不同，应该允许甚至鼓励不同个性按照自己的特点去发展。都"一样"不仅不能和谐，反而是不和谐的原因。都想当总理，国家会是内战不断；都想当总经理，企业会是一盘散沙。企业都是同一竞争，大家都会付出惨重代价。

协调不同，就是按照系统论的观点和方法，使各种和各个不同能够"各就各位，各行其道，各尽其职，各得其所"。也就是说，不是取消不同，而是协调不同，才是构建和谐的基本方法。

交响乐就是协调不同而生成的和谐。都是同一种乐器，不可能和谐。各种乐器各干各的，彼此不协调，也没有和谐。

济南钢铁集团公司的人力资源管理的理念是："让合适的人干合适的事。"这就是一个很好的合于"和而不同"的理念。

七、儒家说的道："内圣外王。"

儒家认为，首先要"内圣"，自己成为"圣人"，才能在外面称王称霸。所以他列出的顺序是"修身、齐家、治国、平天下"。由内而外，由己而他，逐步扩展。我们请哈佛大学新儒家代表人物杜维明先生在岳麓书院讲了一天，他划了好多层次，我理解基本也是按照以上的思路展开的。

我们按照这个思路，可以倒过来归纳：企业决胜在市场，市场决胜在管理，管理决胜在经营者，经营者决胜在老总，老总决胜在素养。

老总自身的素养是企业成败的决定性因素。遇到问题，不仅要在下面找原因，还要在自身找原因，这样的老总才是不断进步的老总。

海尔在运用这个理念的时候，把顺序颠倒了一下，改为"外王内圣"。他们认为，企业战略的主要内容是两条，一条是定位，一条是差异化。首先是定位，如果定位不准的话，做了很多事，可能是南辕北辙，做了许多成功的失败事。他们认为，所谓"外王"就是做世界名牌，所谓内圣就是提高自己的素质，以支持实现外王的目标。只有树立了外王的目标，才能找到提高自身素质的要求和标准。

八、传统文化的道：法、德、礼、术。

我国先秦诸子百家主要有四大家"儒"、"墨"、"道"、"法"。儒家强调德礼，法家提倡法制，道家崇尚自然，墨家讲求方法。

这四大家争论不休，后来到了汉朝又独尊儒术。仿佛儒家成了中国传统文化的唯一代表。其实这是不全面的。我们今天研究传统文化，起码这四大家，都应该加以重视，采取兼收并蓄的方法。实际上，治理现代社会，治理现代企业，这四个方面一个都不能缺少。

"理"是社会运行和管理社会的基础，基本原理我们可以称为"道"。而"法"、"德"、"礼"、"术"则是在"道"的基础上或指导下运行和管理社会的四种基本手段或方式。

"法"是我们中国最薄弱的方面。法是强制性规则，不管什么人都要守法。法是"他律"，你不遵守法律，别人会用法来管你。但由于我国长期以来都是官本位的社会，所以总是以人代法，以言代法，即使有一些法律，也往往是法律面前不能人人平等。

"德"一直是我国最强调的。德是道德，德是"自律"——自己约束自己。法虽然重要，但不可能把法制定得面面俱到、处处俱到、粗细俱到，所以还必须用道德来约束人们的行为。对一个人来讲，德的约束是无处不在的。但由于多种原因，德也会失灵，有所谓"满口仁义道德，一肚子男盗女娼"的现象。所以没有法的规范，道德的作用就会打很大折扣。

"礼"是儒家最强调的。孔子有所谓"克己复礼为仁"的说法。但他的礼更多的是对统治阶级的行为规范说的，所以又有"刑不上大夫，礼不下庶人"的说法。礼是礼节、礼仪、礼貌。在封建社会，实际上是用礼仪来区分等级的。就一般社会来讲，礼作为一种行为的规范也是需要的。没有一定的礼仪，内涵表达不出来。

"术"在中国一直是被贬低的。中国的许多理念很好，也有一些世界级的重大发明，但因为轻视应用技术，所以真正能够推动生产和经济发展的科学技术越来越落后。倒是一些阴谋诡计的所谓权术、骗术非常发达。

我们做好企业其实也必须用好这四种手段，并且让它们加以配套。

制度是企业的法。文化理念是企业的德。礼仪习惯是企业的礼。经营策略和操作方法技巧是企业的术。

我们在研究企业文化的时候，应该全面借鉴和吸收这四个方面的传统文化营养。比如"礼"的建设许多企业都是弱项。

九、孙子说的道："不战而屈人之兵，善之善者也。""上兵伐谋，其次伐交，其次伐兵，其下攻城。"

平常说"商场就是战场"。商场其实不等于战场，这个道理我已经说过。但战场的一些原理也还是可以借鉴的。

商场确实要提倡"不战而屈人之兵"。不战而屈人之兵的办法，主要是争夺消费者。争夺消费者的办法主要是满足消费者的需求，而不是天天搞对手。成都武侯祠有一副对联，上联是"能攻心则反侧自消自古知兵非好战"，下联是"不审势即宽严皆误后来治蜀要当心"。不战而屈人之兵的办法是"攻心"。市场竞争中最重要的办法是获得消费者的心。

"上兵伐谋"，打仗最上策是善于利用谋略。"其次伐交"，第二位的是靠外交，靠交往，靠关系。"其次伐兵"，第三位是直接消灭敌人的有生力量。"其下攻城"，第四才是关注一城一池的得失。这说明了企业战略管理和策略运用的重要性。

十、孔子的道："学而时习之，不亦说乎？有朋自远方来，不亦乐乎？"

这两句话是我们各种学习和研讨班之道。

孔子非常重视学习。他提倡不仅要学，还要习。学是由不知到知。习是反复领会，并付之于实践。孔子非常热爱学习。他把学习不当成任务，更不是当成苦差事，而是当成一种乐趣。

孔子非常重视交友，有朋自远方来才不亦乐乎。我们的研讨班，大家也都是远方来的朋友，大家越交往越亲密。交朋友也成为我们参加学习的最大收获之一。

长知识，交朋友，是我们参加各种学习班的两项主要收获，也是能够发挥长远效用的收获。

让我们在这个学习之道上永远携手前进。

休闲悟道

——旅游中提高修养

今天我不讲管理学上的道和术的问题，只想讲一讲在我国一些名胜古迹的典故之中所包含的一些道理。我们去旅游，就可以从这些典故里去悟道。所以叫做"休闲悟道"。

我讲 11 个典故。

第 1 个典故，苛求未必真英雄

典故：南京钟山明孝陵（朱元璋墓）的神路不是直的，是弯的。

内涵：修路的时候，工程负责人曾经请示朱元璋，路要取直必须把孙权的坟挖掉。朱元璋回答说："孙权也不愧为一个好汉，应该有他的地位。"坟留下了，路就弯曲了。

引申：朱不苛求前人，而是尊重前人。

伟大的人物都是尊重前人的。马克思尊重黑格尔，毛泽东尊重孙中山。伟人之道：心胸博大，待人宽，责己严。

原理：科学的生产和再生产其价值相差悬殊。先人创造难，后人学习容易。学生不一定不如老师，青出于蓝而胜于蓝。

结论：不是看自己比前人如何，而是看自己为社会提出了什么新的东西。学生不应笑老师，而看自己有什么新贡献。

问自己：我给了社会什么新的东西？

第 2 个典故，诸葛亮成才小考

典故：湖北襄樊卧龙岗，是《三国演义》中诸葛亮隐居成才的地方。

内涵：是"隐居成才"吗？否。乃信息成才，交流思考成才。

证明：《三国志》"附注"中记载，翻成白话：

"建安初期，诸葛亮在荆州，与颖州的石广元、徐庶及汝南的孟公威一起游学。石、徐、孟三人，学习讲求精熟，而诸葛亮侧重宏观大略。他从早到晚，从从容容，有时沉思默想，有时抱膝长吟。诸葛亮对他三人说：'你们的官最高可以做到刺史、郡守。'（现在地市级）那三人问诸葛亮：'你呢？'他笑而不答。后孟公威思乡欲北归。诸葛亮说：'中国有许多士大夫遨游天下，何必非要拴在自己家乡？'"

这段话才真实地反映了诸葛亮的成才之路。

一、他结伴游学，而不是隐居独处。

二、他放眼宏观，而不是只求微观一得。

三、他主张遨游各地，而不是死守一方。

结论： 成才之道：交朋友，游四方，重宏观。诸葛亮的学习方法，很符合我说的"框架式学习"。

第 3 个典故，模糊是一种艺术

典故： 诸葛亮当年隐居的地方是河南的南阳还是湖北的襄阳？这个问题从明朝争到清朝，两地都到北京找翰林院大学士送礼，以求获得有利于本地的判断。大学士们接受了双方的贵重礼物不便做决断。或者说如果决断了，所送礼物也就断了。于是一直没有结果。到清朝咸丰年间有一官员叫顾嘉衡，他本是襄阳人，但在南阳为官，更是哪一方都不好得罪，于是他写了一副对联，悬挂在南阳武侯祠门上：

"心在朝廷原无论先主后主，

名高天下何必辩襄阳南阳。"

内涵： 封建社会官员的腐败。北京的官员以不表态为自己谋利益。地方官员以抹稀泥为自己保官位。

引申： 处理棘手矛盾的方法——"模糊是一种艺术"。模糊的办法是求同存异。顾嘉衡的对联就是求同存异。留下争议不解决，不失为一种高明的办法。南阳即使是假的，也有了真实的文物的内容。岳飞 1138 年路过这里时曾经留下文字：

"绍兴戊午秋八月望前，过南阳，谒武侯祠，遇雨随宿于祠内。更深秉烛，细观昔贤所赞先生文词、诗赋及祠前石刻二表，不觉泪如雨下。是夜竟不成眠，坐以待旦。道士献茶毕，出纸索字，挥涕走笔，不计工拙，稍抒胸中抑郁耳。"

留下人们争论的余地，也就为反复宣传留下了条件。于是双方都可以受益。

顺便：旁边有一 汉画石馆，其价值甚高，但知名度远远不如武侯祠——没有故事宣传也。

结论：事物的道理是两面的。

第4个典故，"三讲"古例

典故：合肥包公祠有三个景点：包公湖、读书亭、廉泉。

内涵：包公湖的内涵是"讲政治"。皇上看包公的贡献很大，就把安徽的巢湖赏赐给他。包公认为巢湖是老百姓打渔为生的地方，自己不能要，但又不能违抗圣命，于是就采取了一个"折中"的办法，用这个小水坑代表巢湖接受皇上的赏赐。后人称为"包公湖"。看来，所谓讲政治，是两条内容：既和中央保持一致，又要尊重老百姓的利益。读书亭的内涵是"讲学习"。相传是包公年轻时读书的地方。廉泉的内涵是"讲正气"。此泉的泉水有一个特性，清官喝下很甜，赃官喝下肚子痛。看你敢喝不敢喝！

引申和结论：自古以来当官就是这三件事，"讲政治"、"讲学习"、"讲正气"，只是具体内容因时代不同而有所区别。这"三讲"的顺序也是不能变的。"讲政治"才能"立得住"，不然上边把官给你撤了，你的权没了。"讲学习"才能"做得来"，不学习没本事，当官也是一个昏官。"讲正气"才可做到"能持续"。当官要能持续是两条：一条，有政绩，而政绩要靠老百姓拥护才能做出来。有正气才能得到老百姓的支持，才能把政绩做出来。一条，不腐败，任何人抓不住让自己倒台的把柄。

第5个典故，江南三大名楼

典故：沿着长江建有江南三大名楼：湖南的岳阳楼、湖北的黄鹤楼、江西的滕王阁。为什么这三大名楼如此有名？因为每个楼都有一篇代表性的精彩文字，每篇文字又都有一段千古名句。

岳阳楼的名作是范仲淹的《岳阳楼记》，名句是"先天下之忧而忧，后天下之乐而乐"。

黄鹤楼的名作是崔灏的《题黄鹤楼》，名句是"昔人已乘黄鹤去，此地空余黄鹤楼"。

滕王阁的名作是王勃的《滕王阁序》，名句是"落霞与孤鹜齐飞，秋水共长天一色"。

内涵：物质文明和精神文明从来都是互相结合的，所以有形资产和无形资产总是彼此促进的。

引申：赚钱的本事必须和文化的素养结合。在今天的中国，在经济快速发展的今天，我们又建了多少像江南三大名楼这样的建筑呢？我们的众多的建筑除了比高比豪华之外，有哪个是比文化的呢？有哪个请文学家来写诗词歌赋之类的东西以提升建筑的品位呢？

结论：文化素养应该是最高的追求。穷的想富，富的想贵，贵的想雅。雅就是文化素养。最能持续的不是钱，是文化。

第6个典故，成吉思汗墓

典故：内蒙古伊克昭盟——现在的鄂尔多斯市，有个名胜——成吉思汗墓。墓中没有本人的遗体，因为他埋葬时是极端保密的，但有一个很好的生平展示。

内涵：毛泽东的一句诗给成吉思汗定了性"只识弯弓射大雕"。只会打仗，只会蛮干，没有文化。但实际一看并不是这样。

成吉思汗的名字叫铁木真，1206年，他45岁的时候，统一了蒙古的各个部落，宣布成立"大蒙古国"。在各部落的大会上，巫师当众宣布："我见到了上天，上天告诉我，他已经把天下交给了铁木真和他的子孙。"他又对铁木真说："你应该有'普天下之汗'的尊称，上天的旨意，你应该被称为'成吉思汗'！"——"汗"就是王，"成吉思"是"天赐"的意思。

引申：对成吉思汗一般人并不了解。有三点非常重要：

一、他并不总是一帆风顺、所向披靡，而是在成功的路上充满挫折，有几次险些送命。

二、他不是一介武夫，而是富有谋略和策略的统帅。

三、在蒙古族的文化建设上有巨大历史功绩。他组织学者创造了蒙古文，并带头使用蒙古文。

结论：以文帅武。大凡有巨大的成就和功绩的人，其实都是有文化的人，不可能只是一介武夫。

第 7 个典故，大东港凭吊

典故：大东港是 1894 年甲午海战的地方——主战场。

内涵：甲午海战在这里的特点是：

一、双方实力相当，中国甚至可以说略胜一筹。日本 12 艘战舰，中国 10 艘战舰，但中国主力战舰都是 7000 吨，而日本的是 4000 吨。

二、中国将士英勇作战，特别是大家熟悉的邓世昌管带的英雄行为，使得中国军队转败为胜。以日本打出"停止战斗"逃跑为结局。

三、北洋水师的失败是在威海，清朝不积极备战，反而强调"避战保船"，结果被日本海陆夹击，全军覆没。

引申："落后就要挨打"。什么落后？一般只理解为科技落后，但甲午海战时中国的军事装备并不落后于日本。为什么最后失败了？所以更重要的是体制落后，观念落后，这就必然造成战略落后，策略落后，行动落后，最后导致失败。

结论：管理国家，管理企业，首先要解决体制问题；解决体制问题，首先要解决观念的问题。

第 8 个典故，成都武侯祠对联

典故："文革"期间，刘兴元到四川去当革委会主任，临行前问计毛泽东。毛泽东对刘兴元说，要当好四川的头，首先要看成都武侯祠的对联。对联是：

"能攻心则反侧自消古今知兵非好战，不审势即宽严皆误后来治蜀要当心"。

内涵：第一句强调攻心为上，文化为上。第二句强调从实际出发，离开实际什么样的举措都会出问题。

引申：这是一副唯物辨证的好对联。前一联讲意识的反作用，是辨证法；后一联讲从实际出发，是唯物论。

结论：思维方式最重要。

第9个典故，解密"盲窗"

典故：承德外八庙之一——普陀宗乘之庙，又称小布达拉宫，建筑特色，有许多窗户，但有许多窗户只是徒有虚名，只是墙加框，并非真的窗户，称为盲窗。

解密：西藏布达拉宫的启示。我去过拉萨，也进过布达拉宫。那里面因为窗户很少，屋内显得很昏暗。盲窗的目的是两个，既能够使建筑从外面看很好看，又能够使屋内的光线得到控制。

内涵：宗教需要神秘——神秘需要昏暗——昏暗需要封闭。

引申：科学需要透明——透明需要光明——光明需要开放。开放是科学的必然。要开放就要开窗，开窗就要开真窗，不要开盲窗。我们的思想也不要开盲窗，看来像开放，实际并没有开放。

结论：政策的开放，思想的开放是科学和社会进步之路。从建筑学来说，应该注意形象和环境的力量。

第10个典故，伟大的墙

典故：长城——外国人叫"伟大的墙"。外国人的名字更符合实际，因为它不是"城"，确实是"墙"。中国人比较浪漫，硬说是城。

内涵：长城文化的内涵：象征意义的伟大和实用意义的渺小的统一体。象征意义很伟大，中国人从秦朝开始就不断修建长城，整个长城东起山海关，西到嘉峪关，绵延万里，据说从太空上用肉眼可以直接看见的地球建筑只有长城。难道还不伟大吗？说它实用意义渺小，是说，修长城的本意是用它来挡住北方民族，使他们不能入侵长城以南的地方。但长城从来就没有起到这样的作用。北京是辽、金、元、明、清五朝首都，除明外，都是北方民族打过来当了皇上。

引申：发扬象征意义的伟大，并加以运用。国歌"把我们的血肉筑成我们新的长城"就是。但要减少和杜绝实用意义的渺小，改进我们的政府管理和企业管理。中国筑墙的地方太多了，以为有了墙就有了安全。管理上也是以所谓的"把关"为主，其实也是筑墙的思维。

结论：封闭、防守、把关、审批，不是最安全的。开放、进攻、放手、竞争，才是最安全的。

第 11 个典故，孙中山故居

典故：孙中山的故居在广东省中山市翠亨村，他的故居两层小楼是孙中山自己设计的。这座小楼外表上看，像一座洋楼，七座相连的拱门，组成了楼上楼下的长廊，很像欧洲哥特式建筑。但内部采取的是中国建筑格式，分正厅和左右两个耳房，四壁还勾出砖缝。窗户也很特别，屋内的隔墙上也有窗户，全部窗户打开，便形成畅通无阻的风道。

他的这种设计方法，遭到一些老脑筋的非议。见到是坐东朝西，一摇头，见到窗户开在梁下，二摇头，见楼内的楼梯连着走廊，三摇头，连喊"四通八达，不吉利喽！"

内涵：其实，中西融合，四通八达，正好反映了孙中山的革新和开放的思想。

引申：组合、整合、融合，是事物发展的重要方式和方法。要素要组合，资源要整合，而文化则需要融合。

结论：今天的中国，应该是一个大组合、大整合、大融合的时代。